कन्फ्यूशियस

कन्फ्यूशियस

मनीषा माथुर

प्रकाशक

प्रभात प्रकाशन प्रा. लि.

4/19 आसफ अली रोड, नई दिल्ली-110002

फोन : 011-23289777 • हेल्पलाइन नं. : 7827007777

इ-मेल : prabhatbooks@gmail.com ❖ वेब ठिकाना : www.prabhatbooks.com

संस्करण

2025

पेपरबैक मूल्य

चार सौ रुपए

मुद्रक

आर-टेक ऑफसेट प्रिंटर्स, दिल्ली

CONFUCIUS

by Shri Manisha Mathur

Published by **PRABHAT PRAKASHAN PVT. LTD.**

4/19 Asaf Ali Road, New Delhi-110002

ISBN 978-93-5186-816-3

₹ 400.00 (PB)

भूमिका

जिस समय भारत में भगवान् महावीर और भगवान् बुद्ध धर्म के संबंध में नए विचार रख रहे थे, चीन में भी एक सुधारक का जन्म हुआ, जिसका नाम कन्फ्यूशियस था। उस समय चीन में झोऊ राजवंश का वसंत और शरत् काल चल रहा था। समय के साथ झोऊ राजवंश की शक्ति शिथिल पड़ने के कारण चीन में बहुत से राज्य कायम हो गए, जो सदा आपस में लड़ते रहते थे, जिसे 'झगड़ते राज्यों का काल' कहा जाने लगा। अत: चीन की प्रजा बहुत ही कष्ट झेल रही थी। ऐसे समय में चीनवासियों को नैतिकता का पाठ पढ़ाने हेतु महात्मा कन्फ्यूशियस का आविर्भाव हुआ।

उनका जन्म ईसा मसीह के जन्म के करीब 550 वर्ष पहले चीन के शानदोंग प्रदेश में हुआ था। बचपन में ही उनके पिता की मृत्यु हो गई। उनके ज्ञान की आकांक्षा असीम थी। बहुत अधिक कष्ट करके उन्हें ज्ञान-अर्जन करना पड़ा था। 17 वर्ष की उम्र में उन्हें एक सरकारी नौकरी मिली। कुछ ही वर्षों के बाद सरकारी नौकरी छोड़कर वे शिक्षण कार्य में लग गए। घर में ही एक विद्यालय खोलकर उन्होंने विद्यार्थियों को शिक्षा देना प्रारंभ किया। वे मौखिक रूप से विद्यार्थियों को इतिहास, काव्य और नीतिशास्त्र की शिक्षा देते थे। काव्य, इतिहास, संगीत और नीतिशास्त्र पर उन्होंने कई पुस्तकों की रचना भी की।

55 वर्ष की उम्र में वे लू राज्य में एक शहर के शासनकर्ता और बाद में मंत्री पद पर नियुक्त हुए। मंत्री होने के नाते उन्होंने दंड के बदले मनुष्य के चरित्र-सुधार पर बल दिया। कन्फ्यूशियस ने अपने शिष्यों को सत्य, प्रेम और न्याय का संदेश दिया। वे सदाचार पर अधिक बल देते थे। वे लोगों को विनयी, परोपकारी, गुणी और चरित्रवान् बनने की प्रेरणा देते थे। वे बड़ों एवं पूर्वजों का आदर-सम्मान करने के लिए कहते थे। वे कहते थे कि दूसरों के साथ वैसा बरताव न करो जैसा तुम स्वयं अपने साथ नहीं करना चाहते हो।

कन्फ्यूशियस एक सुधारक थे, धर्म-प्रचारक नहीं। उन्होंने ईश्वर के बारे में कोई

उपदेश नहीं दिया, परंतु फिर भी बाद में लोग उन्हें धार्मिक गुरु मानने लगे। उनकी मृत्यु ई.पू. 489 में हो गई थी। कन्फ्यूशियस के समाज-सुधारक उपदेशों के कारण चीनी समाज में एक स्थिरता आई। कन्फ्यूशियस का दर्शन आज भी चीनी शिक्षा के लिए पथ प्रदर्शक बना हुआ है।

कन्फ्यूशियस के दार्शनिक, सामाजिक तथा राजनीतिक विचारों पर आधारित मत को कन्फ्यूशियसवाद या कुंगफुत्सीवाद नाम दिया जाता है। कन्फ्यूशियस के मतानुसार, भलाई मनुष्य का स्वाभाविक गुण है। मनुष्य को यह स्वाभाविक गुण ईश्वर से प्राप्त हुआ है। अत: इस स्वभाव के साथ काम करना ईश्वर की इच्छा का आदर करना है और उसके अनुसार कार्य न करना ईश्वर की अवज्ञा करना है।

कन्फ्यूशियसवाद के अनुसार समाज का संगठन पाँच प्रकार के संबंधों पर आधारित है—1. शासक और शासित, 2. पिता और पुत्र, 3. ज्येष्ठ भ्राता और कनिष्ठ भ्राता, 4. पति और पत्नी तथा 5. इष्ट मित्र।

इन पाँचों में से पहले चार संबंधों में एक ओर आदेश देना और दूसरी ओर उसका पालन करना निहित है। शासक का धर्म आज्ञा देना और शासित का कर्तव्य उस आज्ञा का पालन करना है। उसी प्रकार पिता, पति एवं बड़े भाई का धर्म आदेश देना है और पुत्र, पत्नी एवं छोटे भाई का कर्तव्य आदेशों का पालन करना है; परंतु साथ ही यह भी आवश्यक है कि आदेश देनेवाले का शासन औचित्य, नीति और न्याय पर आधारित हो। तभी शासित गण से भी यह आशा की जा सकती है कि वे विश्वास तथा ईमानदारी से आज्ञाओं का पालन कर सकेंगे। पाँचवें, अर्थात् मित्रों के संबंध में पारस्परिक गुणों का विकास ही मूल निर्धारक सिद्धांत होना चाहिए।

कन्फ्यूशियसवाद की शिक्षा में धर्मनिरपेक्षता का सर्वांगपूर्ण उदाहरण मिलता है। कन्फ्यूशियसवाद का मूल सिद्धांत इस स्वर्णिम नियम पर आधारित है कि 'दूसरों के प्रति वैसा ही व्यवहार करो जैसा तुम उनके द्वारा अपने प्रति किए जाने की इच्छा करते हो।'

इस पुस्तक में कन्फ्यूशियस के जीवन और दर्शन का चित्रण किया गया है।

अनुक्रम

जन्म

कन्फ्यूशियस के जीवन को जानने का आरंभिक स्रोत सीमा कियान द्वारा रचित जीवनी ग्रंथ 'रेकॉर्ड्र्स ऑफ द ग्रांड हिस्टोरियन' को माना जाता है। कन्फ्यूशियस के देहांत के कई शताब्दी बाद रचित इस ग्रंथ में कन्फ्यूशियस के जीवन-प्रसंगों को 'किंवदंती' का रूप दिया गया है। यही वजह है कि कल्पना और वास्तविकता को अलग कर पाना कठिन हो जाता है।

माना जाता है कि कन्फ्यूशियस का जन्म ईसा पूर्व 551 में हुआ था। हालाँकि इस वर्ष को लेकर भी मतभेद रहा है और कुछ विद्वान् जन्म का वर्ष ईसा पूर्व 552 बताते रहे हैं। इतना तो निश्चित है कि उनका जन्म चीन के लू प्रांत में हुआ था, जो वर्तमान में शानडोंग प्रांत के कूफू नगर के पास का इलाका है। जन्म-स्थान के रूप में भी विद्वान् एकमत नजर नहीं आते और कई स्थानों को लेकर दावा किया जाता है कि कन्फ्यूशियस का जन्म वहीं हुआ था। सीमा कियान ने लिखा है कि उनका जन्म चांग पिंग जिले के चाऊ नगर में हुआ था। हालाँकि किसी को मालूम नहीं है कि वर्तमान में यह स्थान कहाँ पर है। वर्तमान में 'कन्फ्यूशियस की गुफा' को उनके जन्म-स्थान के रूप में प्रचारित किया जाता है, जो वास्तव में मिथक ही है। सच तो यह है कि दूसरे मनुष्यों की तरह कन्फ्यूशियस भी किसी घर में ही पैदा हुए थे।

सीमा कियान ने लिखा है कि कन्फ्यूशियस के पिता का नाम शूलियांग हे था। शूलियांग कोंग परिवार के एक सदस्य थे। यह परिवार सोंग प्रांत के कोंग गाँव से आया था, जो लू प्रांत के दक्षिण में स्थित था। अपने मूल पैतृक स्थान पर कोंग परिवार का संबंध राजपरिवार से था या वह परिवार अभिजात वर्ग का हिस्सा रहा था, यह बात इस तरह समझी जाती है कि गर्दिश के दिनों में भी इस परिवार के सदस्य के रूप में कन्फ्यूशियस ने विधिवत् शिक्षा प्राप्त की थी। कन्फ्यूशियस के परदादा सोंग नेताओं के साथ किसी बात पर हुए झगड़े के दौरान मारे गए थे और परिवार को मजबूर होकर उत्तर दिशा की तरफ स्थित लू प्रांत में पलायन करना पड़ा था।

मूल पैतृक स्थान को छोड़कर आने के बाद कोंग परिवार के सामने आजीविका का संकट उत्पन्न हो गया था। अनजान इलाके में अजनबी होने के कारण इस परिवार को तुरंत अभिजात वर्ग का हिस्सा बनने में कठिनाई हुई थी और एक छोटे नगर में रहने के लिए मजबूर होना पड़ा था। ऐसी स्थिति में भी इस परिवार को अपना आभिजात्य बचाए रखने की चिंता बनी हुई थी।

माना जाता है कि कन्फ्यूशियस के पिता जीविका चलाने के लिए लू सरकार के किराए के सैनिक के रूप में काम कर रहे थे। अगर वे सत्ताधारी दल के सदस्य होते तो उन्हें सेना में स्थायी पद मिल सकता था।

एक युद्ध के दौरान लू की सेना की एक टुकड़ी वियांग नगर में घुसने की कोशिश कर रही थी, जो उस समय एक विद्रोही नेता के कब्जे में था। उसी समय सैनिकों को फँसाकर मारने के मकसद से विद्रोही नेता के सिपाही नगर के फाटक को बंद करने की कोशिश करने लगे। कन्फ्यूशियस के पिता ने दुश्मन की चाल को भाँप लिया और अकेले फाटक को पकड़कर उन्होंने लू के सैनिकों की जान बचा ली।

उनकी इस वीरता के पीछे निश्चित रूप से आजीविका की मजबूरी थी और एक ऐसे बहादुर सैनिक के पुत्र के रूप में एक महान् दार्शनिक का जन्म हो सकता था, इस बात की कल्पना करना अजीब लगता है। ऐसा प्रतीत होता है कि कन्फ्यूशियस को आनुवंशिक रूप से अपनी माता से विशेष गुण प्राप्त हुए थे। कन्फ्यूशियस ने कभी सैन्य शक्ति की नृशंसता को स्वीकार नहीं किया और हमेशा हिंसा का विरोध करते रहे। उन्होंने हमेशा कहा कि मानवीय करुणा के बिना बहादुरी पशुता के सिवाय कुछ और नहीं है और ऐसी बहादुरी पर गर्व नहीं किया जा सकता।

इस बात में कोई संदेह नहीं कि कन्फ्यूशियस के पिता बहादुर थे। वैसे उनके भीतर मानवीय करुणा थी या नहीं, इसके संबंध में निश्चित जानकारी नहीं मिलती। वैसे, इतना तो तय है कि सैनिक के रूप में काम करते हुए उन्होंने कई लोगों की हत्या की थी। साहसपूर्ण कारनामों के बावजूद उन्हें कभी कोई शाही सम्मान या पारितोषिक नहीं प्रदान किया गया। निश्चित रूप से इस बात को लेकर उनके मन में असंतोष का भाव पैदा हुआ होगा और उन्होंने बुढ़ापे का वक्त क्षुब्ध होकर गुजारा होगा।

उन्हें रहने के लिए छोटा सा घर तत्कालीन सरकार ने दिया था और उस घर पर सरकार का ही स्वामित्व था। वैसी स्थिति में मरते वक्त अपने पुत्र को देने के लिए उनके पास कोई जायदाद नहीं थी।

उस युग में पुत्र का न होना अपमानजनक बात समझी जाती थी। कोंग शूलियांग की दो पत्नियाँ थीं और उन्हें कठिनाई के साथ जीविका का निर्वाह करना पड़ता था। दोनों पत्नियों ने बेटियों को जन्म दिया था। एक पुत्र पैदा हुआ, जो जन्म से ही विकलांग

था। वह लँगड़ाकर चलता था। तत्कालीन नियमों के अनुसार न तो उसकी शादी हो सकती थी, न ही उसके बच्चे हो सकते थे। लगभग साठ वर्ष पूरे कर चुके शूलियांग को यह चिंता सताने लगी थी कि उनके मरने के बाद कोंग वंश का सिलसिला भी हमेशा के लिए समाप्त हो जाने वाला था। उनकी दूसरी पत्नी अब माँ बनने की उम्र पार कर चुकी थी। अब उनके सामने केवल एक ही रास्ता था कि किसी युवती की तलाश कर पुत्र-रत्न की प्राप्ति करने के लिए प्रयास किया जाए।

चीन की परंपरा के अनुसार, किसी भी वंश को चलाने की जिम्मेदारी बड़े पुत्र की होती थी। इस बात से कोई फर्क नहीं पड़ता था कि पुत्र का जन्म विवाहित पत्नी की कोख से हुआ हो या किसी पर-स्त्री की कोख से। जब वैध पत्नी से पुत्र की प्राप्ति नहीं होती थी, तब उपपत्नी का सहारा लेकर पुत्र को पैदा करने का रिवाज था। बीसवीं सदी के पूर्वार्द्ध तक यह परंपरा चलती रही थी।

सत्तर वर्ष की उम्र में शूलियांग ने एक युवती को ढूँढ़ निकाला, जो उनके उत्तराधिकारी को जन्म दे सकती थी। युवती का नाम यान झेंगझाई था और वह महज पंद्रह वर्ष की थी। सीमा कियान ने उसका 'विचित्र जोड़ा' के रूप में उल्लेख किया है। झेंगझाई एक प्रतिष्ठित परिवार की सुसंस्कृत लड़की थी। कई दस्तावेजों में बताया गया है कि वह 'विद्वानों के परिवार' में पैदा हुई थी, कन्फ्यूशियस ने स्वयं लिखा है—''पंद्रह साल की उम्र में मैं ज्ञानार्जन के प्रति आकर्षित हुआ।'' (एनालेक्ट्स 2:4)। ज्ञानार्जन के प्रति कन्फ्यूशियस के मन में जो आकर्षण पैदा हुआ, उसके पीछे उनकी माता और ननिहाल का गहरा प्रभाव था। उनकी माता ने ही उन्हें पाल-पोस कर बड़ा किया था (चूँकि जब वे तीन वर्ष के थे, तभी उनके पिता का देहांत हो गया था)। सवाल पैदा होता है कि विद्वानों के परिवार में पैदा होनेवाली लड़की एक वृद्ध की उपपत्नी बनने के लिए क्यों तैयार हो गई थी? ऐसा लगता है कि इसके पीछे आर्थिक वजह थी और शूलियांग ने झेंगझाई के परिवार के साथ किसी तरह की सौदेबाजी की थी। इसके संबंध में निश्चित जानकारी उपलब्ध नहीं है; किंतु इतना तो निश्चित ही है कि बाद में यह अनुबंध टूट गया था। जिस यान परिवार से झेंगझाई ताल्लुक रखती थी, वह भी कोंग परिवार की तरह दूसरे प्रांत से आकर बस गया था और उसी की तरह कठिनाइयों का सामना कर रहा था। निश्चित रूप से यान परिवार की आर्थिक कठिनाइयाँ ज्यादा थीं और वैसे हालात में ही झेंगझाई को उपपत्नी बनने के लिए विवश होना पड़ा था।

विद्या और संस्कृति की दृष्टि से संपन्न होने के बावजूद यान परिवार की सामाजिक हैसियत कोंग परिवार की तुलना में कमतर थी। यान परिवार झौ प्रांत से आया था, जो मूल झाऊ साम्राज्य की सीमा से बाहर स्थित था। उस क्षेत्र को यी नाम से जाना जाता था। संघर्षरत राज्यों के काल में झौ लोगों के पास कोई राजनीतिक शक्ति नहीं थी, इसके

बावजूद झौ साम्राज्य के क्षेत्र में रहनेवाले लोगों को 'बर्बर' कहकर पुकारा जाता था।

यही वजह थी कि यान झेंगझाई के परिवार को नए स्थान पर अपनी बर्बर छवि का खामियाजा भुगतना पड़ रहा था और अपने अस्तित्व को बचाए रखने के लिए संघर्ष करना पड़ रहा था। इस परिवार के सामने कोंग परिवार के किसी प्रस्ताव को ठुकराने का साहस नहीं था। शूलियांग ने जब झेंगझाई को उपपत्नी बनाकर संतानोत्पत्ति का प्रयास किया तो शुरू में कोई नतीजा नहीं निकला। इसके बाद दोनों नी की पवित्र पहाड़ी के पास जाकर पुत्र के लिए प्रार्थना करने लगे। ऐसा लगता है कि शूलियांग के परिवार के बाकी सदस्य झेंगझाई को जानते थे और असंतुष्ट होते हुए भी भावी उत्तराधिकारी के पैदा होने की राह देख रहे थे।

कुछ लेखकों ने वर्णन किया है कि शूलियांग ने अपनी दोनों पत्नियों से संबंध विच्छेद कर लेने के बाद झेंगझाई से विवाह कर लिया था। मगर यह वर्णन सत्य नहीं प्रतीत होता। चीन की तत्कालीन परंपरा के अनुसार शूलियांग ने तीसरी पत्नी की तरह झेंगझाई को अपने घर में रख लिया था। जब संतानोत्पत्ति के लिए परिवार में उपपत्नी को लाया जाता था तो पहले से मौजूद पत्नी का रुख सख्त हो जाता था। झेंगझाई को भी शूलियांग की दो पत्नियों की नफरत और शत्रुतापूर्ण व्यवहार का सामना करना पड़ा। शूलियांग की बेटियाँ भी झेंगझाई से नफरत करती थीं। उस परिवार में अध्ययन के लिए न पुस्तकें थीं, न ही संगीत की व्यवस्था थी। एक सैनिक परिवार के शुष्क वातावरण में पहुँचकर कम उम्र की झेंगझाई को काफी पीड़ा महसूस हुई थी। उसके पति को उससे किसी तरह का लगाव नहीं था और उसकी उपयोगिता सिर्फ यही थी कि वह अपने पति के लिए एक उत्तराधिकारी को जन्म दे सकती थी।

आखिरकार, ईसा पूर्व 571 के पूर्वार्द्ध में झेंगझाई गर्भवती हो गई थी। शूलियांग को तब अत्यंत प्रसन्नता हुई, जब झेंगझाई ने एक पुत्र को जन्म दिया। परंपरागत रूप से हर साल 28 सितंबर को कन्फ्यूशियस की जयंती मनाई जाती है। हालाँकि इस बात का कोई निश्चित प्रमाण मौजूद नहीं है कि इसी तारीख को उनका जन्म हुआ था। चीन के कैलेंडर के मुताबिक, हर वर्ष जयंती की तारीख में परिवर्तन भी होता रहता है।

यह भी निश्चित रूप से नहीं कहा जा सकता कि कन्फ्यूशियस का जन्म किस स्थान पर हुआ था। माना जा सकता है कि बालक का जन्म शूलियांग के घर में ही हुआ था, जो पुत्र-रत्न की प्राप्ति से अत्यंत प्रसन्न हुए थे। बालक का नाम 'क्यू' रखा गया, जिसका अर्थ है—'पवित्र पहाड़ी'। नी की पवित्र पहाड़ी से प्रार्थना करने के बाद ही बालक का जन्म हुआ था, संभवत: यही सोचकर बालक का नाम 'क्यू' रखा गया। परिवार के नाम 'कोंग' का अर्थ है—'प्रार्थना का उत्तर'। इस तरह कन्फ्यूशियस के संपूर्ण नाम 'कोंग क्यू' का अर्थ है—'पवित्र पहाड़ी पर की गई प्रार्थना का उत्तर'। यानी

उनके नाम के साथ परिवार के नाम को जोड़कर गहरी अर्थवत्ता को उजागर किया गया था।

उत्तराधिकारी का जन्म होने के बाद शूलियांग को कितना गर्व महसूस हुआ था, इस बात को लेकर कई तरह की मान्यताएँ प्रचलित हैं। इस तरह की कई कहानियाँ प्रचलित रही हैं, जिनसे पता चलता है कि कुरूप बालक का जन्म होने पर परिवार के सदस्यों को हताशा का सामना करना पड़ा था। कुछ कहानियों में वर्णन मिलता है कि शूलियांग की नौ बेटियों ने नवजात बालक की बदसूरती का मजाक उड़ाया था।

इस तरह की अनेक कहानियाँ वास्तव में जनश्रुतियों का अंग ही प्रतीत होती हैं, मगर इनमें सत्य का अंश भी निहित है। निश्चित रूप से सौतेली बहनों ने बालक को शत्रुतापूर्ण नजरिए से देखा था, वहीं शूलियांग की दोनों पत्नियाँ यह देखकर जल-भुन गई थीं कि झेंगझाई ने सफलतापूर्वक शूलियांग के पुत्र को जन्म दे दिया था। जब उन्हें खतरा महसूस होने लगा था कि कोंग क्यू ही परिवार का उत्तराधिकारी बनने वाला था और उनके विकलांग पुत्र को परिवार की संपत्ति का कोई हिस्सा नहीं मिलने वाला था, ऐसी परिस्थिति में दोनों पत्नियों ने अपनी बेटियों के साथ मिलकर साजिश रचते हुए झेंगझाई को घर से निकालने के लिए शूलियांग को भड़काना शुरू किया था।

इस तरह जल्द ही उनकी साजिश सफल हो गई थी।

□

बचपन

विभिन्न लेखकों के वर्णन से स्पष्ट होता है कि पुत्र का जन्म होने के तीन वर्ष के भीतर ही झेंगझाई कोंग परिवार को छोड़कर चली गई थी। वह अपने साथ अपने पुत्र को लेकर गई थी और उसने शूलियांग और उसके परिवार के साथ सारा संपर्क खत्म कर दिया था। असल में इसके पीछे क्या वजह थी?

इस बात को लेकर कई तरह के अनुमान लगाए जा सकते हैं। हो सकता है कि शूलियांग ने झेंगझाई के परिवार से जो वादा किया था, उसे बाद में पूरा नहीं किया हो या शूलियांग की पत्नियों और बेटियों ने शूलियांग को भड़काकर झेंगझाई को घर छोड़ने के लिए मजबूर कर दिया हो और अपने विकलांग पुत्र को उत्तराधिकारी बनाने में सफलता हासिल कर ली हो। कारण चाहे जो भी रहा हो, कन्फ्यूशियस के जन्म के तीन साल बाद जब उनके पिता का निधन हुआ, उस समय तक उनके पिता के परिवार का कोई संबंध उनकी माता और उनके साथ नहीं रह गया था। सीमा कियान के वर्णन से भी पता चलता है कि कन्फ्यूशियस और उनकी माता को इस बात की जानकारी नहीं थी कि शूलियांग को किस स्थान पर दफनाया गया था। जब झेंगझाई का निधन हुआ तो उसे अपने पति की समाधि के बगल में नहीं दफनाया गया, बल्कि उसे कूफू के पास 'पाँच पिताओं के मार्ग' के किनारे दफनाया गया।

कन्फ्यूशियस जब तीन वर्ष के थे, तभी उनके पिता का निधन हुआ, इसलिए स्वाभाविक है कि उन्हें अंत्येष्टि की कोई जानकारी नहीं थी; किंतु उनकी माता अगर उस समय कोंग परिवार में मौजूद रहती तो जरूर मालूम होता कि उसके पति को कहाँ दफनाया गया था। शूलियांग की समाधि के संबंध में माता और पुत्र की अनभिज्ञता के संबंध में सीमा कियान या अन्य जीवनीकारों ने स्पष्ट रूप से कुछ नहीं लिखा है। हम केवल अनुमान के आधार पर ऐसा मान सकते हैं कि जिस समय कन्फ्यूशियस के पिता का देहांत हुआ, उस समय वे कोंग परिवार में मौजूद नहीं थे। यानी उनका पालन-पोषण अपने पिता के परिवार में नहीं, बल्कि अन्यत्र किया गया।

वह कौन सा स्थान रहा होगा? इतना तो निश्चित है कि झेंगझाई अपने पुत्र को साथ लेकर मायके लौट आई थी, क्योंकि उस युग में एक अकेली स्त्री अपने बलबूते पर बच्चे का पालन-पोषण नहीं कर सकती थी। यान परिवार कूफू नगर के पास किसी स्थान पर रहता था और कन्फ्यूशियस के पिता का घर वहाँ से दूर था, क्योंकि झेंगझाई के आने के बाद दोनों परिवारों के बीच किसी तरह का संपर्क नहीं रह गया था।

जैसा कि पहले ही बताया जा चुका है, यान परिवार विद्या और संस्कृति के प्रति समर्पित था। भले ही परिवार की माली हालत बहुत अच्छी नहीं थी। इस तरह के विवरण भी मिलते हैं कि कन्फ्यूशियस को अत्यंत निर्धनता के वातावरण में बचपन गुजारना पड़ा; किंतु इन वर्णनों को हम अतिशयोक्तिपूर्ण ही समझ सकते हैं, जो जनश्रुतियों के आधार पर प्रस्तुत किए गए हैं। उनकी माता उनके मन में ज्ञानार्जन के लिए लगाव पैदा कर पाई थी। अध्ययन, संगीत और पारंपरिक अनुष्ठानों के प्रति उनके मन में जिज्ञासा का भाव पैदा किया था। अगर कन्फ्यूशियस के ननिहालवाले दाने-दाने के लिए मोहताज होते तो वैसे माहौल में इस तरह विद्यार्जन की प्रवृत्ति उनके भीतर नहीं पैदा हो सकती थी।

निश्चित रूप से यान परिवार के पास गुजारा चलाने के लिए पर्याप्त साधन मौजूद थे। वह परिवार मिट्टी से निर्मित घर में रहता था। घर के सामने आँगन था। घर की छत लकड़ी से बनाई गई थी और चारों तरफ लकड़ी के खूँटों का प्रयोग किया गया था। आँगन में मुरगियाँ टहलती थीं और पास ही तालाब में बतखों का झुंड तैरता रहता था। घर के भीतर एक कमरा ऐसा जरूर था, जहाँ ढेर सारी पुस्तकें मौजूद थीं। वहीं एक कमरे को पूजा-गृह का स्वरूप प्रदान किया गया था।

असल में एक भावी दार्शनिक के लिए यह एक आदर्श वातावरण था, जहाँ उन्होंने अपने जीवन के आरंभिक वर्ष व्यतीत किए। अगर उनका आरंभिक जीवन कहीं गुजरा होता तो वह दार्शनिक नहीं बन सकते थे। अगर उनका जन्म किसी अमीर और प्रभावशाली परिवार में हुआ होता तो संभवत: उनके लिए सत्ताधारी वर्ग की कमजोरियों की पहचान कर पाना संभव नहीं हो सकता था। दूसरी तरफ, अगर उनकी माता मायके लौटने की जगह कोंग परिवार में ही रह गई होतीं तो विद्या के प्रति यान वंश के लगाव की भावना वह अपने पुत्र के मन में नहीं पैदा कर सकती थीं। कोंग परिवार में विद्या के अनुकूल वातावरण नहीं था। अगर कन्फ्यूशियस के पिता अधिक दिनों तक जीवित रहते तो वे भी अपनी तरह बेटे को सेना में भरती कराने का प्रयास करते।

यह कन्फ्यूशियस का सौभाग्य था कि उनकी माता ने उनका पालन-पोषण यान परिवार में रहकर करने का फैसला किया था। इस तरह उन्हें बचपन में भिन्न प्रकार का वातावरण मिल पाया था। बालक के रूप में कन्फ्यूशियस सेना से संबंधित खेल खेलने

की जगह 'अनुष्ठान' से संबंधित खेलों में रुचि लेने लगे थे। ज्यादातर जीवनीकारों ने लिखा है कि बचपन में वे पवित्र पात्रों को परंपरागत रीति से सजाने में घंटों व्यस्त रहते थे और इस बात को लेकर परवर्ती समय में अनगिनत चित्र भी बनाए गए।

मिट्टी या पीतल के निर्मित पात्रों का इस्तेमाल विभिन्न पारिवारिक पूजा-अनुष्ठानों के दौरान किया जाता था। उस युग में पात्रों के अवशेषों को बरामद किया गया है और चीन समेत दुनिया भर के कई संग्रहालयों में सुरक्षित रखा गया है। इन पात्रों में पूजा के निमित्त गोश्त को पकाया जाता था या बलि चढ़ाए गए पशु के रक्त को इन पात्रों में रखा जाता था। इस तरह के अनुष्ठान प्राचीनकाल से प्रचलित थे। बचपन में कोंग क्यू जिन अनुष्ठानों का अनुकरण करने की कोशिश करते थे, उन्होंने अपनी आँखों से अपने नाना या मामा को उस तरह के अनुष्ठानों को संपन्न करते हुए देखा था।

उस युग में धर्म का संगठित स्वरूप प्रचलित नहीं था। विभिन्न पवित्र स्थानों पर बने हुए मंदिरों में लोग आराधना करते थे; मगर उस युग के दस्तावेजों में उन मंदिरों की शक्तियों का कोई उल्लेख नहीं मिलता। उस युग में प्रत्येक परिवार के मुखिया की जिम्मेदारी होती थी कि अनुष्ठानों को सही तरीके से संपन्न करे। ईश्वर या अप्रत्यक्ष शक्ति के संबंध में कई तरह की मान्यताएँ प्रचलित थीं। फसल के देवता को 'हौ जी' कहा जाता था। इसी तरह रसोई के देवता अलग थे। मगर इन मान्यताओं का कोई संगठित स्वरूप मौजूद नहीं था। इन देवताओं के अलावा परिवारों के पूजा-गृहों में पूर्वजों की आत्माओं का भी सम्मान किया जाता था।

घर से बाहर प्रकृति की शक्तियों की भी दैवी शक्ति के रूप में आराधना की जाती थी। हवा, वर्षा, बिजली, बादल, बाढ़ आदि को ईश्वर की शक्ति के रूप में ही देखा जाता था। कन्फ्यूशियस के समय में रहस्यपूर्ण ताओ धर्म काफी लोकप्रिय हो रहा था; मगर यान परिवार, जिसमें कन्फ्यूशियस भी शामिल थे, पूरी तरह परंपरावादी था। बाद के वर्षों में कन्फ्यूशियस ने अपनी सूक्तियों में रहस्यवाद की खिल्ली उड़ाते हुए उसे अकर्मण्यता का नमूना बताया और 'मृत्यु के बाद जीवन' जैसी शंकाओं को समय की बरबादी कहा, क्योंकि ऐसे सवालों का जवाब ढूँढ़ पाना कभी संभव नहीं हो सकता था—

"जी लू ने आत्माओं की आराधना करने के बारे में पूछा।

कन्फ्यूशियस ने कहा—अगर तुम मनुष्यों की आराधना ठीक से नहीं कर सकते तो आत्माओं की आराधना कैसे कर सकते हो?

लू ने कहा—क्या मैं मृत्यु के बारे में सवाल पूछ सकता हूँ?

कन्फ्यूशियस ने कहा—अगर तुम जीवन का मतलब ठीक से समझ नहीं सकते तो मृत्यु का मतलब कैसे समझ सकते हो?"

—एनालेक्ट्स 110:12

बालक के रूप में कन्फ्यूशियस धार्मिक प्रवृत्ति के थे और पवित्र पात्रों के प्रति उनका आकर्षण उनके लिए आध्यात्मिक अनुभव की जगह सांस्कृतिक व सामाजिक अनुभव से पैदा हुआ था।

ऐसा लगता है कि यान परिवार में ढेर सारी किताबें मौजूद थीं। यान परिवार के पुस्तकालय का गहरा प्रभाव बालक कन्फ्यूशियस पर पड़ा था और पुस्तकों की सहायता से उन्हें जीवन-निर्माण करने की प्रेरणा मिली थी। बाद में उन्होंने अपने शिष्यों को बताया था कि बचपन में वे कितनी गंभीरता से पुस्तकों का अध्ययन करते थे। इस बात से स्पष्ट हो जाता है कि उन्होंने कम उम्र में ही अध्ययन की शुरुआत कर दी थी। ऐसा लगता है कि उनकी माता या किसी मामा ने बचपन में उनको वर्णमाला सिखाई थी और फिर पुस्तकों को पढ़ना सिखाया था।

यान परिवार के पास उस समय के पाँच महान् ग्रंथ मौजूद रहे होंगे। 'अनुष्ठानों की पुस्तक' में जहाँ अनुष्ठानों के संबंध में नियम बताए गए हैं, वहीं सदाचार की शिक्षा भी दी गई है। इस तरह की शिक्षा ने कन्फ्यूशियस के सिद्धांतों का आगे चलकर निर्माण किया। 'इतिहास की पुस्तक' में झाउ वंश और शांग युग की घटनाओं का वर्णन किया गया है। कन्फ्यूशियस इतिहास के अच्छे जानकार थे और अपने तर्कों के पक्ष में हमेशा ऐतिहासिक घटनाओं का उदाहरण देना पसंद करते थे। इसका अर्थ है कि जीवन के आरंभिक वर्षों में ही उन्होंने इस पुस्तक का अध्ययन कर लिया था।

'परिवार की पुस्तक' ज्योतिषशास्त्र से संबंधित थी, जिसकी सहायता से भविष्यवाणी की जाती थी। साठ वर्ष की उम्र से पहले कन्फ्यूशियस ने इस पुस्तक में कोई दिलचस्पी नहीं ली थी। इससे पता चलता है कि बचपन में उन्होंने इस पुस्तक का अध्ययन नहीं किया था।

परिवार के पास 'संगीत की पुस्तक' भी जरूर रही होगी। यान परिवार में संगीत को विशेष अहमियत दी जाती थी और उसी माहौल में पलने-बढ़ने के कारण कन्फ्यूशियस के मन में संगीत के प्रति लगाव का भाव पैदा हुआ होगा। कन्फ्यूशियस चीनी सितार बजाने में दक्ष थे और 'एनालेक्ट्स' में उनकी इस दक्षता का कई बार उल्लेख किया गया है। 'संगीत की पुस्तक' बाद में लुप्त हो गई; मगर इस बात के प्रमाण मिलते हैं कि कन्फ्यूशियस के समय में यह पुस्तक मौजूद थी।

पाँच महान् ग्रंथों में कन्फ्यूशियस के लिए सर्वाधिक महत्त्वपूर्ण पुस्तक 'गीत की पुस्तक' थी। इस पुस्तक में झाउ वंश की संपूर्ण संस्कृति को दरशानेवाली कविताओं और लोकगीतों का संकलन किया गया था। यह कन्फ्यूशियस की प्रिय पुस्तक थी। उन्होंने अपने उपदेशों में इस पुस्तक के उद्धरणों का अनेक बार प्रयोग किया है। ऐसा कहा जाता है कि उन्होंने उस पुस्तक के संरक्षण में महत्त्वपूर्ण भूमिका निभाई और अपने

जीवन के अंतिम वर्षों में उन्होंने उसका संपादन किया। संपादन के दौरान उन्होंने कुल तीन हजार कविताओं में से सर्वश्रेष्ठ तीन सौ कविताओं का चयन किया। यह संचयन वर्तमान युग में भी उपलब्ध है।

कन्फ्यूशियस के युग में संगीत की शिक्षा को उतनी ही अहमियत दी जाती थी, जितनी साहित्य या गणित की शिक्षा को दी जाती थी। यह जानना महत्त्वपूर्ण है कि बचपन में कन्फ्यूशियस जो संगीत की शिक्षा ग्रहण कर रहे थे, वह उनके लिए महज शौक नहीं था बल्कि संसार के प्रति उनके दृष्टिकोण का एक अभिन्न अंग था। उन्होंने बाद में अपने उपदेश में कहा कि संगीत की सहायता से सामाजिक एवं मानसिक शांति हासिल की जा सकती है। वहीं कोई क्रूर व्यक्ति हृदय को छूनेवाले संगीत को उत्पन्न नहीं कर सकता—

कन्फ्यूशियस ने कहा, "अगर किसी व्यक्ति के हृदय में मानवीय गुण नहीं हैं तो संगीत कैसे उत्पन्न कर पाएगा?"

—एनालेक्ट्स 3:3

सभी जीवनीकारों ने लिखा है कि कन्फ्यूशियस का बचपन नगर की जगह गाँव में ही व्यतीत हुआ था। पढ़ाई-लिखाई सीखने के साथ-साथ चीनी सितार बजाते हुए वे ग्रामीण जीवन के आनंद को महसूस कर रहे थे। नदियों में जाकर मछली पकड़ते हुए, खेतों में घूमते हुए, जंगल में खेलते हुए बालक कन्फ्यूशियस ने प्रकृति का साक्षात्कार किया था।

□

विद्यार्जन

जब कन्फ्यूशियस ने किशोरावस्था में कदम रखा तो उनकी माता को उनके भविष्य की चिंता सताने लगी।

कन्फ्यूशियस लंबे और हृष्ट-पुष्ट किशोर थे, जो कृषि कार्यों में हाथ बँटाने लगे थे। यान परिवार सुअर-पालन करता था और सीमित कृषि भूमि में अनाज तथा सब्जियों की खेती करता था। कपास की खेती कर वस्त्र तैयार किए जाते थे। कन्फ्यूशियस हमेशा किसी-न-किसी कार्य में व्यस्त रहते थे। बाड़ लगाने का काम हो या कच्ची ईंट से दीवारें बनाने का काम हो—इस तरह के सभी कार्यों में जुटे रहना उन्हें अच्छा लगता था। अगर उनका संबंध किसी अमीर परिवार से होता तो उस उम्र में उन्हें इस तरह के कार्य करने की जरूरत महसूस नहीं होती, क्योंकि ऐसे कार्य करने के लिए नौकर-चाकर मौजूद रहते। यान परिवार इतना खुशकिस्मत नहीं था और उसके पास गिने-चुने नौकर ही मौजूद थे, इसलिए परिवार के सभी सदस्य कृषि के कार्यों में हाथ बँटाते थे।

"तरुणाई में मेरा परिवार निर्धन था, इसलिए मुझे कई सामान्य कार्यों को सीखना पड़ा।"

— एनालेक्ट्स 9:6

झेंगझाई नहीं चाहती थी कि उसका पुत्र जीवन भर इसी तरह के कार्य करता रहे। हालाँकि कोंग परिवार में पैदा होने के नाते किशोर कोंग क्यू संभ्रांत वर्ग के निचले दर्जे (जिसे 'शी' कहा जाता था) से संबंधित होने का दावा कर सकते थे और उसी के अनुरूप सुविधाएँ प्राप्त कर सकते थे; मगर दस वर्षों से कोंग और यान परिवार के बीच किसी तरह का संबंध नहीं रह गया था। वैसे भी, उनके पिता का परिवार उतना प्रभावशाली नहीं था और ज्यादा-से-ज्यादा उन्हें सेना की नौकरी दिलवा सकता था।

उनकी माता के परिवार की सामाजिक हैसियत तो और भी कमतर थी। यह परिवार भले ही 'शी श्रेणी' का दावा करता था, मगर अपने प्रभाव से कोंग क्यू को कोई

सरकारी नौकरी या सेना की नौकरी नहीं दिलवा सकता था। झेंगझाई सिर्फ यही अपेक्षा रख सकती थी कि उसके पुत्र को किसी सामंत के सहायक कर्मचारी की नौकरी मिल सकती थी। ऊँचा पद नहीं मिल सकता था, किंतु निचले स्तर पर कोई काम जरूर मिल सकता था।

लेकिन इस तरह की नौकरी हासिल करने के लिए भी किशोर कोंग क्यू का शिक्षित होना जरूरी था। उनके लिए शिक्षा का प्रबंध कर पाना यान परिवार के लिए चुनौतीपूर्ण कार्य था। उस युग में इस तरह के विद्यालयों का कोई अस्तित्व नहीं था, जहाँ छात्रों को दाखिला दिया जा सके, न ही निजी तौर पर अध्यापन करनेवाले शिक्षक मौजूद थे। जो भी शिक्षक थे, वे किसी-न-किसी राजपरिवार के साथ जुड़े हुए थे। काफी कोशिश करने के बाद कन्फ्यूशियस के मामा ने जी राजपरिवार से अनुरोध करते हुए उसी राजपरिवार के साथ जुड़े अध्यापकों के सान्निध्य में कन्फ्यूशियस के विद्यार्जन का प्रबंध कर दिया। ऐसा करते हुए शर्त यह रखी गई कि शिक्षा प्राप्त करने के बाद कन्फ्यूशियस को जी सुन उर्फ राजाजी की सेवा करनी पड़ेगी। ऐसा लगता है कि यान परिवार ने शिक्षा प्राप्त करने के बाद जी राजपरिवार की सेवा में कन्फ्यूशियस को जीवन भर तैनात करने का वचन दे दिया था।

इस तरह चौदह या पंद्रह साल की उम्र में कोंग क्यू को जी राजपरिवार के महल में ले जाया गया, जहाँ उन्हें अगले तीन वर्षों तक रहते हुए विद्यार्जन करना पड़ा। इस दौरान वे छह महीने के अंतराल पर फसल की कटाई और नव वर्ष के उत्सव के अवसर पर अपनी माँ के पास लौट पाते थे। उनकी हैसियत अनुकंपा के आधार पर शिक्षा प्राप्त करनेवाले विद्यार्थी की थी। उनकी साधारण पोशाक से उनकी गरीबी झलकती थी, वहीं राजपरिवार के समृद्ध छात्र उनका मजाक उड़ाते थे और उन्हें उपहास की नजर से देखते थे। निश्चित रूप से शुरुआत में उन्हें अध्ययन प्राप्त करना पीड़ादायक प्रतीत हुआ था, जैसाकि उन्होंने बाद में कहा भी।

कन्फ्यूशियस ने कहा, ''असंतोष के बिना गरीब होना कठिन है। आक्रामकता के बिना धनी होना आसान है।''

—एनालेक्ट्स 14:10

विद्यार्जन करनेवाले कई छात्रों की हैसियत कन्फ्यूशियस जैसी ही थी, मगर सबसे अधिक निर्धन कन्फ्यूशियस ही थे। जी राजपरिवार में प्रचलित शिक्षा-प्रणाली दो श्रेणियों में विभाजित थी। पहली श्रेणी की विशिष्ट शिक्षा केवल राजपरिवार के छात्रों के लिए ही थी। वहीं दूसरी श्रेणी की शिक्षा साधारण वर्ग के ऐसे छात्रों के लिए थी, जिन्हें भविष्य में राजकर्मचारी, भंडार गृह निरीक्षक, मंदिर निरीक्षक, पशुसंपत्ति निरीक्षक आदि

पदों पर नौकरी करनी थी। ये सामान्य छात्र भले ही 'शी' वर्ग के शिक्षित सदस्य बन जाते थे, किंतु शासकों की सेवा करना ही उनकी नियति थी। उन्हें राजपरिवार के छात्रों के सामने झुककर ही रहना पड़ता था और उनके लिए अपनी अलग पहचान बना पाना आसान नहीं था।

'शी' वर्ग या सामान्य छात्रों की श्रेणी में कन्फ्यूशियस भी शामिल थे और अपनी श्रेणी के भीतर भी उनकी हैसियत सबसे निर्धन छात्र के रूप में थी। उन्हें अपनी हैसियत का एहसास हमेशा बना रहता था।

परंपरागत रूप से प्रचलित एक प्रसंग का वर्णन कई पुस्तकों में मिलता है, जिसमें बताया गया है कि जब छात्रों का अध्ययन पूरा हो गया तब राजाजी ने अपने दरबार में एक दीक्षांत समारोह का आयोजन किया। जब कन्फ्यूशियस इस समारोह में भाग लेने के लिए आए तो प्रवेश द्वार पर तैनात प्रहरी ने उन्हें अंदर जाने से मना कर दिया। प्रहरी ने कहा, "क्षमा करें महोदय, सिर्फ राजपरिवार के सदस्य ही अंदर जा सकते हैं।" कन्फ्यूशियस ने सिर हिलाया और मुसकराते हुए वापस लौट गए।

सीमा कियान ने लिखा है कि जिस प्रहरी ने कन्फ्यूशियस को अंदर जाने से मना कर दिया, उसका नाम यांग हुओ था, जो राजाजी का प्रधान कर्मचारी था। वह अपने मालिक का विश्वस्त एवं वफादार सेवक था, वहीं वह अपने मातहतों के साथ अत्यंत बेरहमी के साथ पेश आता था। सीमा कियान ने यह भी लिखा है कि यांग हुओ का हुलिया कन्फ्यूशियस से मिलता-जुलता था और कई वर्षों के बाद सैनिकों ने कन्फ्यूशियस को यांग हुओ समझकर गिरफ्तार कर लिया था। चूँकि यान वंश से दोनों जुड़े थे, इसलिए संभव है कि यांग हुओ की सहायता से ही जी राजपरिवार में कन्फ्यूशियस की नियुक्ति हुई थी।

युवावस्था में कन्फ्यूशियस को इस तरह कई बार अपमानजनक बरताव का सामना करना पड़ा था। शायद यही वजह है कि उनके मन में अवसर की समानता के प्रति आस्था दृढ़ होती गई थी और आगे चलकर उन्होंने इसी बिंदु पर अपने सिद्धांतों का प्रचार-प्रसार भी किया।

दूसरी श्रेणी के छात्रों को भले ही दीक्षांत समारोह में शामिल होने की इजाजत नहीं दी जाती थी, किंतु अध्ययन, लेखन और गणित की दक्षता उनके लिए जरूरी मानी जाती थी, चूँकि ऐसी दक्षता के सहारे ही वे नौकरी के दायित्वों को पूरा कर सकते थे। पाठ्यक्रम में अनुष्ठानों का अध्ययन, इतिहास, कविता, अध्यात्म के अलावा तीरंदाजी और रथ-संचालन की शिक्षा को भी शामिल किया गया था। ऐसा लगता है कि साधारण श्रेणी के छात्र होने के कारण कन्फ्यूशियस को भद्रजन की क्रीड़ा में शामिल होने की अनुमति नहीं दी गई थी या उन्हें इस तरह की क्रीड़ा में रुचि नहीं थी। वे हमेशा ग्रंथों का अध्ययन करने में अधिक रुचि लेते थे। जीवन में बाद के वर्षों में जब उनकी आलोचना

की गई कि उनके पास भद्रजन की विशिष्टताएँ नहीं थीं तो उन्होंने मजाक के लहजे में कहा था कि तीरंदाजी और रथ-संचालन की विद्या उन्हें नहीं आती थी, मगर रथ-संचालन करना कभी भी सीखा जा सकता था।

डेक्सियांग के एक आदमी ने कहा, "कन्फ्यूशियस कितना ज्ञानी है! वह हर चीज के बारे में इतना अधिक जानता है। मगर मैंने सुना नहीं कि उसने कभी कोई दक्षता हासिल की हो।"

जब कन्फ्यूशियस को इस बात की जानकारी मिली तो उन्होंने अपने शिष्यों से कहा, "मुझे क्या सीखना चाहिए? क्या मुझे रथ हाँकना सीखना चाहिए? मुझे तीरंदाजी सीखनी चाहिए? मुझे लगता है कि मैं रथ हाँकना सीख सकता हूँ।"

—एनालेक्ट्स 9:2

कन्फ्यूशियस ने रथ हाँकना नहीं सीखा था; किंतु ऐसा माना जा सकता है कि उन्होंने पढ़ाई करते समय तीरंदाजी का थोड़ा-बहुत अभ्यास जरूर किया था, क्योंकि एक बार उन्होंने एक ऐसी क्रीड़ा का उल्लेख किया, जिसके लिए तकनीकी जानकारी का होना जरूरी था (अपनी सूक्ति में उन्होंने बताया कि किसी भी क्षेत्र में पाशविक शक्ति की तुलना में दक्षता की अहमियत ज्यादा होती है)।

कन्फ्यूशियस ने कहा, "तीरंदाजी के दौरान लक्ष्य पर बनाए गए चमड़े के आवरण को भेदना महत्त्वपूर्ण नहीं होता, क्योंकि प्रत्येक व्यक्ति की ताकत में अंतर होता है। प्राचीनकाल से ऐसा ही होता रहा है।"

—एनालेक्ट्स 3:16

ऐसा लगता है कि अपने अध्ययनकाल की स्मृति के आधार पर उन्होंने यह बात कही थी। उन्होंने देखा होगा कि चमड़े के आवरण को तीर से भेदने के बाद राजपरिवार के छात्रों की सराहना अध्यापक करते थे, क्योंकि उन छात्रों को भविष्य में सेना का अधिकारी बनना था। उन्होंने देखा होगा कि राजपरिवार के छात्र किस तरह महज निशाने को स्पर्श करने की जगह निशाने को बलपूर्वक क्षत-विक्षत करने में अधिक दिलचस्पी लेते थे।

तीरंदाजी भद्रजन की एक ऐसी क्रीड़ा थी, जिसे कन्फ्यूशियस अपनी स्वीकृति देते थे। उन्होंने अध्ययनकाल में तीरंदाजी की कई प्रतियोगिताएँ देखी थीं। इन प्रतियोगिताओं के साथ संगीत के कार्यक्रम भी होते थे और पारंपरिक अनुष्ठान भी। इन प्रतियोगिताओं में व्यक्ति की शारीरिक ताकत की बजाय दक्षता और निष्पक्ष प्रतिस्पर्धा पर अधिक बल दिया जाता था।

कन्फ्यूशियस ने कहा, "श्रेष्ठ व्यक्ति को किसी बात के लिए होड़ नहीं करनी पड़ती। अगर उसे होड़ करनी पड़ती है तो वह तीरंदाजी की प्रतियोगिता में भाग लेता है, जहाँ वह निष्पक्ष बना रहता है। वह इस प्रतियोगिता में परंपरागत पेय पदार्थ पीता है। ऐसी प्रतियोगिता श्रेष्ठ व्यक्तियों के लिए होती है।"

—एनालेक्ट्स 3:7

कन्फ्यूशियस ने जीवन भर श्रेष्ठ खिलाड़ी की खूबियों की सराहना की—

"जब आचार्य मछली पकड़ने गए तो उन्होंने जाल का प्रयोग नहीं किया। जब वे शिकार करने गए तो उन्होंने किसी पंछी की हत्या नहीं की।"

—एनालेक्ट्स 7:27

इन तमाम गतिविधियों के बीच अध्ययन के लिए पर्याप्त समय मिल जाता था। बाँस की खपच्चियों से बनी पुस्तकों को रखने के लिए जो पुस्तकालय बनाया गया था, उसका आकार वर्तमान युग के पुस्तकालय की तुलना में निश्चित रूप से बड़ा था। वहीं कन्फ्यूशियस एकाग्र होकर पुस्तकों का अध्ययन किया करते थे। हम उस दृश्य की कल्पना कर सकते हैं कि जब दूसरे छात्र तीरंदाजी का अभ्यास करते थे, तब पुस्तकालय के एक कोने में बैठकर किस तरह कन्फ्यूशियस पुस्तक का अध्ययन करते थे। इसका अर्थ यह नहीं था कि वे अलग-थलग और एकाकी थे, किंतु उन्होंने सामंती वातावरण में किसी झुंड का हिस्सा बनने से इनकार कर दिया था। उन्होंने ऐसे छात्रों को अपना मित्र बनाना पसंद किया, जिनकी रुचियाँ उनकी रुचियों से मिलती-जुलती थीं।

कन्फ्यूशियस ने कहा, "श्रेष्ठ व्यक्ति के पास मित्र होते हैं, मगर श्रेष्ठ व्यक्ति किसी गिरोह का हिस्सा नहीं होता।"

—एनालेक्ट्स 15:22

कन्फ्यूशियस ने कहा—"अगर आप गुणी हैं तो आप कभी अकेले नहीं रहेंगे। आपके पास हमेशा मित्र मौजूद रहेंगे।"

—एनालेक्ट्स 4:25

अध्ययन काल में उनकी दोस्ती एक ऐसे छात्र से हो गई, जो राजपरिवार से संबंधित था। उसका नाम नांगोंग जिंग्सू था। लू राज्य के एक अन्य ताकतवर सामंत मेंग का सबसे छोटा बेटा नांगोंग था, जो अपने भाई के साथ राजाजी के महल में कन्फ्यूशियस के सहपाठी के रूप में अध्ययन कर रहा था। सीमा कियान ने लिखा है कि जब

कन्फ्यूशियस महज उन्नीस साल के थे, उसी समय नांगोंग और उसके भाई ने अनुष्ठानों की शिक्षा उनसे ग्रहण की थी। कन्फ्यूशियस ने तीस साल की आयु से पहले अध्यापन का कार्य आरंभ नहीं किया था, इसलिए यह वर्णन विश्वसनीय नहीं लगता।

राजपरिवार से संबंध रखनेवाले सारे छात्र रथ हाँकने, तीरंदाजी और युद्ध विद्या में सबसे ज्यादा दिलचस्पी रखते थे और अन्य विषयों में पढ़ाई को अहमियत देना जरूरी नहीं समझते थे; क्योंकि वे जानते थे कि क्षमता हासिल करने के बाद वे शी वर्ग के कर्मचारियों के परामर्श से राज-काज चला सकते थे या अनुष्ठानों को संपन्न कर सकते थे। अकसर अनुष्ठानों की कक्षा में वे सोना पसंद करते थे।

लेकिन कन्फ्यूशियस का नया मित्र नांगोंग जिंग्सू राजपरिवार के अन्य छात्रों से अलग था। नांगोंग को झोउ अनुष्ठानों में विशेष दिलचस्पी थी और बाद में इस विषय का अध्ययन करने के लिए कन्फ्यूशियस को झोउ की राजधानी की यात्रा पर भेजने का सारा प्रबंध किया था। वह जीवन भर कन्फ्यूशियस का विश्वस्त मित्र बना रहा और उसने कन्फ्यूशियस को विद्यालय शुरू करने के लिए सहायता उपलब्ध कराई। नांगोंग जिंग्सू के बिना कन्फ्यूशियस के लिए श्रेष्ठ उपलब्धियाँ हासिल कर पाना मुमकिन नहीं हो सकता था।

अध्ययन समाप्त होने पर नांगोंग जिंग्सू मेंग राजपरिवार के प्रशासनिक दायित्व निभाने के लिए लौट गया। वहीं उन्नीस वर्षीय कन्फ्यूशियस को अपने परिवार के वादे के मुताबिक राजाजी के कर्मचारी की नौकरी स्वीकार करनी पड़ी।

यही वह समय था, जब कन्फ्यूशियस अपनी पहचान बनाने के लिए कदम बढ़ा रहे थे; मगर इसी समय महज बत्तीस साल की उम्र में ही उनकी माता झेंगझाई का देहावसान हो गया।

□

शोक के तीन साल

कई लेखकों ने लिखा है कि अपने देहांत से ठीक पहले कन्फ्यूशियस की माता ने अपने बेटे के लिए भी परिवार की एक युवती को भावी पत्नी के रूप में चुन लिया था। यह तथ्य सही प्रतीत होता है, क्योंकि उसी समय कन्फ्यूशियस नौकरी शुरू करने वाले थे और गृहस्थी बसाने का वक्त आ गया था। सीमा कियान ने लिखा है कि जिस समय झेंगझाई की मृत्यु हुई, उस समय कन्फ्यूशियस सत्रह साल के थे। चूँकि शोक की अवधि तीन वर्षों की थी, इसलिए कन्फ्यूशियस को अपना विवाह तीन वर्षों तक स्थगित रखना पड़ा था।

कुछ लोगों ने शोक की अवधि तीन वर्ष से घटाकर एक वर्ष निश्चित करने की सलाह दी थी; मगर कन्फ्यूशियस इस सलाह को मानने के लिए तैयार नहीं हुए। इस विषय को लेकर उन्होंने अपने विचार इस तरह व्यक्त किए थे—

"जाई वो ने कहा कि माता-पिता के देहांत के बाद तीन वर्षों तक शोक मनाने की जगह एक वर्ष तक शोक मनाना ठीक रहेगा।"

कन्फ्यूशियस ने कहा, "अगर तुम्हारे साथ ऐसा हो तो क्या एक वर्ष बाद स्वादिष्ट व्यंजन खाना और रंग-बिरंगी पोशाक पहनना तुम्हें अच्छा लगेगा?"

"मुझे अच्छा लगना चाहिए।" वो ने जवाब दिया।

कन्फ्यूशियस ने कहा, "अगर तुम्हें अच्छा लगेगा तो वैसा ही करो। मगर एक श्रेष्ठ व्यक्ति शोक की अवधि में स्वादिष्ट व्यंजन का लुत्फ उठाना पसंद नहीं करेगा, न ही वह सुखद संगीत का आनंद उठाना पसंद करेगा।"

—एनालेक्ट्स 17:21

यह वार्त्तालाप का प्रसंग कन्फ्यूशियस के जीवन में बाद में आया; किंतु जब वे युवा थे तब भी उन्होंने निश्चित रूप से ऐसा ही महसूस किया होगा। यही वजह है कि अपनी माता के देहांत के बाद उन्होंने तीन वर्षों तक शोक मनाने का फैसला किया। इसका अर्थ

है कि बीस साल की उम्र में उन्होंने विवाह किया और नौकरी की शुरुआत की।

कुछ बाद के जीवनीकारों ने लिखा है कि अपनी माता की अंत्येष्टि प्राचीन झोउ रीति-रिवाजों के साथ करने की वजह से कन्फ्यूशियस को लोगों की आलोचना का सामना करना पड़ा। इस बात का कोई प्रमाण नहीं मिलता, किंतु इतना तो निश्चित है कि उन्होंने अपनी माता के निधन के बाद उसी तरह शोक मनाया जिस तरह परिवार के मुखिया के गुजर जाने के बाद शोक मनाया जाता है। ऐसा करके उन्होंने परंपरा का उल्लंघन किया था। हालाँकि कुछ लोगों का मानना है कि माता की परंपरागत अंत्येष्टि करते हुए कन्फ्यूशियस ने कट्टर संरक्षणवादी होने का परिचय दिया था; लेकिन यह बात सही प्रतीत नहीं होती। उन्होंने अपनी माता की अंत्येष्टि परंपरागत विधि-विधान से करते हुए समाज को यह संदेश देने का प्रयास किया था कि उनकी माता उनके लिए सबसे ज्यादा अहमियत रखती थीं। उनके लिए पिता की कोई अहमियत नहीं रह गई थी, जिन्होंने उनको नाम के सिवाय कुछ नहीं दिया था। वैसे, झेंगझाई को अंत्येष्टि के अवसर पर जैसा सम्मान मिला, वैसा सम्मान पहले कभी नहीं मिल पाया। चीन के तत्कालीन पुरुष-प्रधान पितृ सत्तात्मक समाज में एक अकेली साहसी माता को समाज कोई खास अहमियत नहीं दे सकता था। तब माना जाता था कि पुरुष ही अपनी संतान में प्रतिभा का सूत्रपात करते हैं। कन्फ्यूशियस ने स्वयं बाद में कहा कि वे 'जन्म से ही ज्ञानी' नहीं थे। उन्होंने जो भी ज्ञान हासिल किया, अध्ययन के जरिए ही वैसा संभव हो पाया और ज्ञान प्राप्त करने का अवसर उनकी माता ने मुहैया करवाया—

कन्फ्यूशियस ने कहा, ''मैं ज्ञान के साथ पैदा नहीं हुआ था। मुझे प्राचीन ग्रंथों से लगाव था और उनमें निहित ज्ञान को समझने के लिए मैंने कठोर मेहनत की।''

—एनालेक्ट्स 7:20

कन्फ्यूशियस के देहांत के बाद जब उनके जीवन की कथा लिखी गई तो उनके जीवन में उनकी माता की महत्त्वपूर्ण भूमिका को नजरअंदाज कर दिया गया। किसी जीवनीकार ने उनकी विलक्षण मेधा को दैवी चमत्कार बताया तो किसी ने कोंग परिवार का आनुवंशिक गुण बताया। इन जीवनीकारों ने झेंगझाई को महज कन्फ्यूशियस की जननी के रूप में चित्रित किया।

वर्तमान युग के जीवनीकारों ने भी झेंगझाई की अहमियत को उजागर करने का प्रयास नहीं किया है। तत्कालीन पुरुष-प्रधान समाज को कन्फ्यूशियस के जीवन का आरंभिक हिस्सा इस कदर परंपरा-विरोधी प्रतीत हुआ था कि उसने उनकी माता की भूमिका की उपेक्षा करना जरूरी समझा।

झेंगझाई के पुत्र ने अपनी माता को समुचित सम्मान दिया, अंत्येष्टि के अवसर पर प्राचीन झोउ रीति-रिवाजों का निष्ठा के साथ पालन किया; लेकिन वर्तमान समय में

झेंगझाई की समाधि का कोई निशान नहीं मिलता।

जीवनीकारों ने लिखा है कि माता का देहांत होने के बाद तीन वर्षों तक शोक मनाने के लिए कन्फ्यूशियस पूरी तरह एकांतवास में चले गए थे। दिवंगत माता-पिता को सम्मान देने के बारे में उनके विचारों को देखते हुए यह बात सही प्रतीत होती है। ऐसा लगता है कि उन्होंने शोक के तीन वर्ष यान परिवार के घर में गुजारे थे, जहाँ उनका बचपन गुजरा था। शोक की अवधि समाप्त होने के बाद उन्हें नौकरी की शुरुआत करनी थी, विवाह करना था और अपनी गृहस्थी आबाद करनी थी।

शोक के ये तीन वर्ष कन्फ्यूशियस के लिए वरदान साबित हुए, जब उन्होंने पूरी तरह अपने आपको अध्ययन के लिए समर्पित कर दिया।

कन्फ्यूशियस ने कहा, ''दस परिवारों की बस्ती में जरूर कोई मेरी तरह वफादार और विश्वसनीय रहा होगा; मगर मुझे संदेह है कि शायद ही मेरी तरह किसी के मन में अध्ययन के प्रति लगाव रहा होगा।''

— एनालेक्ट्स 5:28

ये तीन वर्ष कन्फ्यूशियस के लिए निजी स्तर पर ज्ञानार्जन करने के वर्ष थे। उनकी आरंभिक शिक्षा पूरी हो चुकी थी और अब उनके पास तीन वर्ष थे, जब वे अपने अध्ययन को और भी अधिक गहराई प्रदान कर सकते थे। इस अवधि में उन्होंने ज्ञानार्जन की विधियों का अन्वेषण किया और जीवन के बाद के वर्षों में उन्हीं विधियों का प्रयोग अध्यापन करने के लिए किया।

इन तीन वर्षों में उन्हें भरपूर एकांत मिला। शोक मना रहे पुत्र के लिए किसी भोज में शामिल होना, संगीत कार्यक्रम में शामिल होना, रंग-बिरंगी पोशाक पहनना या लजीज व्यंजन खाना वर्जित माना जाता था। इस तरह की सादगीपूर्ण दिनचर्या कन्फ्यूशियस पसंद करते थे। उनकी माता ने अपनी मृत्यु के साथ तोहफे में उन्हें तीन अनमोल वर्ष दे दिए थे, जिन तीन वर्षों का इस्तेमाल वे स्वयं को शिक्षित करने के लिए करना चाहते थे।

हम इस अवधि की कल्पना कर सकते हैं कि सादगीपूर्ण वेशभूषा में वे खिड़की के सामने या किसी पेड़ के नीचे बैठकर अध्ययन करने में जुटे रहते थे। घंटों पढ़ाई करते हुए वे रूखा-सूखा भोजन ग्रहण कर अपनी भूख मिटाते थे। उनके साथ यान परिवार भी अपनी प्यारी बेटी और बहन का शोक मना रहा था। कन्फ्यूशियस ने सादगीपूर्ण जीवन-शैली अपनाने का संकल्प इसी अवधि में लिया। जीवन के बाद के वर्षों में सादगीपूर्ण जीवन जीनेवाले अपने शिष्य यान हुई की उन्होंने सराहना की।

कन्फ्यूशियस ने कहा, ''हुई सचमुच गुणी था। वह एक कटोरी चावल और एक प्याली पानी के सहारे गुजारा कर लेता था। दूसरों के लिए उसकी तरह तकलीफ उठाना

आसान नहीं हो सकता था; मगर हुई हमेशा प्रसन्न बना रहता था, चूँकि उसे अपने अध्ययन से लगाव था।''

—एनालेक्ट्स 6:11/6:3

कन्फ्यूशियस को भी अध्ययन से गहरा लगाव था, इसलिए पुस्तकों की संगति में उन्होंने तीन वर्ष आसानी से गुजार दिए। शुरू-शुरू में तीन वर्षों की अवधि बहुत लंबी प्रतीत हुई होगी, लेकिन जैसे-जैसे कन्फ्यूशियस अध्ययन की गहराई में उतरते गए, उन्हें समय का अहसास नहीं रह गया। उन्हें लगा कि कितना कुछ सीखना है और सीखने के लिए समय कितना कम है। उन्होंने महसूस किया कि प्रत्येक व्यक्ति को अपने ज्ञान की सीमा को ईमानदारी के साथ स्वीकार करना चाहिए।

कन्फ्यूशियस ने कहा, ''क्या मुझे तुम्हें ज्ञान के बारे में पढ़ाना चाहिए? जो तुम जानते हो, वह जानते हो; जो तुम नहीं जानते, वह नहीं जानते। यही तो ज्ञान है।''

—एनालेक्ट्स 2:17

वे यह भी समझ रहे थे कि अगर उन्हें कोई उपलब्धि हासिल करनी है तो काफी सावधानी के साथ अध्ययन के क्षेत्र का चुनाव कर अपने ध्यान को एकाग्र करना होगा। उन्हें उस विषय की गहराई में उतरना पड़ेगा।

कन्फ्यूशियस ने कहा, ''जो सीखा गया, उस पर पर्याप्त चर्चा न हो; जो नया ज्ञान सीखा गया, उसका आत्म-विकास के लिए प्रयोग न हो तो मुझे असहज महसूस होता है।''

—एनालेक्ट्स 7:3

इस अवधि में कन्फ्यूशियस ने 'संगीत की पुस्तक', 'इतिहास की पुस्तक' और 'अनुष्ठानों की पुस्तक' का गहराई से अध्ययन किया। वे 'संगीत की पुस्तक' को सभी विद्याओं की बुनियाद मानते थे और बाद के वर्षों में इसी को आधार बनाकर उन्होंने अपने विचारों को प्रचलित किया।

जब ये तीन शांत, सहज, एकाकी वर्ष व्यतीत हो गए तो अध्ययन का सिलसिला भी समाप्त हो गया। जब उनका बीसवाँ जन्मदिन आ गया तो वे समझ गए कि शोक के तीन साल गुजर चुके हैं और अब उनके कार्यक्षेत्र में उतरने का वक्त आ गया है। अब उन्हें विवाह करना था और जी राजपरिवार की नौकरी करते हुए नए घर में जाकर गृहस्थी बसानी थी। अब उन्हें राजकर्मचारी की भूमिका निभानी थी और ऐसा करते हुए अध्ययन के लिए पर्याप्त समय निकाल पाना उनके लिए संभव नहीं रह गया था।

□

विवाह

आखिरकार हिचकते हुए कन्फ्यूशियस शोक की अवधि से बाहर निकल आए। उन्होंने पुस्तकों को एक तरफ रखा और अपने आपको जीवन की वास्तविकताओं का सामना करने के लिए तैयार किया।

सबसे पहले उनका विवाह समारोह आयोजित किया गया और सुसंस्कृत यान परिवार के शांत वातावरण में अब शोरगुल सुनाई देने लगा। सवेरे से ही पात्रों की सफाई होने लगी। तरह-तरह के व्यंजनों की तैयारी होने लगी। भोज के लिए लकड़ियाँ जुटाई गईं और घर की अच्छी तरह सफाई की गई। सभी के मन में विवाह को लेकर उत्साह था; किंतु संभवत: दूल्हे के मन में किसी तरह का उत्साह नहीं था। कन्फ्यूशियस कमरे में बैठकर किसी पुस्तक का अध्ययन कर रहे थे और परिवार की कोई सेविका कमरे में फर्श की सफाई करने में जुटी हुई थी। परंपरा के अनुसार कन्फ्यूशियस अपनी भावी पत्नी से विवाह से पहले सिर्फ एक बार मिल पाए होंगे और उन्होंने विवाह के बाद केवल चार वर्षों तक दांपत्य जीवन का सुख उठाया। उस युग की परंपरा के अनुसार कन्फ्यूशियस का विवाह परिवार की तरफ से निश्‍चित कराया गया था।

विवाह के दिन यान परिवार के आँगन में वर एवं कन्या पक्ष के रिश्तेदार और मित्र एकत्र हो गए। सभी एक लंबी मेज के सामने बैठकर हँसी-मजाक करते हुए मदिरापान करने लगे। सेवकगण जल्दी-जल्दी खाली मदिरा पात्रों में मदिरा उड़ेल रहे थे।

भोज के बाद विवाह का अनुष्ठान संपन्न हुआ। अनुमान के मुताबिक यह अनुष्ठान यान परिवार के मंदिर में आयोजित हुआ होगा। परंपरागत चीनी विवाह में दो व्यक्तियों के मिलन से ज्यादा दो परिवारों के मिलन पर जोर दिया जाता था। कन्फ्यूशियस की पत्नी ने पति के पूर्वजों की आत्मा को श्रद्धांजलि देने के लिए सिर झुकाया होगा। इस अवसर पर थोड़ी सी परेशानी हुई होगी। चूँकि कन्फ्यूशियस के पैतृक परिवार का कोई सदस्य समारोह में शामिल नहीं हुआ था—अठारह वर्षों से उनके बीच किसी तरह का संपर्क नहीं रह गया था और तीन साल पहले उनकी माता का देहांत हो चुका था।

कन्फ्यूशियस के अभिभावक की भूमिका उनके नाना ने निभाई होगी। जो उस समय साठ वर्ष के हो चुके थे। विवाह में अहम भूमिका निभानेवाले जिन भाइयों का उल्लेख कन्फ्यूशियस ने किया है, वे उनके मामा के पुत्र रहे होंगे।

इस तरह विवाह समारोह कन्फ्यूशियस के लिए बनावटी किस्म का रहा होगा। उन्होंने महसूस किया होगा कि परिवार की जिम्मेदारी निभाने के लिए उन्हें इस अनुष्ठान में शामिल होना पड़ रहा था। यान परिवार का अहसान उनके ऊपर था। ननिहालवालों ने ही उनका पालन-पोषण किया था। इसी परिवार ने कन्या चुनकर उनका विवाह करने का फैसला किया था और परिवार के फैसले से असहमत होने का सवाल ही पैदा नहीं होता था।

भले या बुरे के लिए (लगता है, परिणाम बुरा ही निकला) कन्फ्यूशियस का विवाह संपन्न हो गया। वक्ताओं ने आशीर्वाद दिया और नवविवाहित जोड़े को सुखी दांपत्य जीवन के लिए शुभकामनाएँ दीं। कन्फ्यूशियस ने विनम्रता के साथ मुसकराते हुए शुभकामनाओं को स्वीकार किया; किंतु अंदर-ही-अंदर जरूर उन्हें बेचैनी महसूस हो रही थी। इस बात की कोई जानकारी नहीं मिलती कि इतनी जल्दी उनके दांपत्य जीवन का अंत कैसे हो गया था। उन्होंने अपनी पत्नी से संबंध-विच्छेद क्यों कर लिया? कई जीवनीकारों ने दावा किया है कि चार वर्षों के वैवाहिक जीवन के बाद उन्होंने अपनी पत्नी को तलाक दे दिया था; किंतु इस बात की पुष्टि करने के लिए कोई प्रमाण उपलब्ध नहीं है। हालाँकि कन्फ्यूशियस के जमाने में तलाक देना संभव हो सकता था, किंतु ज्यादा संभावना इस बात की नजर आती है कि पति और पत्नी ने अलग-अलग रहने का निर्णय लिया था। ऐसा मानने की अहम वजह यह है कि इस जोड़े की दूसरी संतान के जन्म के बाद तत्कालीन दस्तावेजों में कहीं भी कन्फ्यूशियस की पत्नी का उल्लेख नहीं मिलता और 'एनालेक्ट्स' के विवरण से पता चलता है कि कन्फ्यूशियस अपने पुत्र से कभी-कभार ही मिल पाते थे और दोनों के बीच किसी तरह का लगाव नहीं था। वहीं यह बात भी सभी जानते हैं कि कन्फ्यूशियस की पत्नी का विवाह के कुछ वर्षों बाद ही देहांत नहीं हुआ था। अगर उनकी पत्नी का देहांत हुआ होता तो वह अपनी माता के देहांत के बाद शोक मनाने की तरह पत्नी का भी शोक मनाते और इस बात का उल्लेख दस्तावेजों में जरूर मिलता। इसका मतलब है कि उनके लिए अपनी पत्नी की कोई अहमियत नहीं रह गई थी और दोनों की राहें जुदा हो गई थीं। वैसे भी, यह कोई प्रेम-विवाह नहीं था। अगर कोई विवाह चार साल बाद ही नाकाम हो जाए तो यह बात आज के युग में भी अस्वाभाविक प्रतीत हो सकती है। ई.पू. 530 में यह जरूर बड़ी परिघटना रही होगी।

हो सकता है कि उन्हें दांपत्य जीवन में प्रेम की कमी महसूस हुई हो, हालाँकि उस

युग में रोमांटिक प्रेम की धारणा प्रचलित थी। 'कविता की पुस्तक' में प्रेम विषयक कई कविताएँ संकलित की गई हैं। क्या कन्फ्यूशियस के जीवन में प्रेम आया था? जितने भी दस्तावेज उपलब्ध हैं, उनसे इस संबंध में कोई स्पष्ट जानकारी नहीं मिलती। केवल एक प्रसंग का उल्लेख मिलता है, जो पत्नी के अलावा किसी अन्य स्त्री के साथ उनकी मुलाकात का संकेत देता है। इस प्रसंग में बताया गया है कि कन्फ्यूशियस वेई के शासक की तीसरी पत्नी नांजी से मिलने गए थे। नांजी लंपट स्वभाव की महिला थी, जो दरबार के सभी प्रमुख सदस्यों के साथ हमबिस्तर हो चुकी थी। वह अपनी सूची में एक संत को शामिल करना चाहती थी या कन्फ्यूशियस अपनी मरजी से उससे मिलने गए थे, इस संबंध में कोई निश्चित जानकारी नहीं मिलती। दो जीवनीकारों ने अलग-अलग तरीके से इस प्रसंग का वर्णन किया है, किंतु इतना तो निश्चित है कि वह मुलाकात बंद कमरे के भीतर हुई थी। सीमा कियान ने अपने वर्णन में कन्फ्यूशियस के मर्यादित चरित्र का उल्लेख करते हुए लिखा है कि राजा की पत्नी के निमंत्रण पर कन्फ्यूशियस उससे मिलने के लिए गए और कोई भी अवांछित घटना नहीं घटी।

'एनालेक्ट्स' में इस बात का दावा नहीं किया गया है कि उन्हें कामुक स्त्री से मिलने के लिए मजबूर होना पड़ा था, बल्कि कन्फ्यूशियस के मुँह से यह कहलवाया गया है कि उनकी अंतरात्मा साफ है। लोग भले ही गलत मतलब निकालें कि बंद कमरे के भीतर उन्होंने कोई अमर्यादित कार्य किया था।

''आचार्य नांजी से मिलने गए और जिलू नाराज हो गया। आचार्य ने अपना पक्ष स्पष्ट करते हुए कहा—अगर मैंने कुछ गलत किया है तो ईश्वर मुझे सजा देगा। इसका निर्णय ईश्वर पर छोड़ दो।''

—एनालेक्ट्स 6:28

उनका शिष्य जिलू अकसर उनके लिए नैतिकता के प्रहरी की भूमिका निभाता था। जब भी उसे लगता था कि आचार्य अपने सिद्धांतों को तोड़ने की कोशिश कर रहे हैं तो वह उन्हें सावधान कर देता था।

विवाह के बाद दावत की मेज के पास आमने-सामने बैठकर कन्फ्यूशियस और उनकी पत्नी एक-दूसरे की तरफ देखते हुए सोच रहे थे कि उनका भावी जीवन किस तरह व्यतीत होने वाला था। अगर वे दोनों चार सालों तक ही साथ-साथ रह सके तो इसका अर्थ यही था कि शुरू से ही दोनों के विचारों में जमीन-आसमान का अंतर था। पत्नी यह देखकर जरूर चिंतित हुई होगी कि वह ऐसे व्यक्ति के साथ कैसे जीवन गुजारेगी, जिसके होंठों पर हमेशा तिरछी मुसकान रहती है, मानो जिंदगी कोई ऐसा मजाक हो, जिसे केवल वही समझ पा रहा हो।

कन्फ्यूशियस भी शायद यही सोच रहे थे कि भावी जीवन में उस अपरिचित नारी के साथ उनका किस तरह का संवाद स्थापित होने वाला था। कन्फ्यूशियस का पालन-पोषण सुसंस्कृत परिवार में हुआ था। वहीं उनकी पत्नी क्वी परिवार की थी जो यान परिवार की तरह सुसंस्कृत नहीं था। कन्फ्यूशियस को अपनी पत्नी के प्रबुद्ध न होने की चिंता शायद उसी समय से सताने लगी थी।

□

कर्मक्षेत्र में

जब विवाह समारोह का समापन हो गया और संभवत: भोजन की मेज और आँगन की पूरी सफाई भी नहीं हुई, उसी समय कन्फ्यूशियस को अपनी नई-नवेली पत्नी के साथ जी परिवार की नौकरी करने के लिए रवाना होना पड़ा।

उनकी पहली नौकरी अनाज भंडार के प्रभारी की थी और निश्चित रूप से उन्हें रहने के लिए जी परिवार के अनाज भंडार के पास ही घर मुहैया कराया गया। संभवत: विवाहित जोड़े को इस दौरान कई चीजों की कमी अखरती रही होगी। खेत-खलिहान के पास सूअर के बाड़े के बगल में उनका नया बसेरा शायद ही उनके लिए कल्पना का घर रहा होगा। कन्फ्यूशियस की पत्नी ने बचपन से ऐसे किसी घर में गृहस्थी बसाने का सपना शायद ही देखा होगा। कन्फ्यूशियस भी मानते थे कि केवल सुंदर नजारे की कोई अहमियत नहीं हो सकती, जब तक कि माहौल भी सुंदर न हो।

कन्फ्यूशियस ने कहा, ''जहाँ तक किसी बस्ती का सवाल है, मानवीयता से ही इसकी खूबसूरती में इजाफा होता है। अगर आप एक ऐसे स्थान पर रहना शुरू करते हैं, जहाँ मानवीयता नहीं है, वहाँ आप अपने ज्ञान का विकास किस तरह कर सकते हैं?''

—एनालेक्ट्स 4:1

पत्नी ने अपने पति का अनुसरण करने का संकल्प लिया होगा। चीन में हमेशा से पत्नी खुद को पति की परछाईं मानती है और उसका अनुसरण करती है। वह जरूर बरतनों को टकराकर अध्ययन में डूबे अपने पति का ध्यान अपनी तरफ आकर्षित करने की कोशिश करती होगी।

कन्फ्यूशियस ने अपनी पत्नी के साथ सद्भावपूर्ण संबंध बनाकर गृहस्थी की शुरुआत करने की कोशिश की होगी। जीवन के आरंभिक वर्ष जी पाठशाला में व्यतीत करने के कारण उन्हें गणित और लेखन विद्या में औपचारिक रूप से पारंगत माना जा रहा था और अब उन्हें अनाज का हिसाब रखने का दायित्व सौंपा गया था। भंडार गृह में

साल भर जितना अनाज एकत्रित किया जाता था, उसका हिसाब उनको रखना था। सारा अनाज जी परिवार के खेतों से ही नहीं लाया जाता था, बल्कि स्थानीय किसानों से लगान के रूप में अनाज वसूला जाता था। सामंती व्यवस्था के तहत किसानों को अपनी फसल का निर्धारित हिस्सा सामंत को लगान के रूप में देना पड़ता था। भंडार गृह में एकत्रित किए गए अनाज का वितरण वेतन के रूप में जी परिवार के कर्मचारियों के बीच किया जाता था और बाकी अनाज जी परिवार अपने उपयोग के लिए रख लेता था। कन्फ्यूशियस को वेतन के रूप में सालाना एक सौ टोकरी अनाज मिलता था। उन्हें अपनी कमाई में से लगान का हिस्सा जी परिवार के पास जमा भी करवाना पड़ता था।

उस युग में अनाज का आशय बाजरा था जिससे आटा तैयार किया जाता था। उसी आटे से रोटियाँ पकाई जाती थीं या अन्य तरह से भोजन के रूप में इस्तेमाल किया जाता था। अनाज का उपयोग कर्मचारियों को वेतन देने के अलावा वस्तुएँ खरीदने के लिए भी किया जाता था। अनाज के अलावा खरीद-बिक्री के उद्देश्य से मुद्रा का प्रयोग भी किया जाता था। अनाज के भंडार गृह के प्रभारी के रूप में कन्फ्यूशियस भी निश्चित रूप से मुद्रा का प्रयोग कर रहे थे। चीन में उस युग में भी अत्यंत विकसित मुद्रा प्रणाली प्रचलित थी; जबकि पश्चिमी देशों में उन्नीसवीं सदी में मुद्रा का प्रचलन संभव हो गया। कन्फ्यूशियस युग में प्रचलित जो सिक्के बरामद हुए हैं, उन पर चाकू और दीवार के चित्र मिले हैं। जिस युग में विकसित मुद्रा प्रणाली प्रचलित थी, उस युग में कन्फ्यूशियस के कार्य के संबंध में आसानी से अंदाजा लगाया जा सकता है। उन्हें भंडार गृह में जमा होनेवाले अनाज का हिसाब ध्यान से रखना पड़ता था। हो सकता है कि उन्हें उस समय इस तरह का काम कठिन प्रतीत हुआ हो और मन-ही-मन उन्होंने कोई बौद्धिक कार्य करने की कल्पना की हो। किंतु जीविका के लिए उन्हें वही काम करना था और अपनी नौकरी से उन्हें कोई शिकायत नहीं थी।

कन्फ्यूशियस प्रत्येक कार्य को महत्त्वपूर्ण समझते थे और समर्पित होकर अपने दायित्व का पालन करते थे। वे चाहते थे कि दूसरे भी अपने कर्तव्य का पालन अच्छी तरह करें।

''प्रत्येक दिन अपने घर से बाहर निकलो और प्रत्येक व्यक्ति से इस अंदाज से मिलो, मानो तुम किसी महत्त्वपूर्ण अतिथि का स्वागत कर रहे हो। किसी भी कार्य में उसी निष्ठा से योगदान करो मानो तुम किसी महान् समारोह में भाग ले रहे हो। असंतोष के बिना जीवन व्यतीत करने का प्रयत्न करो।''

—एनालेक्ट्स 12:2

निश्चित रूप से अपनी नौकरी में उन्हें सफलता मिल रही थी। उनके हिसाब में

कोई त्रुटि नहीं होती थी और माप-तौल के मामले में भी वे पारंगत थे।

अपने कार्य में वे इस कदर सफल थे कि दो सालों तक अनाज का हिसाब रखने के बाद प्रसन्नतापूर्वक प्रतिदिन घर लौटते हुए उन्हें नौकरी में पदोन्नति मिली थी और उनके वेतन में भी इजाफा किया गया था। अब उन्हें सालाना 150 टोकरी अनाज मिलने लगा था। अब उन्हें मवेशियों का प्रभारी बना दिया गया था। इस नई जिम्मेदारी के तहत कन्फ्यूशियस को घोड़ों की देखभाल नहीं करनी थी, बल्कि उन्हें मवेशियों का हिसाब रखना था और उनके प्रजनन की निगरानी करनी थी।

जीवन में बाद के वर्षों में कन्फ्यूशियस की कई व्यावहारिक दक्षताओं की सराहना उनके प्रशंसकों ने की और इन दक्षताओं को संत की स्वाभाविक खूबियाँ बताईं, मानो ईश्वर ने उन्हें जन्म के समय ही सर्वगुण-संपन्न बनाकर इस धरती पर भेजा था।

एक बड़े मंत्री ने जिगोंग से पूछा, ''क्या तुम्हारे आचार्य वास्तव में एक पहुँचे हुए सिद्ध पुरुष नहीं हैं? उनके पास कितनी तरह की खूबियाँ मौजूद हैं!''

—एनालेक्ट्स 9:6:1

लेकिन कन्फ्यूशियस इस बात का विरोध करते थे। जब भी लोग उन्हें चमत्कारी पुरुष मानने की कोशिश करते थे तो उन्हें झुँझलाहट महसूस होने लगती थी।

इस तरह की बातें सुनने के बाद आचार्य ने कहा, ''वह मंत्री मेरे बारे में कितनी जानकारी रखता है? जब मैं युवा था तब छोटे पद पर नौकरी करते हुए मैंने कई तरह के हुनर सीखे थे। क्या किसी संत का इस तरह हुनरमंद होना जरूरी है? बिलकुल नहीं।''

—एनालेक्ट्स 9:6:3

पशु संपत्ति के प्रभारी का दायित्व वे सफलतापूर्वक निभा रहे थे; हालाँकि बीच-बीच में उनके मन में सवाल कौंध रहा था—क्या मुझे यही करना है? क्या जीवन भर मुझे यही काम करना है? मवेशियों की गिनती करते रहना है?

अन्य युवाओं की तरह कन्फ्यूशियस के मन में भी महत्त्वाकांक्षाएं रही होंगी और जरूर उन्होंने अपने जीवन के उत्थान की कल्पना की होगी। अपने कर्तव्य को निभाते हुए उनके मन में कभी किसी तरह की कड़वाहट का भाव पैदा नहीं हुआ।

उन्हें पता था कि एक-न-एक दिन उनका वांछित समय जरूर आने वाला था।

□

पारिवारिक जीवन

कंफ्यूशियस की उम्र अब बाईस साल की हो चुकी थी। दो साल पहले उनका विवाह हुआ था और उन्होंने नौकरी शुरू की थी। कार्यक्षेत्र में उनका प्रदर्शन संतोषप्रद रहा था। अनाज भंडार के प्रभारी के रूप में जिस तरह उन्होंने दक्षता से काम किया था, उसी दक्षता के साथ अब वे पशु संपत्ति के प्रभारी के रूप में काम कर रहे थे। उनके कार्य से सभी कर्मचारी संतुष्ट और प्रसन्न थे। भले ही भावी जीवन के बारे में उन्होंने सपने देखे थे, किंतु अभी वे एक देहाती इलाके में मवेशियों के प्रभारी की नौकरी कर रहे थे; किंतु वे प्रतिदिन घर से प्रसन्नतापूर्वक इस तरह बाहर निकलते थे, मानो किसी अतिथि का स्वागत करने के लिए जा रहे हों। वे अपने मातहत कर्मचारियों के साथ अच्छा बरताव करते थे और सही समय पर कार्यों का निष्पादन करते थे।

संभव है कि उनके घर में खुशी का माहौल नहीं था। उनका दांपत्य जीवन सुरक्षित नहीं था और दो साल बाद ही उनका दांपत्य जीवन समाप्त होने वाला था, इसलिए अब तक पति-पत्नी के बीच निश्चित रूप से तनाव पैदा होने लगा था। संबंध-विच्छेद की वजह के बारे में कोई निश्चित जानकारी उपलब्ध नहीं है; किंतु ऐसा लगता है कि कन्फ्यूशियस की पत्नी अपने पति को देखकर नाउम्मीद होती गई थी, जो प्रतिदिन गोबर में लथपथ होकर घर लौटते थे और जो अपने हालात को सुधारने की कोई चिंता नहीं कर रहे थे। फुरसत की घड़ियों में सामाजिक संपर्क बढ़ाने की जगह वे पुस्तकों का अध्ययन करने में जुटे रहते थे।

जिस समय उनके वैवाहिक जीवन में तनाव बढ़ता जा रहा था, उसी दौरान एक अच्छी घटना के रूप में उनके पुत्र का जन्म हुआ था। बालक का नाम 'कोंग ली' रखा गया। इस नामकरण को लेकर कन्फ्यूशियस के जीवन का एक दिलचस्प किस्सा जुड़ा हुआ है, जो सच हो सकता है या सच नहीं भी हो सकता है; मगर कम-से-कम आंशिक रूप से सच लगता है।

उस युग में 'ली' मछली को काफी स्वादिष्ट माना जाता था और दावतों में 'ली'

मछली का व्यंजन मेहमानों को परोसा जाता था। अमीर सामंतों के पोखर में ली मछलियाँ होती थीं और दावत के अवसर पर ली मछली का व्यंजन परोसने का नियम था। पुत्र के जन्म की खुशी में दावत के अवसर पर मेहमानों को परोसने के लिए कन्फ्यूशियस के पास ली मछलियाँ नहीं थीं, क्योंकि वे एक सामान्य कर्मचारी थे। ली मछली का इंतजाम करने के लिए उन्हें जी परिवार के पोखर से मछलियाँ पकड़नी पड़तीं या पड़ोस के किसी जलाशय में जाकर ली मछली की खोज करनी पड़ती। एक जनश्रुति के अनुसार, पड़ोस के एक सामंत ने तोहफे में उन्हें ली मछलियाँ दी थीं और उसी सम्मान के प्रतीक रूप में उन्होंने अपने पुत्र का नामकरण किया था।

आरंभिक जीवनीकारों के अनुसार जिस सामंत ने कन्फ्यूशियस को ली मछलियाँ दी थीं, वह स्वयं लू का शासक था। आधुनिक जीवनीकारों ने इस बात का खंडन करते हुए तर्क दिया है कि लू के शासक को एक अल्पज्ञात कर्मचारी के पुत्र-जन्म की सूचना कैसे मिली होगी और उसने एक दिन की यात्रा पूरी कर ली मछलियाँ कन्फ्यूशियस को देने का फैसला क्यों किया होगा? आधुनिक जीवनीकारों को लगता है कि सामंत जी ने तोहफे के रूप में कन्फ्यूशियस को ली मछलियाँ दी होंगी। कन्फ्यूशियस ने अपने पुत्र को प्यार से पुकारने का नाम 'बो यू' रखा, जिसका अर्थ है—छोटी मछली।

कन्फ्यूशियस पिता बन गए थे। उनसे अपेक्षा थी कि बच्चों के पालन-पोषण के संबंध में वे कुछ उपयोगी नसीहत देते; मगर परिवार को लेकर उनके जो विचार मिलते हैं, वे सामान्य किस्म के हैं।

कन्फ्यूशियस ने कहा, "परिवार में पिता और बड़े भाइयों की सेवा करो, मृतकों के प्रति निस्स्वार्थ भाव से अपने कर्तव्य का पालन करो और मदिरा के गुलाम मत बनो।"

—एनालेक्ट्स 9:16

अगर कन्फ्यूशियस कहना चाहते थे कि उन्होंने इन तीन सूत्रों को अपने जीवन में अमल किया था तो पहले सूत्र के बारे में उनका दावा सही नहीं प्रतीत होता। जब वे केवल दो साल के थे, तभी उन्हें पिता से अलग होना पड़ा था। संभवत: वे श्रोताओं के सामने अपने बचपन की बातों की चर्चा नहीं करना चाहते थे और वे भले ही एक महान् दार्शनिक थे, किंतु पिता के रूप में उन्हें नाकाम होना पड़ा था। उनके पिता ने तो उनके प्रति किसी तरह का दायित्व निभाया ही नहीं था।

कोंग शूलियांग ने अपने बच्चे को उसी समय घर से निकाल दिया, जब वह महज दो साल का था। इसके तुरंत बाद ही कोंग शूलियांग का देहांत हो गया था। कन्फ्यूशियस ने या तो स्वयं परिवार छोड़ दिया था या परिवार छोड़ने के लिए उन्हें मजबूर होना पड़ा था। उस समय उनका पुत्र भी महज दो साल का ही था; किंतु वे बीच-बीच में लौटकर

पुत्र को पलते-बढ़ते हुए देखते रहे थे। खेद की बात यह थी कि बो यू को विरासत में न तो पिता जैसी बौद्धिक क्षमता मिल पाई थी, न ही कठोर मेहनत करने लायक स्वभाव मिल पाया था।

चेन कांग ने बो यू से पूछा, "क्या तुमने अपने पिता में कोई ऐसी भिन्न बात सुनी है, जो हम शिष्यों ने नहीं सुनी है?"

बो यू ने जवाब दिया, "अभी तक नहीं। एक बार जब मेरे पिता खड़े थे तब मैं कक्ष से होकर तेजी से गुजर रहा था। उन्होंने मुझसे पूछा—क्या तुमने अभी तक कविता की किताब से कुछ सीखा है? मैंने कहा—नहीं। फिर मैंने कविता की किताब का अध्ययन किया। एक दिन फिर वैसा ही हुआ। उन्होंने मुझसे पूछा—क्या तुमने अनुष्ठान की किताब से कुछ सीखा है? मैंने कहा—नहीं। उन्होंने कहा—अगर तुम आचरण के नियम नहीं सीखोगे तो तुम्हारा समुचित विकास नहीं हो पाएगा। मैंने जाकर अनुष्ठान की किताब का अध्ययन किया। मैंने उनसे यही दो बातें सुनीं।"

—एनालेक्ट्स 16:13

कन्फ्यूशियस ने कुछ दिनों के बाद बो यू को गंभीरतापूर्वक अध्ययन करने की हिदायत दी। बो यू ने अभी तक अपने पिता की प्रिय पुस्तक 'कविता की पुस्तक' का शुरुआती दो खंडों का अध्ययन नहीं किया था।

आचार्य ने अपने पुत्र बो यू से पूछा, "क्या तुमने दोनों खंडों का अध्ययन पूरा कर लिया है?"

"जिस व्यक्ति ने इन दो खंडों का अध्ययन नहीं किया है वह उस व्यक्ति के समान है, जो दीवार के सामने मुँह करके खड़ा है।"

—एनालेक्ट्स 17:10

स्पष्ट है कि कन्फ्यूशियस को अपने पुत्र से निराश होना पड़ा था। एक बार दुःखी होकर उन्होंने कहा था, "सभी अपने पुत्र का नाम लेते रहते हैं, भले ही पुत्र में प्रतिभा हो या न हो।"

—एनालेक्ट्स 11:8

बो यू ने दूसरे मामलों में भी उन्हें निराश किया था; मगर इस संबंध में अधिक जानकारी उपलब्ध नहीं है। इतना तो तय है कि पिता ने अपने इस प्रतिभा-विहीन अकर्मण्य पुत्र को क्षमा कर दिया था। शायद बो यू अपनी माता का पक्ष लेता था और पिता के प्रति अपनी नापसंदगी को छुपाना जरूरी नहीं समझता था। इस बात का कोई

प्रमाण नहीं मिलता कि बालिग होने के बाद बो यू ने अपने पिता के साथ कोई संपर्क रखा हो। 'एनालेक्ट्स' में दो प्रसंगों के जरिए बो यू की अकर्मण्यता का उल्लेख किया गया है। ऐसा लगता है कि आचार्य के शिष्य बीच-बीच में बो यू से मिलते रहते थे। एक और प्रसंग का उल्लेख किया गया है कि किस तरह कन्फ्यूशियस विलंब से बो यू की अंत्येष्टि में शामिल हुए थे—बो यू की मौत छियालीस साल की उम्र में हो गई थी।

कन्फ्यूशियस ने जीवन में बाद के वर्षों में कहा था कि उनका असली पुत्र बो यू नहीं था, बल्कि यान हुई था। यान हुई उनका सर्वाधिक प्रतिभाशाली और प्रिय शिष्य था। आचार्य के देहांत से पहले ही जब यान हुई का देहांत हो गया तो आचार्य का दिल टूट गया। उन्होंने हुई को अपने पुत्र की मर्यादा प्रदान करते हुए अंत्येष्टि करने का अनुरोध किया था। उनके शिष्य इस बात से नाराज हो गए थे और सबने मिलकर ई की अंत्येष्टि उसके परिवार के पुत्र के रूप में ही की, भले ही यान हुई आचार्य के उपदेशों पर अमल करता रहा था और स्वयं को उनका पुत्र मानता रहा था।

पुत्र के अलावा कन्फ्यूशियस की एक पुत्री भी थी। 'एनालेक्ट्स' में केवल एक प्रसंग में उनकी पुत्री का उल्लेख मिलता है। इसके अलावा, पुत्री के बारे में किसी तरह की जानकारी उपलब्ध नहीं है।

"कन्फ्यूशियस ने कुंग ये चांग से कहा कि वह विवाह के लिए उपयुक्त था, भले ही वह एक बार गिरफ्तार हो चुका था। इस तरह कन्फ्यूशियस ने उसके साथ अपनी पुत्री का विवाह कर दिया।"

—एनालेक्ट्स 5:1

संभवत: पुत्री भी अपने पिता की तरह बौद्धिक रूप से जागरूक थी और यान परिवार की परंपरा के अनुसार विद्यार्जन के प्रति लगाव रखती थी; मगर उसे अपनी योग्यता का विकास करने का अवसर नहीं मिल पाया था। अपने पुत्र से निराश हो चुके कन्फ्यूशियस को जीवन में बाद के वर्षों में अपनी पुत्री से संवाद कायम करते हुए तसल्ली मिली थी और उन्होंने घंटों उसके साथ 'कविता की किताब' की चर्चा की थी।

जीवन के अंतिम वर्षों में कन्फ्यूशियस को तब यह देखकर जरूर संतोष महसूस हुआ होगा कि उनका पोता जिसी उनके आदर्शों का अनुकरण कर रहा था। बो यू का पुत्र जिसी अपने दादा की तरह शिक्षक बना और उसने अपने दादा के विचारों को प्रचारित-प्रसारित करने की जिम्मेदारी का निर्वाह किया।

□

आत्मावलोकन

कन्फ्यूशियस ने कहा, ''मुझे इस बात की परवाह नहीं कि लोग मुझे नहीं जानते। मैं अपनी योग्यता कम होने को लेकर चिंतित रहता हूँ।''

—एनालेक्ट्स 14:30

पशु संपत्ति के प्रभारी के रूप में कन्फ्यूशियस ने कई साल गुजार दिए थे; मगर इस पद से आगे उन्हें पदोन्नति की कोई संभावना दिखाई नहीं दे रही थी। हालाँकि उनके वेतन में बढ़ोतरी की गई थी और उन्हें सालाना 200 टोकरी अनाज मिल रहा था, किंतु 25 वर्ष से अधिक उम्र के हो चुके कन्फ्यूशियस अपने जीवन की दिशा को लेकर जरूर मायूस हो गए थे। एक दशक तक कठोर मेहनत करते रहने के बावजूद अपनी पत्नी से उनका अलगाव हो चुका था। एक ऐसा पुत्र था जो मंद बुद्धि प्राणी था। एक प्यारी सी बेटी थी, जिससे उनकी मुलाकात नहीं हो पाती थी और एक ऐसी नौकरी थी, जिसमें आगे बढ़ने की कोई सीढ़ी दिखाई नहीं दे रही थी।

इसके बावजूद उन्हें विश्वास था कि संसार में उनकी अलग पहचान बनने वाली थी, हालाँकि उन्होंने कभी भी प्रसिद्धि हासिल करने के लिए कोई कदम नहीं उठाया था। 'प्रसिद्ध' होने की प्रवृत्ति आधुनिक युग की बीमारी है, जिसका इलाज एंडी वारहोल ने बताया है कि 'भविष्य में प्रत्येक व्यक्ति को पंद्रह मिनट की प्रसिद्धि' मिल जाएगी। कन्फ्यूशियस ने इस किस्म की प्रसिद्धि की कभी तमन्ना नहीं की थी—

कन्फ्यूशियस ने कहा, ''अच्छा पद नहीं मिलने को लेकर मैं चिंता नहीं करता। मैं अच्छा पद पाने के साधनों के व्यवहार को लेकर जरूर चिंतित होता हूँ। मैं गुमनामी की चिंता नहीं करता। मैं सही तरीके से लोगों के बीच अपनी पहचान बनाना चाहता हूँ।''

—एनालेक्ट्स 4:14

कन्फ्यूशियस इस बात से सहमत थे कि प्रत्येक व्यक्ति धन और यश को पाना

चाहता है। दूसरे शब्दों में, धन और यश के मेल से ही सफलता हासिल होती है। किंतु कन्फ्यूशियस ने सफलता के साथ एक तीसरे घटक 'जेन' को जोड़ा था, जिसका अर्थ है—सदाचार। उनका मानना था कि सफलता हासिल करने के लिए सदाचार को पहला अनिवार्य गुण समझना चाहिए।

कन्फ्यूशियस ने कहा, "अगर सदाचार की शर्त पर धन और यश मिल रहा हो तो उन दोनों का त्याग कर देना चाहिए। हर आदमी निर्धनता और कमजोर सामाजिक हैसियत को नापसंद करता है; मगर सदाचार की कीमत पर कभी भी निर्धनता से मुक्त होने का प्रयास नहीं करना चाहिए।"

—एनालेक्ट्स

कन्फ्यूशियस मानते थे कि श्रेष्ठ व्यक्ति किसी भी हालत में सदाचार का त्याग नहीं करता।

"अगर श्रेष्ठ व्यक्ति सदाचार का त्याग कर देगा तो वह श्रेष्ठ व्यक्ति कैसे कहला सकता है? श्रेष्ठ व्यक्ति अपनी भूख मिटाने की चाह में भी कभी सदाचार का त्याग नहीं करता।"

—एनालेक्ट्स 4:5

कन्फ्यूशियस अपने समकालीन समाज की तरफ देखते थे और उसके अंतर्विरोधों को देखकर उनके मन में झुँझलाहट का भाव पैदा होता था—

"ये लोग किस कदर दयनीय हैं! जब इनके पास कुछ नहीं होता तो अपना तमाशा बनाने के लिए ये कुछ हासिल कर लेते हैं। जब इन्हें कुछ हासिल हो जाता है तो फिर इन्हें उसे गँवाने का डर सताने लगता है। गँवाने की चिंता के चलते वे कुछ भी करने के लिए तत्पर हो उठते हैं।"

—एनालेक्ट्स 17:15

कन्फ्यूशियस सांसारिक सफलताओं के विरोध में नहीं खड़े थे। वे केवल साधन की शुद्धि पर जोर देते थे। उन्हें यह देखकर पीड़ा होती थी कि भ्रष्टाचार के परिवेश में कुछ लोग दिन-प्रतिदिन धनी होते जा रहे थे।

स्वाध्याय के जरिए कन्फ्यूशियस पारंपरिक अनुष्ठानों का विशेषज्ञ बन जाना चाहते थे। उस युग में राजा और सामंत ऐसे विशेषज्ञों को अपना परामर्शक बनाते थे। यह अत्यंत सम्मानजनक पद होता था और इसके बदले ऊँचा पारिश्रमिक भी दिया जाता था। कन्फ्यूशियस काफी समय और ऊर्जा अपने आपको दक्ष बनाने के लिए खर्च कर रहे थे,

क्योंकि वे वर्तमान नौकरी के दायरे से निकलकर अपना आत्म-विकास करना चाहते थे। हालाँकि इस मार्ग में भी अड़चन थी, क्योंकि उनके पास अनुष्ठान विद्या की औपचारिक शिक्षा नहीं थी। 'अनुष्ठान की पुस्तक' कंठस्थ होने पर भी कोई उन्हें 'गुरु' या 'जी' कहकर नहीं पुकार सकता था। इस पदवी को प्राप्त करने के लिए प्राचीन झोउ साम्राज्य की राजधानी लोचांग में स्थित विशाल मंदिर में अध्ययन प्राप्त करना आवश्यक था। लोचांग लू से काफी दूर पश्चिम दिशा में स्थित था और कन्फ्यूशियस को वहाँ पहुँचने की कोई उम्मीद नजर नहीं आ रही थी।

हालाँकि झोउ वंश का अब पूर्व प्रांतों के ऊपर किसी तरह का राजनीतिक नियंत्रण नहीं रह गया था, इसके बावजूद झोउ के केंद्रीय प्रांत में स्थित लोचांग को धार्मिक व सांस्कृतिक राजधानी का दर्जा मिला हुआ था। इस शहर में स्थित विशाल मंदिर की तरफ से समय-समय पर अनुष्ठानों के संबंध में निर्देशावली जारी की जाती थी। 'अनुष्ठान परामर्शक' इसी मंदिर से शिक्षा प्राप्त कर विभिन्न राज्यों में घूमते हुए शुल्क के बदले परामर्श देने का कार्य करते थे। अगर कन्फ्यूशियस को अनुष्ठान परामर्शक के रूप में काम करना था तो उनके लिए लोचांग जाना जरूरी था।

महत्त्वाकांक्षी होने के बावजूद कन्फ्यूशियस अपने सिद्धांतों के साथ किसी तरह का समझौता नहीं करना चाहते थे। वे कठोर मेहनत और ईमानदारी से सफलता प्राप्त करना चाहते थे। सदाचार संबंधी उनके सिद्धांतों को उनके पोते जिसी ने 'कन्फ्यूशियस के पाँच सिद्धांत' शीर्षक से वर्णित किया था, जो इस प्रकार थे—सदाचार, सही बरताव, अनुष्ठानों का पालन, विवेक और ज्ञान तथा निष्पक्ष निर्णय।

एक कहावत है—'इस बात से कोई फर्क नहीं पड़ता कि आप क्या जानते हैं, बल्कि इस बात से फर्क पड़ता है कि आप किसे जानते हैं।'

कन्फ्यूशियस का एक सच्चा मित्र प्रभावशाली वर्ग से संबंध रखता था, लेकिन उन्होंने कभी उस मित्र से कोई सहायता नहीं माँगी थी। जिस समय वे हताश होकर सोच रहे थे कि उनका उत्थान संभव नहीं था, उसी समय अप्रत्याशित रूप से उनका वह प्रभावशाली मित्र उनकी सहायता करने के लिए आगे आया था।

अब कन्फ्यूशियस का भाग्य-परिवर्तन होने वाला था।

□

लोचांग की यात्रा

जीवन के इस अहम मोड़ पर कन्फ्यूशियस की मदद करने के लिए जो मित्र सामने आया (कन्फ्यूशियस महसूस कर रहे थे कि 30 साल की उम्र में भी अगर वे पशु संपत्ति के प्रभारी बने रहेंगे तो जीवन भर उन्हें वही काम करना होगा), उसका नाम नांगोंग चिंग्सू था, जो विद्यालय में उनका सहपाठी रह चुका था और जो सामंत मेंग का सबसे छोटा पुत्र था। लगता है कि बाद के वर्षों में भी दोनों के बीच संपर्क बना रहा था। यही वजह थी कि जीवन के इस मोड़ पर कन्फ्यूशियस के लिए वह मददगार बनकर सामने आ गया था। कन्फ्यूशियस की तरह नांगोंग को भी अनुष्ठानों से गहरा लगाव था और शायद दोनों पहले भी लू की पहाड़ी पर स्थित मंदिर में जाकर अनुष्ठानों का जायजा ले चुके थे।

एक बात निश्चित है कि नांगोंग जिंगसू एक दिन मवेशी घर के बगल में स्थित कन्फ्यूशियस के कार्यालय में पहुँच गया और उसने कन्फ्यूशियस को बताया कि उसके पिता उसे प्राचीन झोउ की राजधानी लोचांग की यात्रा पर भेजने के लिए तैयार हो गए हैं। वह वहाँ पहुँचकर अनुष्ठान संबंधी नए विचारों का अध्ययन करना चाहता है। नांगोंग ने अपने पिता सामंत मेंग को समझाया था कि उनके परिवार में किसी एक सदस्य को अनुष्ठान विशेषज्ञ बनना जरूरी था। उसे छोड़कर उसके भाइयों के मन में अनुष्ठानों के प्रति किसी तरह की दिलचस्पी नहीं थी। सामंत मेंग सत्ता-लोलुप व्यक्ति था और उसने अपने छोटे पुत्र के इस तर्क को सही मान लिया कि अनुष्ठान की सटीक जानकारी के बिना उसे सार्वजनिक जीवन में शर्मिंदगी का सामना करना पड़ सकता था।

यह खबर सुनकर सबसे पहले कन्फ्यूशियस के दिल में हूक सी उठी होगी—ऐसी ही तमन्ना उनकी भी थी, लोचांग की यात्रा किसी तीर्थयात्रा के बराबर ही थी। जिंगसू वहाँ जा रहा था, यह जानकर उन्होंने उसे शुभकामनाएँ दीं। मन-ही-मन उन्होंने सोचा होगा कि अमीर और ताकतवर आदमी अपनी सारी इच्छाएँ पूरी कर सकता है। फीकी मुसकराहट के साथ उन्होंने अपने मित्र को मुबारकबाद दी होगी। तभी नांगोंग जिंगसू ने

मानो धमाका कर दिया, ''तुमने मेरी बात नहीं समझी; मेरे भाई, तुम भी मेरे साथ चल रहे हो।''

शुरू में कन्फ्यूशियस को अपने कानों पर विश्वास नहीं हुआ, फिर जब उन्हें विश्वास हो गया तब भी उन्होंने यही सोचा कि वहाँ एक विशाल काफिले का हिस्सा बनकर जाना पड़ेगा। उस जमाने में जब कोई सामंत का बेटा राजधानी में आधिकारिक दौरे पर जाता था तो उसके साथ परिवार के वरिष्ठ सदस्य, विद्वान्, कर्मचारी और सेवकगण भी जाते थे। किंतु जिंगसू ने स्पष्ट किया कि वह केवल कन्फ्यूशियस साथ यात्रा पर जाने वाला था और उसके पीछे-पीछे कोई काफिला नहीं चलने वाला था। उनके साथ गिने-चुने सेवक और वाहन को हाँकनेवाला चालक जाने वाले थे। उसने यात्रा करने के लिए अपने पिता से बैलगाड़ी माँग ली थी।

उस युग के रिवाज को देखते हुए जिंगसू की यह बात सुनकर कन्फ्यूशियस को अचरज हुआ होगा। क्योंकि सामंत के पुत्र हमेशा काफिले के साथ सफर करते थे। ताऊषेवादी पांडुलिपियों में भी इस बात का उल्लेख मिलता है कि कन्फ्यूशियस जिंगसू के साथ सामान्य विद्यार्थी की तरह लोचांग पहुँचे थे। असल में, जिंगसू को प्रदर्शनप्रियता पसंद नहीं थी। वह स्वतंत्र विचारोंवाला युवक था और सबसे छोटा पुत्र होने के नाते उसे पिता का स्नेह भी अधिक प्राप्त था। जिंगसू को लगता था कि वह अपनी मरजी से कुछ भी कर सकता था और उसने अपनी सामाजिक हैसियत के जरिए कमजोर हैसियतवाले मित्र कन्फ्यूशियस की सहायता जीवन भर की।

इस खुशखबरी को सुनकर कन्फ्यूशियस की क्या प्रतिक्रिया सामने आई थी, इस बात की जानकारी उपलब्ध नहीं है। इतना तो तय है कि उन्होंने अपनी रेशमी टोपी हवा में उछाल दी होगी, चेहरे पर खुशी की चमक आ गई होगी और उन्होंने मवेशी के चारे के ढेर पर घूँसा मारकर अपनी खुशी का इजहार किया होगा।

दोनों ने वसंत के मौसम में एक दिन बैलगाड़ी में सवार होकर अपनी यात्रा शुरू की। बैलगाड़ी लू से पश्चिम दिशा की तरफ बढ़ती जा रही थी। पिछले हिस्से में नरम बिछौने पर आराम से लेटकर दोनों मित्र तरह-तरह की बातें कर रहे थे।

यह यात्रा किस वर्ष में की गई थी, इसकी निश्चित जानकारी उपलब्ध नहीं है। अनुमान लगाया जाता है कि यह यात्रा ई.पू. 524 में की गई थी। उस समय कन्फ्यूशियस और नांगोंग जिंगसू की उम्र 27 वर्ष की थी। यह यात्रा निश्चित रूप से ई.पू. 521 से एक-दो वर्ष पहले ही की गई थी, क्योंकि इसी वर्ष झोउ की राजधानी लोचांग और कन्फ्यूशियस के गृहनगर लू के बीच सारा संपर्क समाप्त हो गया था, क्योंकि लोचांग में गृह युद्ध छिड़ गया था और कई पीढ़ियों तक खून-खराबे का सिलसिला चलता ही रहा था।

यात्रा के शुरुआती हिस्से में दोनों मित्र आराम फरमा रहे थे। हवा के झोंके के साथ

हिचकोले खाते हुए पश्चिम दिशा में बढ़ते जाना उन्हें अच्छा लग रहा था। उन्होंने सोचा भी नहीं था कि वे झाउ की राजधानी की यात्रा करने वाले लू के आखिरी यात्री थे, क्योंकि जल्दी ही झोउ की राजधानी का प्राचीन स्वरूप ध्वस्त होने वाला था।

लू से लोचांग तक की दूरी पंद्रह दिनों में पूरी की गई होगी। दोनों मित्र रात के वक्त बैलगाड़ी के अंदर ही सो जाते थे और सितारों से जगमगाते आसमान के नीचे रात्रि के भोजन का आनंद उठाते थे। हालाँकि गंभीर उद्देश्य को लेकर दोनों यात्रा पर निकले थे, किंतु दोनों को इस यात्रा में छुट्टियों का आनंद भी प्राप्त हो रहा था, क्योंकि मुद्दत के बाद उन्हें अपने-अपने दायित्व से मुक्त होकर फुरसत की घड़ियाँ गुजारने का समय मिला था। नांगोंग अपने पिता की रियासत के वित्तीय मामलों की देखरेख करता था।

लोचांग पहुँचने के बाद शुरू के कुछ दिनों तक दोनों प्रतिदिन विशाल मंदिर में जाते थे। वहाँ पहुँचकर कन्फ्यूशियस अनगिनत सवाल पूछते थे और जरूरी बातें लिख लेते थे। वे सबकुछ जान लेना चाहते थे। वे सभी अनुष्ठानों की बारीकियों को सीखना चाहते थे। अनवरत शोध करते रहने की उनकी आदत उस समय भी बनी रही थी, जब वे जीते-जी किंवदंती बन चुके थे। वैसी स्थिति में भी वे अपने आपको एक जिज्ञासु छात्र ही समझते थे।

''जब कन्फ्यूशियस ने विशाल मंदिर में प्रवेश किया तो उन्होंने हर चीज के बारे में जानना चाहा। किसी ने कहा—कौन कहता है कि कन्फ्यूशियस अनुष्ठानों का विशेषज्ञ है? वह विशाल मंदिर में गया और हर चीज के बारे में सवाल पूछने लगा।

यह सुनकर कन्फ्यूशियस ने कहा—यही तो अनुष्ठान है।''

—एनालेक्ट्स 3:15

नगर के सांस्कृतिक आकर्षण केंद्रों में घूमते हुए कन्फ्यूशियस और नांगोंग ने जरूर दर्शन के क्षेत्र में उभर रही विचारधारा ताओवाद के चर्चे सुने होंगे। इससे पहले कन्फ्यूशियस ने ताओ दर्शन के बारे में नहीं सुना था। झोउ की राजधानी में ही उन्हें पता चला कि ताओवादी सभ्यता के पतन का विरोध कर रहे थे और जीवन की एक नई राह सिखा रहे थे। इस दर्शन ने जरूर उनका ध्यान अपनी तरफ आकर्षित किया था।

वे किसी ताओवादी से मिलकर अपनी जिज्ञासा शांत करना चाहते थे। एक दिन उन्हें यह मौका मिल गया, जब वे झोउ पुस्तकालय में किसी कार्य से गए। अगर वे सोच रहे थे कि ताओवादी उनकी तरह ही जीवन-मूल्यों के बारे में चिंतित थे तो उन्हें जल्द ही निराशा हाथ लगने वाली थी।

□

दो विचारधाराएँ

ताओवादी लेखक जुआंगजी के अनुसार, कन्फ्यूशियस जब लोचांग में स्थित पुस्तकालय में गए तो इत्तफाक से उनकी मुलाकात ताओवादियों से हो गई।

"कन्फ्यूशियस अपनी कुछ रचनाएँ पुस्तकालय में जमा करने गए तो उनसे कहा गया—इस पुस्तकालय के प्रभारी लाओत्से थे, जो अब कार्य-मुक्त हो चुके हैं और अपने घर में रहते हैं। अगर आप अपनी रचनाएँ यहाँ जमा करना चाहते हैं तो उनसे मिलकर मदद क्यों नहीं माँग लेते?"

—बुक ऑफ जुआंगजी 13:7

झोउ राजधानी में ताओवादियों के साथ कन्फ्यूशियस की मुलाकात के कई प्रमाण मिलते हैं। जहाँ कन्फ्यूशियसवादी साहित्य में इस प्रसंग का उल्लेख मिलता है, वहीं ताओवादी साहित्य में भी इस प्रसंग का उल्लेख मिलता है। किंतु ताओवादियों ने अपने नजरिए से इस प्रसंग का उल्लेख किया है।

जुआंगजी ने कन्फ्यूशियस के प्रति तिरस्कारपूर्ण रवैया अपनाते हुए लेखन किया है। उसी तरह कन्फ्यूशियस के शिष्यों ने जिस तरह प्रसंग का वर्णन किया है, वह भी विश्वसनीय नहीं है। परंपरागत रूप से कहा जाता रहा है कि कन्फ्यूशियस ने लाओत्से के सान्निध्य में अनुष्ठान की शिक्षा ग्रहण की; किंतु यह दो कारणों से असंभव प्रतीत होता है। पहला, अब ज्यादातर विद्वान् इस बात से सहमत हैं कि लाओत्से नामक किसी व्यक्ति का अस्तित्व नहीं था और ताओवादियों ने इस नाम की कल्पना अपने प्रथम ग्रंथ 'जीवन की राह' के सर्जक के रूप में की। इस ग्रंथ की रचना कई लोगों ने मिलकर की थी और 'लाओत्से' का अर्थ 'प्राचीन गुरु' होता है। ताओवादी साहित्य के सिवाय तत्कालीन साहित्य में कहीं भी इस नाम का उल्लेख नहीं मिलता; जबकि कन्फ्यूशियस का उल्लेख विभिन्न साहित्यों में मिलता है। आज तक किसी ने कन्फ्यूशियस के अस्तित्व पर सवालिया निशान नहीं लगाया, न ही किसी ने 'एनालेक्ट्स' की सूक्तियों पर संदेह किया।

मान लिया जाए कि उस समय लोचांग में इसी नाम का कोई व्यक्ति ताओवाद का प्रचार कर रहा था तो उसके लिए यह संभव नहीं था कि वह अनुष्ठान की शिक्षा देता, क्योंकि ताओवादी हर तरह के अनुष्ठान और समारोह को नकार रहे थे। वे अपने अस्तित्व की सार्थकता के लिए मानव समाज के सभी रिवाजों को अप्रासंगिक मानते थे, इसलिए यह संभव नहीं था कि कोई ताओवादी अनुष्ठानों की शिक्षा देता।

इस तरह स्पष्ट है कि कन्फ्यूशियस ने ताओवादियों से अनुष्ठानों की शिक्षा ग्रहण नहीं की; किंतु इतना निश्चित है कि उनकी मुलाकात ताओवादियों से जरूर हुई थी।

जीवन में बाद के वर्षों में कन्फ्यूशियस कभी भी ताओवादी दर्शन की तरफ आकर्षित नहीं हुए। हालाँकि उनके समय में काफी लोग ताओ मत को अपना रहे थे और घर-परिवार छोड़कर जंगलों व पहाड़ों में रहने के लिए जा रहे थे; लेकिन उनके मन में कभी भी इस तरह के वैराग्य का भाव पैदा नहीं हुआ। हालाँकि जुआंगजी ने अपनी पुस्तक में आरोप लगाया है कि जीवन के अंतिम वर्षों में कन्फ्यूशियस वैरागी बन गए। उन्होंने शिष्यों का साथ छोड़कर एकांत में रहना पसंद किया। किंतु ये पूरी तरह मनगढ़ंत बातें हैं।

लोचांग में कन्फ्यूशियस की पहली मुलाकात जब ताओवादियों से हुई थी, उसी समय दो परस्पर विरोधी विचारधाराओं की जंग का सूत्रपात हो गया था। यह जंग कई सदियों तक चलती रही।

लोचांग में ताओवादियों से मिलने के बाद कन्फ्यूशियस को अहसास हो गया था कि बुनियादी रूप से उनका रास्ता अलग था और उनकी मान्यताएँ ताओ दर्शन से बिलकुल मिलती-जुलती नहीं थीं। 'एनालेक्ट्स' में संगृहीत किसी भी सूक्ति पर ताओवाद के प्रभाव को रेखांकित नहीं किया जा सकता। ताओवादियों से उन्होंने केवल एक शब्द 'ताओ' लिया था, जिसका प्रयोग उन्होंने 'सदाचार का मार्ग' बताने के लिए किया था।

आखिरकार 'कन्फ्यूशियस का मार्ग' चीन पर छा गया; मगर धर्म के रूप में ताओवाद आज भी वहाँ लोकप्रिय है और माना जाता है कि दुनिया भर में ताओवाद के लगभग सवा करोड़ अनुयायी मौजूद हैं। दर्शन के रूप में इसे अपार लोकप्रियता मिलती रही है। 'वे ऑफ बीइंग' नामक पुस्तक का दुनिया भर की भाषाओं में अनुवाद हो चुका है।

चीन में कन्फ्यूशियसवाद और ताओवाद के बीच संघर्ष इतना गंभीर होता गया कि लोगों को स्पष्ट रूप से अपने समर्थन के बारे में बताना पड़ता था कि वे किस दर्शन के साथ थे, कन्फ्यूशियस की मृत्यु के बाद पहली शताब्दी में बहुत सारे लोग ऐसे थे जो बिना किसी असमंजस के दोनों ही दर्शन से को अपना लेते थे। उस युग की समाधियों में दोनों ही दर्शन संबंधित पांडुलिपियाँ एक साथ प्राप्त की गई हैं, जो प्रमाणित करती हैं

कि लोग दोनों दर्शन को अपने लिए उपयोगी मानते रहे थे। ईसा पूर्व चौथी शताब्दी के एक शिक्षक की समाधि से पुरातत्त्वविदों ने इस तरह की पांडुलिपियाँ प्राप्त की हैं। वह शिक्षक शासक चू का अध्यापक था। उसने अपने पाठ्यक्रम में कन्फ्यूशियस और लाओत्से को एक साथ शामिल किया था।

ऐसा लगता है कि दोनों विचारधाराओं के बीच तीखा संघर्ष काफी बाद में तब शुरू हुआ, जब दोनों दर्शन के समर्थक राजनीतिक शक्ति पर काबिज होने की कोशिश कर रहे थे।

वर्तमान युग में सारी शिकायतें दूर हो चुकी हैं। अब दोनों ही विचारधाराएँ परस्पर विरोधी नहीं प्रतीत होतीं, बल्कि दोनों एक-दूसरे की पूरक लगती हैं, क्योंकि दोनों ही विचारधाराएँ मानवता को भिन्न-भिन्न बातें सिखाती हैं।

ताओवाद ने कभी सामाजिक संबंधों के बारे में चर्चा नहीं की। वहीं कन्फ्यूशियसवाद ने ब्रह्मांड की उत्पत्ति के बारे में कभी चर्चा नहीं की। व्यवसायी, विद्यार्थी और राजनेताओं को 'एनालेक्ट्स' से प्रेरणा मिलती रही है। वहीं 'वे ऑफ बीइंग' क्वांटम भौतिकी को समझने में सहायक सिद्ध हो सकती है और इसे स्टीफन हॉकिंग्स की पुस्तक 'ए ब्रीफ हिस्टरी ऑफ टाइम' के साथ-साथ पढ़ा जा सकता है।

''इस ब्रह्मांड में प्रत्येक वस्तु की उत्पत्ति अस्तित्व में हुई। अस्तित्व का जन्म अस्तित्व-विहीनता से हुआ। रहस्य के भीतर रहस्य छिपा हुआ है।''

—ताओ तेजिंग

अंत में दोनों विचारधाराएँ परस्पर विरोधी नहीं प्रतीत होतीं। मानव जाति को दोनों की जरूरत है। जब हम रहस्य के भीतर रहस्य की खोज करना चाहते हैं और ब्रह्मांड के गूढ़ अर्थ को समझना चाहते हैं, तब ताओवाद हमें राह दिखाता है। वहीं हमें कन्फ्यूशियस के मार्ग की भी सख्त आवश्यकता है, जो हमें अहंकार से मुक्त होकर विनम्र होना सिखाता है। ये दोनों विचारधाराएँ ईसा पूर्व पाँचवीं शताब्दी की अनमोल देन हैं, जिस विलक्षण शताब्दी में इस धरती पर गौतम बुद्ध, सुकरात और प्लेटो जैसे महामानवों ने जन्म लिया था।

□

अध्यापन की शुरुआत

झोउ की राजधानी से बैलगाड़ी में सवार होकर वापस लौटते हुए कन्फ्यूशियस को जरूर वहाँ बिताए गए लमहों की याद आ रही थी। वहाँ वे कुछ हफ्तों तक प्राचीन ज्ञान और दर्शन का अन्वेषण करते रहे थे। तब उन्होंने महसूस किया था कि उनका जन्म इसी तरह अन्वेषण में रमे रहने के लिए नहीं हुआ था। अब उन्हें फिर मवेशियों की दुनिया में लौट जाना था। यह सोचकर उन्हें जरूर मायूसी हुई होगी।

नांगोंग जिंगसू ने उन्हें आश्वस्त करते हुए कहा कि चिंतित होने की जरूरत नहीं है। उन्होंने अपनी यात्रा के उद्‍देश्य को पूरा कर लिया था, यानी उन्होंने झोउ के विशाल मंदिर में अनुष्ठानों का अध्ययन पूरा कर लिया था। अब कन्फ्यूशियस अपने नाम के साथ 'जी' (गुरु) का प्रयोग कर सकते थे। अब उनका नाम होगा 'कोंग जी', जो प्रभावशाली रहेगा। नांगोंग ने उनसे वादा किया कि लू पहुँचने के बाद वह उनके लिए कुछ विद्यार्थियों का प्रबंध कर देगा। यह सुनकर कन्फ्यूशियस के चेहरे पर कृतज्ञता का भाव आया; किंतु उन्हें यकीन नहीं हुआ कि उन्हें अध्यापन करने का मौका मिल पाएगा।

कन्फ्यूशियस महसूस कर रहे थे कि लोचांग में रहकर उन्होंने जिस तरह अनुष्ठानों का अध्ययन किया था, उस वजह से उन्हें अध्यापन का मनपसंद पेशा मिल सकता था; किंतु सबसे अधिक संतुष्टि उनके मन में इस बात को लेकर थी कि झोउ की राजधानी में रहते हुए उन्हें जीवन का एक निश्चित उद्‍देश्य निर्धारित करने का अवसर मिल गया था।

वे तीस बरस के हो रहे थे। अपने आसपास नजर दौड़ाते हुए वे देख रहे थे कि समाज का पतन हो रहा था।

कन्फ्यूशियस ने कहा, "ऊँचे पदों पर आसीन लोग संकीर्ण मानसिकतावाले हैं। कार्य-व्यापार सम्मान के बगैर हो रहा है, शोक के बगैर अंत्येष्टियाँ हो रही हैं। मैं इन सबकी तरफ चुपचाप होकर कैसे देखता रह सकता हूँ?"

—एनालेक्ट्स 3:26

इस तरह के गलत आचरण को देखकर कन्फ्यूशियस के मन में विचार पैदा हुआ कि सही राह पर चलनेवाले लोगों को संकल्प लेना चाहिए और मानवीय मूल्यों की नए सिरे से स्थापना होनी चाहिए। किसी-न-किसी को राह दिखाने का बीड़ा उठाना ही पड़ेगा। ताओवादियों से वार्त्तालाप करने के बाद वे समझ गए थे कि ताओवाद से लोगों का कल्याण नहीं होने वाला था। उन्होंने संकल्प लिया कि समाज को राह दिखाने की भूमिका वे खुद ही निभाएँगे।

समाज-परिवर्तन का संकल्प मन में लेकर कन्फ्यूशियस झोउ की राजधानी से लौटकर सीधे पशु संपत्ति के प्रभारी का दायित्व निभाने के लिए चले गए। जल्द ही नांगोंग जिंगसू खुशखबरी लेकर उनके पास पहुँच गया। उसने बताया कि उसके भाइयों के लिए अनुष्ठानों के शिक्षक की आवश्यकता थी और शिक्षक की भूमिका कन्फ्यूशियस को निभानी थी। जिंगसू के एक भाई का नाम मेंग यी था, जो विद्यालय में नांगोंग और कन्फ्यूशियस से दो वर्ष आगे की कक्षा में था। मेंग यी अपने पिता का उत्तराधिकारी था। ऐसा प्रतीत होता है कि नांगोंग भी कन्फ्यूशियस की तरह अपने पिता की किसी उपपत्नी के गर्भ से पैदा हुआ था और जीवन भर वह अपनी मरजी से अलग-अलग कार्य करता रहा। उसने अपने भविष्य को सँवारने की जगह अपने मित्र कन्फ्यूशियस को आगे बढ़ाने पर विशेष जोर दिया, क्योंकि वह आगे चलकर 'सामंत मेंग' का पद नहीं प्राप्त करने वाला था।

अध्यापन के लिए मेंग महल में जाने के लिए कन्फ्यूशियस को अवकाश मिलने लगा। शुरू-शुरू में सामंत जी ने अपने कर्मचारी को अस्थायी तौर पर अवकाश देने से मना किया होगा, मगर बाद में वह तैयार हो गया होगा, चूँकि वह सामंत मेंग के साथ मैत्रीपूर्ण संबंध बनाकर रखना चाहता था। वह अवकाश के बावजूद कन्फ्यूशियस को पूरा वेतन देने के लिए भी तैयार हो गया था।

उस समय लू प्रांत में तीन ताकतवर सामंत परिवार थे—जी, मेंग और शूरि परिवार। सभी परिवार के मुखिया अपनी ताकत बढ़ाने और लू का शासक बनने का सपना देखते थे; मगर उनमें से किसी की भी हैसियत ऐसी नहीं थी कि वह अपने बलबूते पर लू का शासक बन सकता था। विद्रोह करने पर कम-से-कम दो परिवारों का एकजुट होकर लड़ना जरूरी था। इसी उद्‌देश्य को ध्यान में रखकर जी और मेंग परिवारों ने एक-दूसरे के साथ दोस्ताना संबंध बनाकर रखा था। सत्ता का यह समीकरण कन्फ्यूशियस के लिए लाभदायक साबित हुआ। रातोरात वे अध्यापक बन गए और उन्हें अपना मनपसंद कार्य मिल गया।

सामंत मेंग के पुत्र अपने नए अध्यापक से काफी प्रभावित हुए। कन्फ्यूशियस को केवल अनुष्ठानों की शिक्षा देनी थी; मगर अध्यापन के दौरान वे 'कविता की पुस्तक' का उद्धरण देना नहीं भूलते थे। इसके साथ ही वे इतिहास और दैनंदिन जीवन के

उदाहरणों का प्रयोग करना भी नहीं भूलते थे। 'एनालेक्ट्स' में उनके शिष्यों ने उनकी अध्यापन शैली का जीवंत चित्रण किया है। कन्फ्यूशियस केवल व्याख्यान देने में विश्वास नहीं करते थे, बल्कि वे जीवंत चर्चा को प्रोत्साहित करते थे। ऐसा करते हुए वे किसी ग्रंथ के वाक्यों को आधार बनाना पसंद करते थे। इसके साथ ही लोचांग में किए गए अपने शोध का इस्तेमाल भी वे अध्यापन के दौरान करते थे। उनकी अध्यापन शैली इस कदर आकर्षक थी कि उनके दोनों शिष्यों ने अपने पिता से उनके अध्यापन की तारीफ की और इस तरह कन्फ्यूशियस ने अध्यापक के रूप में नई भूमिका की शुरुआत की।

नांगोंग जिंगसू ने कन्फ्यूशियस के लिए कुछ अन्य अमीर वर्ग के छात्रों का इंतजाम कर दिया। जिंगसू ने उन्हें आश्वस्त किया कि अब उन्हें पशु संपत्ति की देखभाल करने के लिए वापस लौटने की जरूरत नहीं होगी। विद्यार्थियों की संख्या बढ़ती गई और फिर कन्फ्यूशियस को लू की राजधानी चुंगडू में शासक झाओ के परिवार में अध्यापन करने की जिम्मेदारी मिली। यह उनके लिए अपनी योग्यता सिद्ध करने का सुनहरा मौका था।

संयोग की बात थी कि जिस समय कन्फ्यूशियस लू की राजधानी में शासक झाओ के परिजन को शिक्षा दे रहे थे, उसी समय उत्तर में स्थित प्रांत क्वी का शासक जिंग राजकीय दौरे पर वहाँ पहुँच गया। लू की तुलना में क्वी की सैन्य क्षमता अधिक मजबूत थी और भौगोलिक रूप से भी क्वी का आकार बड़ा था। लू शासक को क्वी की क्षमता का डर सताता था और वह क्वी के शासक को खुश रखने की भरसक कोशिश करता था।

शासक जिंग ने बताया कि वह अनुष्ठान के नए नियमों से अवगत होने के लिए लू के दौरे पर आया था। तब शासक झाओ ने बताया कि उनके दरबार में एक योग्य शिक्षक मौजूद था, जो हाल ही में अनुष्ठानों की नई पद्धति सीखकर लोचांग से लौटा था। यह सुनकर जिंग खुश हो गया। उसे बीच-बीच में दक्षिण में स्थित चू जैसे प्रभावशाली राज्यों का दौरा करना पड़ता था और कूटनीतिक कौशल की सफलता के लिए वह अनुष्ठानों के नियमों को अच्छी तरह जान लेना चाहता था। असल में, वह इसी उद्‌देश्य से स्वयं लोचांग की यात्रा भी करना चाहता था; किंतु उसे सूचना मिली थी कि समूचे झोउ क्षेत्र में गृहयुद्ध की आग फैल चुकी थी। ऐसी स्थिति में लोचांग से शिक्षित होकर लौटे एक व्यक्ति से अनुष्ठानों की जानकारी लेना उसे अधिक व्यावहारिक लगा था।

कन्फ्यूशियस को महँगा वस्त्र पहनाया गया और शासक जिंग के समक्ष पेश होने के लिए कहा गया। कन्फ्यूशियस ने शासक झाओ के पारिवारिक मंदिर में शासक जिंग को अनुष्ठानों की शिक्षा दी। कन्फ्यूशियस और जिंग एक-दूसरे से अत्यंत प्रभावित हुए। सामंती परिवार में आरंभिक शिक्षा ग्रहण करने के कारण कन्फ्यूशियस सारे शिष्टाचारों से भलीभाँति परिचित थे और उनके गरिमापूर्ण बरताव को देखकर शासक जिंग उनका मुरीद बन गया।

दिन भर अनुष्ठान के नियम सीखने के बाद शाम को संगीत का आनंद उठाया गया। दोनों को चीन का शास्त्रीय संगीत पसंद था। शासक जिंग उम्र में कन्फ्यूशियस से दस साल बड़ा था। उसने कन्फ्यूशियस से चीनी सितार बजाने के लिए कहा। बचपन में ही माँ की प्रेरणा से कन्फ्यूशियस ने चीनी सितार बजाना सीखा था।

इसी दौरान कन्फ्यूशियस ने शासक जिंग को समाज-हित के लिए अपने मन में पनप रही विचारधारा से भी अवगत कराया। बाद के वर्षों में कन्फ्यूशियस ने जिंग के साथ वार्त्तालाप करते हुए शासन और राजनीति संबंधी अनमोल सिद्धांतों का प्रतिपादन किया था।

जब अध्यापन का सत्र समाप्त हुआ तो शासक जिंग ने गद्‌गद होते हुए कन्फ्यूशियस को अपनी राजधानी लिंजी आने का निमंत्रण दिया। जिंग ने कहा कि कन्फ्यूशियस अपनी मरजी से कभी भी उसके दरबार में आ सकते थे।

इसी समय से एक शासक को शिक्षा देने के कारण कोंग क्यू 'कोंग फू जी' के नाम से मशहूर हो गए। अब अध्यापक के रूप में उनकी ख्याति दूर-दूर तक फैल गई। अब मवेशियों की देख-रेख करने के लिए उनके लौटने का कोई सवाल ही पैदा नहीं होता था।

नांगोंग जिंगसू ने कन्फ्यूशियस के विद्यालय की स्थापना करने के लिए वित्त का प्रबंध किया था और संभवत: उसी ने जी परिवार से कन्फ्यूशियस को छुट्टी दिलाने के लिए बातचीत भी की थी। सामंत जी कन्फ्यूशियस को अध्यापन के लिए अपनी नौकरी से मुक्त करने के लिए तैयार हो गया था; किंतु उसने पहले की तरह उन्हें वेतन देते रहने का वादा भी किया था।

कन्फ्यूशियस ने सामंत जी से मिलकर उसे धन्यवाद कहा। उन्होंने कहा कि अध्यापक के रूप में वे सामंत वर्ग के विद्यार्थियों के साथ-साथ समाज के सभी वर्ग के विद्यार्थियों तक ज्ञान की रोशनी पहुँचाना चाहते हैं। सामंत जी को यह सुनकर अचरज हुआ, किंतु वह अपनी सहमति देने के लिए तैयार हो गया।

कन्फ्यूशियस ने कहा, ''शिक्षा के मामले में किसी तरह का भेदभाव नहीं होना चाहिए।''

—एनालेक्ट्स 15:39

कन्फ्यूशियस के विद्यालय के लिए नांगोंग जिंगसू ने संसाधन जुटाया। उसने अपनी आकर्षक बैलगाड़ी बैल और चालक सहित कन्फ्यूशियस को दे दी। कन्फ्यूशियस ने जीवन भर उस वाहन का इस्तेमाल किया।

कन्फ्यूशियस की कक्षा में शामिल होनेवाले कई छात्र निर्धन परिवारों से आते थे।

इस तरह वे सामाजिक समानता के सिद्धांत पर अमल कर रहे थे। ज्यादातर छात्र अध्यापन के बदले अपने गुरु को न्यूनतम दक्षिणा ही दे पाते थे। कन्फ्यूशियस को सामंत जी की तरफ से वेतन के रूप में नियमित रूप से अनाज मिल रहा था। इस तरह उन्हें अपना गुजारा चलाने में किसी तरह की कठिनाई का सामना नहीं करना पड़ रहा था।

□

कन्फ्यूशियस का विद्यालय

जो छात्र कन्फ्यूशियस से शिक्षा प्राप्त करना चाहते थे, वे उनसे थोड़ी सी दक्षिणा के अलावा सीखने की ललक की अपेक्षा रखते थे।

कन्फ्यूशियस ने कहा, ''अगर कोई छात्र जिज्ञासु नहीं है तो मैं उसे नहीं पढ़ा सकता।''

— एनालेक्ट्स 7:8

उनके मेधावी शिष्य कभी-कभी शिकायत करते थे कि वे ऐसे छात्रों को शिक्षा देने के नाम पर अपना समय खर्च करते थे, जिनके मन में सीखने की ललक तो होती थी, किंतु वे योग्य नहीं होते थे। मेधावी शिष्यों का मानना था कि उनके आचार्य को शिष्यों को चुनने के मामले में सावधानी बरतनी चाहिए थी। कन्फ्यूशियस इस बात से सहमत नहीं थे।

उन्होंने कहा, ''व्यक्ति को उसी रूप में ग्रहण करना चाहिए जिस रूप में वह आता है। सख्ती बरतने की क्या जरूरत है?''

— एनालेक्ट्स 7:29

''श्रेष्ठ व्यक्ति गुणी व्यक्तियों की कद्र करता है, किंतु सभी को स्वीकार भी करता है। मैं दूसरों को फटकार कैसे सकता हूँ?''

— एनालेक्ट्स 19:3

'एनालेक्ट्स' में उनकी शिक्षण शैली का वर्णन मिलता है, उनके शिष्यों के संस्मरण मिलते हैं। अपनी शिक्षा-प्रणाली के बारे में कन्फ्यूशियस के विचार भी मिलते हैं। पाठ्य पुस्तक के रूप में वे 'कविता की पुस्तक', 'अनुष्ठानों की पुस्तक' और 'इतिहास की पुस्तक' का प्रयोग करते थे। वर्तमान युग की शिक्षा प्रणाली अलग थी, क्योंकि वे संगीत को एक बुनियादी विषय के रूप में बढ़ाते थे। वे दिन का समापन हमेशा सामूहिक

गायन और नृत्य के साथ करते थे। वे स्वयं चीनी सितार बजाकर छात्रों को प्रोत्साहित करते थे। वे छात्रों को अलग-अलग वाद्ययंत्र बजाने के लिए प्रेरित करते थे। सामंत जी की पाठशाला में उन्होंने संगीत के प्रयोग को सीखा था और उन्हें लगता था कि व्यक्ति की शिक्षा को संगीत की सहायता से पूर्णता प्रदान की जा सकती है।

यह सच था कि कन्फ्यूशियस के कई छात्र जन्म से भद्रजन नहीं थे; किंतु वे उन्हें इस तरह प्रशिक्षित करते थे कि शिक्षा प्राप्त करने के बाद छात्र भद्रजन की श्रेणी में शामिल होने लायक बन जाते थे। कोई किसान का बेटा भी कन्फ्यूशियस के विद्यालय में शिक्षा ग्रहण करने के बाद सामंत परिवारों की नौकरी प्राप्त कर सकता था। उस युग में कन्फ्यूशियस का पाठ्यक्रम सभी वर्ग के छात्रों को आकर्षित करता था और उनकी शिक्षा-प्रणाली कामयाब सिद्ध हो रही थी। गरीब किसानों के अलावा अमीर किसान और व्यापारीगण भी अपनी संतान को विद्यार्जन के लिए कन्फ्यूशियस के विद्यालय में भेज रहे थे। संभवत: कन्फ्यूशियस के विद्यालय में शिक्षा प्राप्त करना भावी जीवन की सफलता का प्रतीक माना जाता था।

कन्फ्यूशियस केवल तथ्यों की शिक्षा नहीं देना चाहते थे। वे मस्तिष्क को उर्वर बनाने के लिए कविताओं का प्रयोग करना उपयोगी मानते थे। वे अकसर 'कविता की किताब' के किसी अंश का पाठ करने के बाद अपने व्याख्यान की शुरुआत करते थे।

वे अपने शिष्यों से कहते थे कि वे अपने गुरु से असहमत होने पर अपनी स्वतंत्र राय जाहिर कर सकते हैं। उनका मानना था कि शिष्यों को निष्क्रिय होकर गुरु के चरणों में नहीं बैठे रहना चाहिए। वे कहते थे कि शिष्य को गुरु की प्रत्येक बात को धर्म वाक्य मानकर स्वीकार नहीं कर लेना चाहिए। अगर शिष्य को लगता है कि गुरु गलत मूल्यों की बात कर रहा है तो उसे अपनी असहमति जाहिर करनी चाहिए।

उनका शिष्य जिलू अकसर उनसे असहमत होता था और खुलकर अपना पक्ष उनके सामने रखता था। जब भी उसे लगता था कि आचार्य अपने किसी सिद्धांत के साथ समझौता करने वाले होते थे, तब वह उन्हें आगाह कर देता था और अकसर आचार्य अपने उस प्रिय शिष्य की राय को अहमियत देते थे। हालाँकि उनकी कक्षाएँ जीवंत और रोचक होती थीं; किंतु वे इस बात पर जोर देते थे कि छात्र को अपना पाठ अच्छी तरह याद रखना चाहिए। उनका कहना था कि जब तक छात्र अपने विषय का जानकार नहीं बनेगा, तब तक उसके भीतर नए और दिलचस्प विचारों का पनप पाना संभव नहीं होगा। वे मानते थे कि कठोर परिश्रम के साथ अध्ययन करना ही पर्याप्त नहीं है। जो पाठ वे पढ़ रहे हैं, उस पर मनन करना भी उतना ही जरूरी है—

कन्फ्यूशियस ने कहा, "अध्ययन करना और मनन नहीं करना समय की बरबादी है। मनन करना और अध्ययन नहीं करना खतरनाक है।"

—एनालेक्ट्स 2:15

कन्फ्यूशियस मानते थे कि जो श्रेष्ठ गुरु होता है, वह अपनी समस्त ज्ञान-संपदा अपने शिष्यों के बीच वितरित कर देता है।

कन्फ्यूशियस ने अपने शिष्यों से कहा, ''मेरे बच्चो, क्या तुम समझते हो कि मैं तुम लोगों से कुछ छिपाने की कोशिश कर रहा हूँ? ऐसा कुछ नहीं है, जिसे मैं तुम लोगों से छिपाने की कोशिश करूँ।''

—एनालेक्ट्स 7:24

कन्फ्यूशियस इसी तरह सफलतापूर्वक प्रसन्नता के वातावरण में चार वर्षों तक अध्यापन करते रहे। प्रथम सत्र के विद्यार्थियों को नौकरियाँ मिल गईं, वहीं प्रति वर्ष छात्रों की संख्या बढ़ती चली गई। उन्हें छात्रों से दक्षिणा मिल रही थी, वहीं सामंत जी की तरफ से वेतन भी मिल रहा था। उनका विद्यालय समूचे लू प्रांत में मशहूर हो गया था। विद्यालय की स्थापना करने में मदद करनेवाले उनके मित्र नांगोंग ज़िंगसू ने भी उनके विद्यालय में छात्र के रूप में दाखिला ले लिया था।

कन्फ्यूशियस के मन में अभी भी अध्यापक के साथ ही किसी बड़े सरकारी पद पर कार्य करने की इच्छा बनी हुई थी। राज्य का प्रभावशाली तबका उनकी इज्जत करने लगा था और उन्हें लगने लगा था कि जल्द ही उनकी इच्छा पूरी होने वाली थी। किंतु वे इस बात को भी महसूस कर रहे थे कि वे जिस सरकार की सेवा करना चाहते थे, वह सरकार कभी भी बिखर सकती थी और लू में कभी भी वर्चस्व की लड़ाई छिड़ सकती थी।

सामंत जी ने उसी दौरान ऐलान कर दिया कि वह लू के विशाल मंदिर में अनुष्ठान संपन्न कर अपनी हैसियत का परिचय देना चाहता था। इस तरह का अनुष्ठान करने का अधिकार परंपरा के तहत केवल लू के शासक को ही प्राप्त था।

कन्फ्यूशियस भाँप गए कि सत्ता-संघर्ष के चलते लू में गृह-युद्ध की नौबत आ सकती थी। उनकी आशंका सच साबित हुई थी। ईसा पूर्व 517 में एक दिन, जब कन्फ्यूशियस की उम्र चौंतीस साल की थी, विचलित कर देनवाली खबर के साथ उनकी कक्षा बाधित हो गई थी, सामंत जी ने बगावत कर दी थी। चारों तरफ सैनिक नजर आ रहे थे। राजधानी के कुछ हिस्सों में आग लगा दी गई थी और अफवाह फैल गई थी कि हिंसक मुठभेड़ के दौरान शासक झाओ की मौत हो गई थी। कन्फ्यूशियस ने मामले की पूरी जानकारी लेने के लिए उस दिन कक्षा स्थगित कर दी थी।

उस दिन जो कक्षा स्थगित हुई, वह अगले सात वर्षों तक स्थगित ही रही।

□

आत्म-निर्वासन

कन्फ्यूशियस के कई शिष्य सामंत जी की नौकरी कर रहे थे, इसलिए उन्हें सत्ता-संघर्ष की सारी सूचनाएँ आसानी से मिल गईं। सामंत जी ने प्रधानमंत्री का पद हथिया लिया था। यह पद शासक झाओ के बाद दूसरा सबसे अहम पद था; किंतु सामंत जी ने शासक झाओ को महत्त्वहीन बनाकर सारी सत्ता अपने हाथ में ले ली थी। सामंत जी कन्फ्यूशियस के प्रायोजक और मददगार की भूमिका निभाता था। सामंत जी शासक झाओ के सारे अधिकार छीन लेना चाहता था। उसने इस तरह के आदेश जारी किए, जिससे उसका परिवार और मेंग परिवार जनता से सीधे लगान की वसूली कर सकते थे। अपनी सत्ता को बचाने की आखिरी कोशिश करते हुए शासक झाओ ने सामंत जी को पद से हटा दिया और गिरफ्तार करवा दिया।

यह सूचना पाते ही जी, मेंग और शू परिवारों की सामंती सेना ने राजधानी की तरफ कूच कर दिया। इन सामंत परिवारों का उद्देश्य था सामंत जी को रिहा करवाना और शासक झाओ से छुटकारा पाना। वे उसे मार डालना चाहते थे।

बगावत की जैसी योजना बनाई गई थी, वैसा हो नहीं पाया। उन्हें सामंत जी को रिहा करवाने में सफलता मिल गई; किंतु जब सड़कों से लाशें उठाई गईं तो पता चला कि शासक झाओ भाग चुका था। सामंत परिवारों ने एक कठपुतली शासक को गद्दी पर बिठाने की योजना बनाई थी, जो वर्तमान हालात में संभव नहीं हो सकता था। शासक झाओ के जीते-जी किसी और को शासक बनाने पर पड़ोसी राज्यों को हमला करने का बहाना मिल सकता था। हालाँकि हमले की आशंका अभी भी बनी हुई थी, किंतु खतरे को टालने के लिए सामंतों ने झाओ को सांकेतिक शासक बनाने का फैसला किया था और अपने हिसाब से लू का शासन चलाने की योजना बनाई थी। इस बीच झाओ अगर लू की सीमा में कदम रखता तो उसकी मौत निश्चित थी। सामंतों ने सुना था कि झाओ उत्तर दिशा की ओर जान बचाकर भाग गया था और उसे क्वी के शासक जिंग ने शरण दे दी थी, जिस जिंग को कभी कन्फ्यूशियस ने अनुष्ठानों की शिक्षा प्रदान की थी।

कन्फ्यूशियस को पहली बार जीवन का अहम निर्णय लेना था। सामंत परिवारों के साथ उनका नजदीकी रिश्ता था। एक सामंत उनका प्रायोजक और शुभचिंतक था तो दूसरा सामंत मेंग उनके सर्वश्रेष्ठ मित्र नांगोंग जिंगसू का पिता था। नए हालात में कन्फ्यूशियस का राजनीतिक भविष्य उज्ज्वल नजर आ रहा था। उन्हें पद के साथ धन की प्राप्ति भी आसानी से हो सकती थी।

लेकिन इस सुनिश्चित और सुनहरे भविष्य को अपनाने के लिए उनकी अंतरात्मा तैयार नहीं थी। उन्होंने हमेशा अपने शिष्यों को सिखाया था कि गलत राह पर चलनेवालों की सेवा नहीं करनी चाहिए। अब वही परिस्थिति स्वयं उनके सामने पैदा हो गई थी—या तो उन्हें अपने सिद्धांतों को छोड़कर सुख-सुविधाओं को गले लगाना था या उन्हें आत्मनिर्वासित होकर तकलीफों का सामना करना था। वैसी स्थिति में सामंत जी से मिलनेवाला सालाना वेतन बंद हो सकता था।

आखिरकार उन्होंने निर्णय ले लिया। अगर वे रुक जाते तो शिष्यों को दिए गए उनके उपदेशों का कोई मतलब नहीं होता। उनकी कथनी और करनी में अंतर आ जाता। उन्होंने लू छोड़कर जाने का फैसला किया। उनके शिष्यों ने उनसे रुक जाने का अनुरोध किया और कहा कि उन्हें जल्द ही कोई ऊँचा सरकारी पद मिलने वाला था।

जिलू ने कहा, ''सरकारी पद स्वीकार नहीं करना उचित नहीं होगा।''

—एनालेक्ट्स 18:7

कन्फ्यूशियस अपने निर्णय पर अटल थे। वे नहीं चाहते थे कि उनके शिष्य भी उनके साथ जाएँ। वे चाहते थे कि उनके शिष्य बिगड़ते हुए हालात को सँभालने की कोशिश करने के लिए रुक जाएँ। उन्होंने खुद जाने का निश्चय किया और शिष्यों से कहा कि चिंतित होने की जरूरत नहीं थी। वे प्राचीन नायकों की तरह पहाड़ियों में पलायन कर भूखों नहीं मरना चाहते थे, बल्कि वे शासक झाओ की तरह क्वी प्रांत में जाना चाहते थे, जहाँ के शासक जिंग ने उन्हें अपने दरबार में आने का निमंत्रण दिया था। जिन युवाओं के दिल में उन्होंने उम्मीदों का संचार किया था, उनसे विदा लेकर वे क्वी की राजधानी की तरफ आत्मनिर्वासित जीवन गुजारने के लिए रवाना हो गए।

ईसा पूर्व 517 में शीतकाल में एक दिन कन्फ्यूशियस बैलगाड़ी में सवार होकर उत्तर की दिशा में रवाना हुए थे। नांगोंग जिंगसू ने उदारता का परिचय देते हुए कन्फ्यूशियस से कहा कि वे उसकी बैलगाड़ी का जीवन-पर्यंत इस्तेमाल कर सकते हैं। जिंगसू विदा के वक्त उदास हो गया था। उसे विद्यालय के ठप हो जाने की पीड़ा भी सता रही थी, किंतु वह खुद को असहाय महसूस कर रहा था। अपने पिता से असहमत होते हुए भी उसे अपने पिता का साथ देना पड़ रहा था। दोनों दोस्तों ने फिर मिलने का वादा

किया और जुदा हो गए।

दो दिन तक सफर करने के बाद जब कन्फ्यूशियस क्वी की सरहद के पास पहुँच गए तो उन्होंने रथ पर सवार कुछ राजकर्मचारियों को अपने करीब आते हुए देखा। राजकर्मचारियों ने बताया कि कन्फ्यूशियस को शाही मेहमान का दर्जा दिया गया था और वे लोग अगवानी करने के लिए आए थे।

राजा जिंग ने कन्फ्यूशियस का स्वागत धूमधाम से किया। ऐसे भव्य स्वागत की उन्होंने कल्पना भी नहीं की थी।

क्वी के शासक जिंग ने कन्फ्यूशियस के स्वागत के संबंध में कहा, ''मैं उनके साथ उस तरह पेश नहीं आना चाहता जिस तरह लू का शासक जी परिवार के मुखिया के साथ पेश आता है। मैं उन्हें जी और मेंग परिवार के मुखिया से ऊपर का दर्जा प्रदान करना चाहता हूँ।''

—एनालेक्ट्स 18:3

स्वयं को सामाजिक हैसियत के लिहाज से मेंग से ऊपर पाकर कन्फ्यूशियस को किसी तरह की शिकायत करने का मौका नहीं मिला। राजा जिंग ने उन्हें रहने के लिए महल में अपना कमरा दे दिया और उन्हें व्यक्तिगत परामर्शक का पद दे दिया; हालाँकि आधिकारिक रूप से इस पद की कभी घोषणा नहीं की गई। शासक जिंग को प्रसन्नता महसूस हो रही थी कि उसका पुराना अध्यापक अब उसके दरबार की शोभा बढ़ा रहा था। पाँच साल पहले उसने कन्फ्यूशियस से वादा किया था कि जब वे उसके दरबार में अतिथि बनकर आएँगे तो वह उन्हें संगीत मंडली का कार्यक्रम दिखाएगा। उसने कलाकारों को बुलाकर कन्फ्यूशियस के सामने संगीत प्रस्तुत करने के लिए कहा। जिंग कहता था कि वे कलाकार स्वर्ग का संगीत रचने में पारंगत थे। संगीत सुनकर कन्फ्यूशियस अत्यंत प्रभावित हुए। लिंजी के शुरुआती तीन महीने उन्होंने संगीत वृंद की संगत में ही गुजार दिए। संगीत का आनंद उठाने में वे इस कदर रम जाते थे कि उन्हें खाने-पीने की सुध भी नहीं रह जाती थी।

सीमा कियान ने लिखा है—''वे क्वी के प्रमुख संगीतज्ञों के साथ संगीत की चर्चा करने लगे। उन्होंने शाओ संगीत की धुनों को गौर से सुना और उन्हें सीखा। तीन महीने तक उन्हें खाने-पीने की सुध नहीं रह गई थी।''

एक तरफ क्वी के शासक जिंग ने गर्मजोशी से उनका स्वागत किया था, दूसरी तरफ निर्वासित जीवन बिता रहे लू के शासक झाओ ने उनसे मिलने पर किसी तरह का उत्साह प्रदर्शित नहीं किया। इस बात की कोई जानकारी नहीं मिलती कि निर्वासन की अवधि में झाओ ने कन्फ्यूशियस के सामने किसी तरह का विचार व्यक्त किया। हालाँकि

सात वर्षों के बाद झाओ का वहीं देहांत हो गया। संभवतः झाओ ने उम्मीद लगा रखी थी कि उसे सत्ता वापस दिलाने के लिए क्वी का राजा जिंग लू पर हमला करेगा; किंतु संगीत में रमा रहनेवाला जिंग उसके अनुरोध को नजरअंदाज करता रहा था।

असल में शासक जिंग पुरानी शैली का शासक था (और संभवतः इसी वजह से कन्फ्यूशियस के साथ उसका मैत्रीपूर्ण संबंध विकसित हो पाया था)। उसके पास एक हज़ार रथोंवाली सेना थी, जिस पर उसे गर्व महसूस होता था, मगर उसे युद्ध में दिलचस्पी नहीं थी और संभवतः इसी वजह से उसने कोई युद्ध नहीं किया था।

जिंग भी अपने अध्यापक की तरह गौरवशाली अतीत को पसंद करता था और जब उसका देहांत हुआ तो उसके साथ उसके एक हजार रथों और घोड़ों को भी दफनाया गया।

जिंग शासन, राजनीति, कला, अनुष्ठान आदि विषयों पर कन्फ्यूशियस की राय ले रहा था। दोनों के बीच कई वर्षों तक अर्थपूर्ण वार्त्तालाप चलता रहा। ये वार्त्तालाप ही भविष्य के लिए कालजयी सिद्धांत बन गए।

□

घर वापसी

आत्म-निर्वासन की अवधि में कन्फ्यूशियस को किसी तरह की तकलीफ का सामना नहीं करना पड़ा था। उन्हें महल में रहने की जगह मिली थी। अध्ययन और संगीत में रमे रहने का मौका मिला था। राजा ने उन्हें अपना परामर्शक बनाया था। असल में, आत्म-निर्वासन का निर्णय लेकर कन्फ्यूशियस ने सूझ-बूझ का ही परिचय दिया था। वे किसी भी समय अपनी मरजी से लू लौटकर जा सकते थे। शासक झाओ को जान बचाकर लू से निर्वासित होना पड़ा था, वहीं अपने सिद्धांतों की रक्षा के लिए कन्फ्यूशियस ने आत्म-निर्वासन का फैसला किया था। उन्हें लू लौटने के लिए किसी के निमंत्रण का इंतजार नहीं करना था।

लू के सामंत परिवार किसी भी हालत में सत्ता की बागडोर उसके असली हकदार झाओ को सौंपने के लिए तैयार नहीं थे। इस तरह झाओ के निर्वासन की अवधि लंबी होती गई थी और कन्फ्यूशियस को ऐसा महसूस होने लगा था मानो वे कभी भी लू लौटकर नहीं जा पाएँगे। जब वे राजा जिंग के साथ वार्त्तालाप नहीं कर रहे होते या रथ की दौड़ का आनंद नहीं उठा रहे होते, तब क्वी के संगीतज्ञ जिपांग जी से संगीत की शिक्षा ग्रहण करते थे।

कन्फ्यूशियस यह बात अच्छी तरह समझ गए थे कि राजा जिंग भले ही उनके सिद्धांतों को गौर से सुनता था; किंतु वह शासन कार्य में उनके सिद्धांतों को लागू करने वाला नहीं था। राजा जिंग सोच रहा था कि कन्फ्यूशियस स्थायी रूप से क्वी में रहना पसंद करेंगे, इसलिए उसने उन्हें एक रियासत देने का प्रस्ताव भी दिया था, साथ ही दरबार में एक महत्त्वपूर्ण पद देने का वादा भी किया था। राज्य के सामंत इस बात को सुनकर नाराज हो गए थे और एक शिक्षक के बढ़ते प्रभाव का उन्होंने विरोध जताना शुरू कर दिया था। राजा अपने सामंतों को नाराज नहीं कर सकता था, इसलिए उसने अपने निर्णय को बदल दिया और कन्फ्यूशियस को कोई रियासत नहीं दी गई। उसने

धीरे-धीरे उनसे परामर्श लेना भी छोड़ दिया।

इस तरह सुख-सुविधाएँ मौजूद रहने के बावजूद कन्फ्यूशियस अपने आपको उपेक्षित महसूस कर रहे थे। इसी दौरान लू के निर्वासित शासक झाउ का देहांत हो गया। अगर लू में सत्ता-परिवर्तन होता तो कन्फ्यूशियस के लिए लू लौटना आसान हो जाता। झाउ की जगह उसी वंश के डिंग को लू का शासक बनाया गया; किंतु वह जी परिवार की मरजी से ही संचालित हो रहा था। सामंत परिवारों को अपनी मनमानी करने का सुनहरा मौका मिल गया था। कन्फ्यूशियस इस हकीकत से अनजान थे। उन्होंने सोचा कि लू को एक वैध शासक मिल गया है, इसलिए अपने सिद्धांतों से समझौता किए बगैर वे लू लौट सकते हैं। 41 वर्ष की उम्र में कन्फ्यूशियस ईसा पूर्व 510 में लू लौट गए।

कन्फ्यूशियस सात वर्षों तक क्वी के शासक के परामर्शक की भूमिका निभाते रहे थे। अब वे लू की सरकार में कोई विशिष्ट पद पाकर अपने सिद्धांतों को शासन-प्रणाली में लागू करने का सपना देख रहे थे।

कुफू पहुँचने पर पुराने शिष्यों से उनका मिलन हुआ। जिलू और रेन्यू अभी भी जी परिवार के कर्मचारी के रूप में काम कर रहे थे। जिलू ने आचार्य को सत्ता-संघर्ष का सारा हाल सुनाया। रेन्यू अब सामंत जी के लिए सैन्य-आपूर्ति का काम देख रहा था, साथ ही किसानों से लगान की वसूली भी कर रहा था। जी सेना का सेनापति यांग हुओ था, जो कन्फ्यूशियस का हमशक्ल था, जिसने काफी साल पहले विद्यार्थियों की दावत में कन्फ्यूशियस को घुसने नहीं दिया था। सामंत जी अब काफी बूढ़ा हो चुका था, किंतु उसका अहंकार पहले जैसा ही था और लू की असली सत्ता उसके हाथों में थी। जी का बेटा जी हुआंग अपने पिता की तुलना में कमजोर और निर्णय लेने में असमर्थ था। माना जा रहा था कि सामंत जी के मरने पर जो शून्य पैदा होने वाला था, उसकी वजह से सत्ता संघर्ष और भी तेज होने वाला था।

ये सारी बातें सुनने के बाद कन्फ्यूशियस जरूर चिंतित हुए होंगे। राजनीतिक हालात पहले से भी बदतर हो चुके थे; किंतु अब वे लू वापस आ गए थे और उन्हें यकीन था कि हालात को सुधारने की दिशा में वे कारगर कदम उठा सकते हैं।

नांगोंग जिंगसू को भी कन्फ्यूशियस के लौटने पर प्रसन्नता का अनुभव हुआ। जिंगसू के साथ रात्रिभोज में शामिल होते हुए कन्फ्यूशियस ने इच्छा जाहिर की कि वे नए शासक की सरकार में किसी अहम पद पर काम करना चाहते थे। नांगोंग ने इस सिलसिले में बातचीत करने का आश्वासन दिया। सामंत मेंग का पुत्र होने के नाते वह सीधे नए शासक से बातचीत कर सकता था। नांगोंग ने कन्फ्यूशियस को आगाह कर दिया कि उन्हें बदले हुए हालात में अधिक पाने की उम्मीद नहीं रखनी चाहिए। शासक डिंग को जी परिवार

की मरजी से कार्य करना पड़ता था और सात साल पहले जिस तरह कन्फ्यूशियस लू को छोड़कर चले गए थे, उसके चलते जी परिवार उन्हें नापसंद करने लगा था।

कुछ दिनों के बाद नांगोंग जिंगसू नकारात्मक समाचार लेकर लौट आया। सरकारी पद केवल जी परिवार के वफादार व्यक्तियों के लिए सुरक्षित थे और वर्तमान शासक की सरकार में कन्फ्यूशियस को कोई जगह नहीं मिलने वाली थी। अब छात्रों के वसूले जानेवाले शुल्क के सहारे ही विद्यालय का संचालन करना था। पहले तो कन्फ्यूशियस कुछ हताश हुए, किंतु जल्द ही उन्होंने घोषणा कर दी कि वे नए सिरे से विद्यालय का संचालन शुरू करने वाले थे।

इस बार कन्फ्यूशियस के विद्यालय में शिक्षा ग्रहण करने के लिए संभ्रांत वर्ग के कई छात्र आ गए। अभी भी उनसे शिक्षा प्राप्त करने का अर्थ भविष्य में जीविका सुनिश्चित करना माना जाता था। लू के तीनों सामंत परिवारों ने कहा कि वे कन्फ्यूशियस से शिक्षा प्राप्त करनेवाले छात्रों को रोजगार देने के लिए तैयार थे। शासक डिंग ने भी इसी आशय की घोषणा की थी। सामंत परिवारों को केवल आचार्य से परहेज था। वे आचार्य को सत्ता के गलियारे में कदम रखने की इजाजत नहीं देना चाहते थे। सामंतों को लगता था कि आचार्य अपने सिद्धांतों को जरूरत से ज्यादा अहमियत देते थे और सामंतों के अधिकारों में कटौती करने का सुझाव देते थे।

इस तरह नए सिरे से अध्यापन का सिलसिला शुरू हो गया। उनका पहला और सबसे वफादार शिष्य जिलू अब तीस वर्ष का हो चुका था। वह अपना कार्य पूरा कर तेजी से विद्यालय में पहुँच जाता था और उत्साह के साथ सवालों के जवाब देता था। एक दिन कक्षा में सामूहिक गायन समाप्त होने के बाद आचार्य ने शिष्यों से पूछा कि अगर उन्हें सत्ता मिल जाए तो वे किस तरह निर्णय लेंगे।

जिलू ने सबसे पहले जवाब दिया, ''मैं एक ऐसे छोटे राज्य का प्रमुख बनना पसंद करूँगा, जिस पर बड़े राज्यों के सैन्य आक्रमण का खतरा मँडरा रहा हो और जहाँ अकाल पड़ा हो। अगर मेरे पास सत्ता रहेगी तो मेरी जनता तीन सालों में निर्भीक बन जाएगी और अपना खयाल रखना सीख जाएगी।''

यह सुनकर कन्फ्यूशियस ने हँसते हुए कहा, ''अगर तुम्हारे शब्दों में सच्चाई नहीं होगी तो उन पर अमल करना कठिन हो जाएगा।''

– एनालेक्ट्स 14:20

उन्होंने बताया कि किसी राज्य पर शासन चलाने के लिए नियमबद्ध प्रयत्नों की आवश्यकता होगी और सदाचार पर अमल करना जरूरी होगा।

कन्फ्यूशियस ने कहा, "भले ही तुम राजा बन जाते हो, इसके बावजूद सदाचार को सीखने में एक पीढ़ी का समय लग सकता है।"

—एनालेक्ट्स 13:12

जब कन्फ्यूशियस वृक्षों की छाँव में अपने शिष्यों के साथ बैठकर ज्ञान की चर्चा करने लगे तो सरकारी पद न दिए जाने की हताशा धीरे-धीरे मिटती चली गई। उन्हें लगा कि वे दूसरों को ज्ञान बाँटने के लिए ही पैदा हुए थे।

□

बगावत

जब सामंत जी मरणासन्न अवस्था में था तब सामंतगण, छोटे जमींदार और सैन्य अधिकारी मनमानी करने पर उतारू हो गए थे। वे लोग जी परिवार के निर्देश पर कार्य करनेवाले शासक डिंग को अपना शासक मानने के लिए तैयार नहीं थे। सामंत जी की सेना का सेनापति यांग हुओ अपनी मनमानी करने पर उतारू हो गया था।

इस तरह की घटनाओं का अर्थ कन्फ्यूशियस भली-भाँति समझ रहे थे; किंतु ऐसे हालात में उनके लिए कुछ कर पाना मुमकिन नहीं था। वे अध्यापन की तरफ ध्यान केंद्रित कर रहे थे। उनके विद्यालय की प्रसिद्धि दूर-दूर तक फैलती जा रही थी। इस दौरान वे लू का इतिहास तैयार करने का काम भी कर रहे थे।

ईसा पूर्व 505 में एक दिन जिलू ने आकर उन्हें बताया था कि यांग हुओ ने बगावत कर दी थी। तीनों सामंत परिवारों की सत्ता छीन ली गई थी और शासक डिंग को उसके घर में नजरबंद कर दिया गया था। इस तरह लू पर यांग हुओ की चार वर्षों तक चलनेवाली तानाशाही की शुरुआत हुई थी। इससे पहले सामंत जी का देहांत हो गया था और उनका बेटा जी हुआन नया सामंत बना था। उसे राजनीति से ज्यादा सुंदर स्त्रियों में दिलचस्पी थी। यांग हुओ ने उसे गिरफ्तार कर लिया था। मेंग और शू परिवार भी शक्तिहीन हो चुके थे। यांग हुओ ने सभी पुराने मंत्रियों को बरखास्त कर दिया था और नए सिरे से अपने मंत्रिमंडल का गठन कर रहा था। वह मंत्रिमंडल में अभिजात वर्ग के किसी सदस्य को शामिल नहीं करना चाहता था। उसने कन्फ्यूशियस को अपने मंत्रिमंडल में शामिल होने का प्रस्ताव दिया था।

कई संदेशवाहक कन्फ्यूशियस के पास यांग हुओ का संदेश लेकर आए। आचार्य ने शालीनता के साथ उनका स्वागत किया, किंतु कोई-न-कोई बहाना बनाकर उन्हें वापस भेज दिया। वे अकसर यही बहाना बनाते थे कि तबीयत ठीक नहीं होने के कारण उनके लिए सफर कर पाना संभव नहीं था। इस बार उन्हें आत्म-निर्वासित होने की जरूरत नहीं थी, क्योंकि उन्हें अपने सिद्धांतों के साथ समझौता नहीं करना पड़ रहा था।

यांग हुओ ने चतुराई का परिचय देते हुए राह चलते हुए कन्फ्यूशियस से मुलाकात कर ली और मंत्रिमंडल में उन्हें शामिल करने की सहमति भी ले ली। असल में अपने राज्य में सिद्धांत आधारित शासन-प्रणाली लागू करने के लिए वे इस कदर बेकरार थे कि उन्हें एक तानाशाह की सरकार में शामिल होना गलत नहीं लग रहा था। लेकिन समूचे घटनाक्रम पर नए सिरे से विचार करने पर उन्हें अपना निर्णय गलत लगा और उन्होंने तानाशाह की सरकार में शामिल होने से इनकार कर दिया। यांग हुओ ने इसके बाद उन पर दबाव डालने का प्रयास नहीं किया।

जी परिवार की शक्ति घट चुकी थी और यह परिवार नए सिरे से कन्फ्यूशियस को सालाना अनाज की सहायता प्रदान करने लगा था। सामंत जी ने अपने बड़े पुत्र जी कांगजी को कन्फ्यूशियस के विद्यालय में पढ़ने के लिए भेज दिया था। उस समय कांगजी की उम्र पच्चीस साल की थी। बाद में वर्षों में जी कांगजी स्वयं सामंत बना और शासन कार्य चलाने के लिए वह निरंतर कन्फ्यूशियस से परामर्श लेता रहा।

यांग हुओ ने राजधानी के अलावा लू के केंद्रीय इलाके पर कब्जा कर रखा था; लेकिन राज्य के बाकी हिस्सों पर छोटे-छोटे जमींदारों ने कब्जा कायम करना शुरू कर दिया था। इनमें से एक जमींदार गोंगशान हुजाओ ने ई.पू. 501 में बेई शहर पर कब्जा कर लिया था और यांग हुओ की तरह कन्फ्यूशियस को अपनी सरकार में शामिल होने और अपना 'आदर्श राज्य' स्थापित करने के लिए आमंत्रित किया था। एक बार फिर कन्फ्यूशियस इस प्रस्ताव की तरफ आकर्षित हो गए थे; किंतु जिलू के विरोध करने पर उन्होंने उस प्रस्ताव को ठुकरा दिया था। कुछ दिनों के बाद झोंगमू शहर पर कब्जा करनेवाले एक जमींदार ने उन्हें अपनी सरकार में शामिल होने का प्रस्ताव दिया। इस बार भी जिलू के तर्कों को सुनने के बाद कन्फ्यूशियस ने वहाँ जाने से इनकार कर दिया।

इस बीच सामंत मेंग का देहांत हो गया और नांगोंग जिंगसू का बड़ा भाई मेंग यी नया सामंत बना। हालाँकि यांग हुओ का अभी भी जी परिवार की सेना पर नियंत्रण बना हुआ था, मगर मेंग यी उसकी तानाशाही को समाप्त करने का संकल्प ले चुका था। उसने जी हुआन से संपर्क किया और शू परिवार को भी प्रतिरोध की लड़ाई के लिए तैयार कर लिया। जी हुआन ने जब अपने सैनिकों का नेतृत्व अपने हाथों में लेने का प्रयास किया तो यांग हुओ ने उसे बंदी बना लिया। मेंग यी ने सेना को साथ लेकर राजधानी पर हमला कर दिया।

युद्ध की भगदड़ के बीच जी हुआन किसी तरह जान बचाकर भाग गया। जब सेना ने यांग हुओ की पराजय को निश्चित समझ लिया तो उसने हथियार डाल दिए। जुआंगजी ने लिखा है कि यांग हुओ स्त्री के वेश में लू से जान बचाकर भागने में सफल हो पाया था। यांग हुओ ने पड़ोसी राज्य क्वी में जाकर शरण ली थी। उसी राज्य में कन्फ्यूशियस

सात वर्षों तक आत्म-निर्वासित जीवन गुजार चुके थे।

लू में नजरबंद किए गए राजा डिंग को आजाद कर दिया गया था और नए सिरे से उसे सत्ता की बागडोर सौंप दी गई थी। रथ पर बिठाकर उसे सड़कों पर घुमाया गया था। उसके पीछे-पीछे सैनिक शाही पताका लेकर चल रहे थे। पूरे राज्य में जश्न का आयोजन किया गया था और अगले दिन राजा ने घोषणा की थी कि वह नए मंत्रिमंडल का गठन करने वाला था।

यांग हुओ की तानाशाही खत्म होने पर तीनों सामंत परिवार जश्न मना रहे थे। उन्हें लग रहा था कि अब स्थिति पहले की तरह सामान्य हो जाएगी। उन्हें लग रहा था कि राजा पहले की तरह कठपुतली बनकर गद्दी पर बैठा रहेगा और किसानों से लगान वसूली का काम वे धड़ल्ले के साथ करते रहेंगे। लेकिन जैसा उन्होंने सोचा था, वैसा हुआ नहीं। चार वर्षों तक कैदी का जीवन गुजारनेवाला राजा डिंग अपनी भूमिका और कर्तव्य के बारे में काफी चिंतन-मनन करता रहा था। अब उसने दृढ़ निश्चय किया था कि वह किसी के लिए कठपुतली शासक की भूमिका नहीं निभाएगा। उसने अपनी सरकार में बिलकुल नए चेहरों को शामिल करने का फैसला किया। हालाँकि जी हुआन को एक बार फिर प्रधानमंत्री बनाया गया; किंतु कई ऊँचे पदों पर ऐसे नए लोगों को नियुक्त किया गया, जो सभ्रांत वर्ग के सदस्य नहीं थे। शासक डिंग ने मंत्रियों का चयन करते हुए ऐसा संतुलन बनाने का प्रयास किया था, जिससे सामंत परिवार मनमानी न कर सकें। डिंग का मानना था कि सामंतों की मनमानी की वजह से ही राज्य में इतनी सारी समस्याएँ पैदा हुई थीं। शासक डिंग अब सही अर्थों में लू के शासक की भूमिका निभाने के लिए तैयार हो गया था।

एक बार फिर एक संदेशवाहक विद्यालय के दरवाजे पर पहुँचा था। उसके पास एक शाही पत्र था, जिस पर राजा डिंग के हस्ताक्षर थे। कन्फ्यूशियस को लू के केंद्रीय क्षेत्र चुंगडू का प्रशासक बनने का प्रस्ताव दिया गया था। उस इलाके में राजधानी भी शामिल थी। जिलू ने जब पत्र देखा तो उसके चेहरे पर भाव आया—क्या सिर्फ इतना ही? उसका मानना था कि उसके आचार्य के पास प्रधानमंत्री बनने लायक योग्यता थी। लेकिन कन्फ्यूशियस ने हामी भरते हुए जिलू को बताया कि सत्ता को दूर से देखते रहने की अपेक्षा किसी भी रूप में उसका अंग बनकर जनता के लिए ठोस योगदान कर पाना संभव हो सकता है।

कन्फ्यूशियस ने कहा, ''अगर तुम्हारे पास कोई ऊँचा सरकारी पद नहीं होगा तो तुम सरकार की नीतियों को प्रभावित नहीं कर पाओगे।''

—एनालेक्ट्स 8:14

उन्होंने जिलू के कंधे को थपथपाते हुए धीरज रखने के लिए कहा। उन्होंने कहा कि एक दिन ऐसा आएगा, जब वे सरकार का नेतृत्व करेंगे और उनके शिष्य मंत्री की भूमिका निभाएँगे। कन्फ्यूशियस ने तत्काल प्रस्ताव को स्वीकार करते हुए एक पत्र राजा को भेज दिया। उन्होंने संदेश भेजा कि वे जल्द-से-जल्द दरबार में उपस्थित हो जाएँगे।

आखिरकार कन्फ्यूशियस को शाही दावत में शिरकत करने के लिए आमंत्रित किया गया। इसके लिए उन्हें काफी इंतजार करना पड़ा। अब उनकी उम्र इक्यावन साल की हो चुकी थी; मगर इस बार कोई उनके सामने का दरवाजा बंद नहीं करने वाला था।

□

समझौता वार्त्ता

लू के राजा ने कन्फ्यूशियस को अपने मंत्रिमंडल में शामिल कर लिया था। वे जानते थे कि अगर वे बेतहर तरीके से काम नहीं करेंगे तो उन्हें उच्च पद गँवाना पड़ सकता है। उन्हें चुंगडू जिले का प्रशासक नियुक्त किया गया था। एक वर्ष के भीतर ही उन्होंने सुशासन का ऐसा उदाहरण प्रस्तुत किया कि उनके आस-पास के जिलों के प्रशासक उनका अनुकरण करने लगे। अब उन्हें सार्वजनिक कार्य विभाग में मंत्री बना दिया गया था। लू का राजा डिंग प्रशासनिक कार्यों के लिए उनसे परामर्श लेने लगा। दस साल इसी तरह क्वी के शासक जिंग ने उनसे परामर्श लिया था।

कन्फ्यूशियस ने राजा डिंग को बताया कि सच्चा शासक हमेशा अपनी समालोचना का स्वागत करता है।

"जब उससे कोई गलती होती है तो उसे सुधारते हुए वह जरा भी नहीं हिचकिचाता।"

— एनालेक्ट्स 1:8

अच्छी बात यह थी कि डिंग उनके परामर्शों को गौर से सुन रहा था और अमल भी कर रहा था। इस तरह कन्फ्यूशियस के मन में उम्मीद पैदा हुई थी कि वे अपने सिद्धांतों को शासन-प्रणाली में लागू कर सकते थे। उन्होंने अपने गुप्त उद्देश्य के बारे में केवल अपने शिष्यों को ही बताया था। वे सामंतों के झगड़े को हमेशा के लिए समाप्त करना चाहते थे और उनकी सेना को निःशस्त्रीकरण की राह पर ले जाना चाहते थे। इसके लिए वे सही अवसर की प्रतीक्षा कर रहे थे।

ईसा पूर्व 500 में राजा डिंग ने उन्हें एक रणनीतिक अभियान का प्रभारी बनाया था। असल में पड़ोसी राज्य क्वी के शासक जिंग ने लू में मची उथल-पुथल का फायदा उठाते हुए सीमा क्षेत्र में स्थित लू के दो जिलों को अपने राज्य में मिला लिया था। जिंग के साथ कन्फ्यूशियस के मधुर संबंध को देखते हुए लू के शासक ने उन्हें क्वी भेजने का

फैसला किया था, ताकि वे लू के दोनों जिले वापस देने के लिए राजा जिंग से अनुरोध कर सकें।

क्वी पहुँचने पर शासक जिंग ने गर्मजोशी के साथ कन्फ्यूशियस का स्वागत किया। जिंग ने स्पष्ट रूप से दोनों जिले लू को लौटा देने से इनकार कर दिया; मगर अपने अध्यापक का सम्मान करते हुए उसने एक समझौता वार्त्ता आयोजित करने का प्रस्ताव रखा, जिसमें केवल डिंग, जिंग और कन्फ्यूशियस भाग ले सकते थे। क्वी की सीमा में स्थित जिआगू के अपने शिकार शिविर में जिंग यह समझौता वार्त्ता आयोजित करना चाहता था।

जिंग ने कहा कि वह इस वार्त्ता में एक रथ पर सवार होकर जाना चाहता था और दोस्ताना माहौल में लू के शासक से बातचीत करना चाहता था। कन्फ्यूशियस ने रणनीतिक अभियान के प्रभारी के रूप में कहा, ''जब कोई शासक अपने क्षेत्र की सीमा से बाहर निकलता है तो उसे अपने साथ सारे महत्त्वपूर्ण अधिकारियों को लेकर जाना चाहिए।''

''क्या आप ऐसा सोचते हैं?'' जिंग ने कहा।

''हाँ।'' कन्फ्यूशियस ने कहा। उन्होंने कहा कि ''शासक डिंग औपचारिक रूप से समझौता वार्त्ता आयोजित करना चाहते हैं। मुलाकात के दौरान मसले का हल ढूँढ़ा जा सकता है। किंतु जो भी होगा वह प्रचलित नियमों के अनुसार ही होगा।''

''ठीक है, आप प्रबंध कीजिए।''

कन्फ्यूशियस सहमत हो गए और उन्होंने लू लौटकर डिंग से कहा कि उन्हें अधिकारियों और सेना को साथ लेकर समझौता वार्त्ता में शामिल होने के लिए जाना पड़ेगा। ऐसा करते हुए 'अनुष्ठान की पुस्तक' में बताए गए नियमों का अच्छी तरह पालन करना होगा।

अनुष्ठानों के बारे में कन्फ्यूशियस के ज्ञान को देखते हुए डिंग नियमों का पालन करने के लिए तैयार हो गया।

इस तरह जियागू में समझौता वार्त्ता का आयोजन किया गया। दोनों पक्षों ने कन्फ्यूशियस के बताए नियमों का पालन किया। एक मंच का निर्माण किया गया, जहाँ दोनों शासकों की मुलाकात हुई। दोनों शासकों ने झुककर एक-दूसरे का अभिवादन किया। स्वागत कार्यक्रम कन्फ्यूशियस की देखरेख में आयोजित हुआ। इसके बाद दोनों पक्षों ने समझौता वार्त्ता की शुरुआत की।

शासक जिंग ने फिर कहा कि जिन इलाकों पर वह कब्जा कर चुका है, उन्हें लौटाने का उसका कोई इरादा नहीं है। उसने तर्क दिया कि दोनों जिले पड़ोसी राज्य वू की सीमा के पास हैं और वू की सेना से क्वी और लू को खतरा बना रहता है, इसलिए बेहतर होगा कि दोनों जिलों की हिफाजत क्वी की सेना ही करे। उसने प्रस्ताव रखा कि

अगर लू अपने जिलों की माँग छोड़ दे तो वू की तरफ से होनेवाले हमले से बचाव करने में क्वी की सेना लू की सहायता कर सकती है। लू का शासक डिंग इस प्रस्ताव को मानने के लिए तैयार नहीं हुआ। इस तरह वार्त्ता का कोई ठोस परिणाम सामने नहीं आया।

लू का शासक अपने प्रभारी विदेश मंत्री कन्फ्यूशियस की भूमिका से काफी असंतुष्ट हुआ। उसे लगा कि कन्फ्यूशियस ने क्वी अधिकृत जिलों को वापस हासिल करने के लिए क्वी के शासक पर किसी तरह का दबाव नहीं बनाया था। वार्त्ता के दौरान कन्फ्यूशियस शांत बैठे रहे थे। उन्होंने यही जताया कि मसले को हल करने के लिए वे भरसक प्रयत्न कर रहे थे। लेकिन शाम की दावत के बाद राजा जिंग से ऐसी चूक हो गई, जिसके बाद कन्फ्यूशियस की रणनीति कामयाब हो गई।

जिंग ने मेहमानों को बताया कि भोजन के बाद नृत्य-मंडली अपना कार्यक्रम प्रस्तुत करेगी। इस अवसर पर युवतियों के समूह ने अश्लील और फूहड़ किस्म का नृत्य प्रस्तुत किया। नृत्य को देखते हुए कन्फ्यूशियस के मन में एक विचार पैदा हुआ। उन्हें लगा कि अपनी सूझ-बूझ का प्रयोग करते हुए वे जिंग से अपनी बात मनवा सकते हैं। जब मेहमान जाने लगे तब कन्फ्यूशियस ने लू के शासक से एकांत में बातचीत की।

कन्फ्यूशियस—"आपको नाराज होने का दिखावा करना चाहिए।"

डिंग—"किंतु यह तो कमाल का कार्यक्रम था।"

कन्फ्यूशियस—"आप मुझ पर यकीन कीजिए। नाराज और अपमानित होने का दिखावा कीजिए।"

अगर ऐसा दिखावा करने से खोया हुआ इलाका वापस मिल सकता था तो डिंग को भला क्या आपत्ति हो सकती थी। वह अपने मंत्री की सलाह मानने के लिए तैयार हो गया। इसके बाद कन्फ्यूशियस ने शासक जिंग से एकांत में मुलाकात की। जिंग ने अपने अध्यापक को मदिरा पेश करते हुए कहा, "गुरुजी, आपने देखा, सभी को नृत्य कितना पसंद आया। यह नए किस्म का नृत्य है। भविष्य में यह नृत्य धूम मचाने वाला है। पुरानी शैली खत्म हो चुकी है। गुरुजी, आपको क्वी में आकर रहना चाहिए। लू का कोई भविष्य नहीं है।"

शांत मुद्रा में मदिरा पीते हुए कन्फ्यूशियस ने कहा, "इसमें कोई शक नहीं कि विलक्षण नृत्य प्रस्तुत किया गया; किंतु लू के राजा काफी नाराज हो गए हैं। वे झोउ के राजा से इस बात की शिकायत करने वाले हैं। उनका कहना है कि ऐसे अवसर पर केवल परंपरागत नृत्य को प्रस्तुत किया जाना चाहिए। ऐसा 'अनुष्ठान की पुस्तक' में लिखा हुआ है। आपकी प्रतिष्ठा दाँव पर है, महाराज।"

"प्रतिष्ठा दाँव पर है?"

"इसमें कोई शक नही।"

"तो मुझे अपनी गलती सुधारने के लिए क्या करना चाहिए?"

"मैं तो आपसे यही कहूँगा कि लू के इलाके वापस कर अपनी इज्जत बचा लीजिए।"

"ठीक है, अगर आप ऐसा कह रहे हैं तो···"

क्वी के शासक ने दोनों जिले लू को वापस लौटा दिए। अगले दिन शांति समझौते पर हस्ताक्षर किए गए। इस रणनीतिक सफलता के बाद लू में कन्फ्यूशियस का राजनीतिक कद और बढ़ गया और राजा डिंग ने उन्हें विधि मंत्री बना दिया।

विधि मंत्री का काम कन्फ्यूशियस को अधिक पसंद नहीं आया। वे अपराधियों को दंडित करने की जगह अपराध के मूल कारण का निवारण करना अधिक जरूरी मानते थे। असल में, वे अपने समाज की बुनियादी समस्याओं को हल करना चाहते थे और ऐसा प्रत्यत्न करते हुए ही उन्होंने अपने लिए अनेक शत्रु पैदा कर लिये। सामंत वर्ग के लोग यह मानने के लिए तैयार नहीं थे कि किसी भी हालात में अपराधियों का हृदय-परिवर्तन कर पाना संभव हो सकता था। असल में कन्फ्यूशियस कानून-व्यवस्था का आतंक पैदा करने का विरोध करते थे। ऐसा नहीं था कि वे दंड प्रणाली का पूरी तरह निषेध करना चाहते थे।

उन्होंने मृत्युदंड का विरोध किया था; किंतु वे जानते थे कि उनके समय में मृत्यु-दंड की व्यवस्था को पूरी तरह समाप्त करना संभव नहीं था। वे चाहते थे कि धीरे-धीरे इस व्यवस्था को समाप्त कर देना चाहिए, क्योंकि यह एक अमानवीय व्यवस्था है।

उन्हें अनवरत आपराधिक मामलों की सुनवाई करनी पड़ती थी और अपने इस नए दायित्व से उन्हें परेशानी महसूस होने लगी थी। उनका मानना था कि सामाजिक विकृतियों के चलते ही डकैती, धोखाधड़ी, संपत्ति विवाद और हत्या जैसे अपराध होते थे। वे अपराधों को नियंत्रित करने के लिए सामाजिक विकृतियों को दूर करना चाहते थे।

कन्फ्यूशियस ने कहा, "मुकदमों को सुलझाने में मैं पारंगत नहीं हूँ। सबसे अच्छा तो यही होगा कि कोई मुकदमा ही न हो।"

—एनालेक्ट्स 12:13

जी कांगजी (सामंत जी का पुत्र और कन्फ्यूशियस का शिष्य) लू का चांसलर बनाया गया। राज्य में लूटपाट की बढ़ती घटनाओं से चिंतित होकर उसने आचार्य से पूछा कि अपराध को नियंत्रित करने के लिए क्या किया जा सकता है। आचार्य ने जो जवाब दिया, वैसे जवाब की कांगजी ने अपेक्षा नहीं की होगी।

कन्फ्यूशियस ने कहा, "अगर आप अपनी संपत्ति को दबाकर नहीं रखेंगे तो कोई

भी आपकी संपत्ति नहीं चुराएगा। भले ही आप किसी को बख्शीश के तौर पर अपनी संपत्ति देना चाहें, फिर भी वह लेने से इनकार कर देगा।''

—एनालेक्ट्स 12:18

दूसरे शब्दों मे, अगर आप अपने घर का दरवाजा खोलकर यह सूचना टाँग दें, कृपया भीतर आइए और अपनी मरजी से कुछ भी ले जाइए। मुझे इन चीजों की आवश्यकता नहीं है। तो कोई भी आपका सामान लेकर नहीं जाएगा। यह तो सभी जानते हैं कि जब आबादी भौतिकवादी बन जाती है तो चोरी-डकैती जैसे अपराध भी बढ़ जाते हैं। समाज के एक वर्ग के लोग अपने आपको वंचित महसूस करने लगते हैं और अपना हिस्सा पाने के लिए अपराध का रास्ता चुनते हैं।

कन्फ्यूशियस यह भी मानते थे कि मामूली अपराध करनेवाले गिरफ्तार होते थे और उन्हें दंड का सामना करना पड़ता था; जबकि बड़े अपराधी समाज के ऊँचे पदों पर बैठकर सम्मान प्राप्त करते थे।

अब समय आ गया था, जब आचार्य सदाचार का संदेश समाज को देने के लिए तत्पर हो उठे थे।

□

शांतिदूत की भूमिका में

कन्फ्यूशियस को संभवतः इस बात का अंदाजा नहीं हो पाया था कि दुनिया अभी उनके सिद्धांतों पर अमल करने के लिए तैयार नहीं थी। ईसा पूर्व 498 में उन्होंने लू प्रांत में शांतिदूत की भूमिका निभाने का निश्चय किया था। उस समय वे एक प्रभावशाली मंत्री थे और उनके शिष्य भी चाहते थे कि उनके आचार्य राज्य की कल्पना को साकार करने की दिशा में कदम उठाएँ।

प्रथम प्रयत्न के रूप में कन्फ्यूशियस ने निःशस्त्रीकरण का अभियान शुरू किया था। वे जानते थे कि जब तक सामंत परिवार अपनी ऊर्जा और संसाधनों का दुरुपयोग एक-दूसरे से लड़ते हुए करते रहेंगे तब तक आदर्श राज्य की स्थापना नहीं हो पाएगी। उस समय उनके ज्यादातर शिष्य प्रमुख सरकारी पदों पर कार्य कर रहे थे। कई शिष्य जी, मेंग और शू परिवारों में ऊँचे ओहदे पर काम कर रहे थे। उन्होंने अपने शिष्यों को नौकरी दिलवाई थी और अब वे शिष्यों के आदर्श राज्य की स्थापना करने के लिए सहायता की माँग कर रहे थे। वे चाहते थे कि शासन-प्रणाली के साथ सदाचार का संगम हो, गरीबों और उपेक्षितों को उनका हक दिया जाए।

अपने स्तर पर कन्फ्यूशियस ने पूरा जोर लगा दिया था और ईसा पूर्व 497 की गरमियों में ऐसा प्रतीत होने लगा था कि उन्हें सफलता भी मिलने लगी थी। ऐसा संकेत मिलने लगा था कि लू में एक सुनहरा युग आने वाला था। प्रत्येक नगर के शासक के पद पर अब कन्फ्यूशियस के शिष्य कार्य कर रहे थे। सामंत परिवारों के अंतहीन टकराव के चलते सारी समस्याएँ पैदा हुई थीं, इसलिए कन्फ्यूशियस समस्या की जड़ पर आक्रमण करना चाहते थे। उनके शिष्य जिलू और क्यू अब जी परिवार के वरिष्ठ कर्मचारी के रूप में काम कर रहे थे। सामंत जी ने अपने सेनापति क्यू को दुर्गों से घिरे नगर झौन्यू पर आक्रमण करने का आदेश दिया था। वह नगर जी परिवार की रियासत का हिस्सा नहीं था, किंतु बेई नगर के करीब होने के कारण रणनीतिक रूप से महत्त्वपूर्ण था। बेई नगर

को एक दूसरे सामंत ने जी परिवार से छीन लिया था। जी परिवार उस नगर पर नए सिरे से अपना अधिकार जमाना चाहता था। कन्फ्यूशियस ने शिष्यों से युद्ध को रोकने के लिए कहा। उन्होंने कहा कि अगर सामंत ताकतवर हैं तो सिर्फ ताकत का प्रदर्शन करने के लिए उन्हें युद्ध को बढ़ावा नहीं देना चाहिए।

कन्फ्यूशियस ने शिष्यों को अपनी योजना बताई। वे शासक डिंग से कहने वाले थे कि राज्य में छोटे-छोटे सामंतों द्वारा नगरों के इर्द-गिर्द बनाए गए दुर्गों को ध्वस्त कर दिया जाए। इस तरह सामंत जी को अपने आप बेई नगर वापस मिल सकता था; किंतु जिलू और क्यू को इस बात का ध्यान रखना था कि कहीं जी हुआन किसी अन्य नगर पर आक्रमण कर स्थिति को बिगाड़ने का काम न करे। जब बड़े सामंत उचित आचरण करेंगे तो छोटे-छोटे सामंत अपने आप उनका अनुकरण शुरू कर देंगे।

सामंतों को युद्ध से दूर रखने के लिए आचार्य ने अपने उच्च पदस्थ शिष्यों की सहायता ली और फिर उन्होंने लू के शासक को शांति बहाली संबंधी अपनी योजना के बारे में बताया। उन्होंने कहा कि राज्य का सर्वोच्च अधिकार केवल शासक के पास होना चाहिए, सामंतों के पास नहीं।

कन्फ्यूशियस लू के शासक को संपूर्ण निःशस्त्रीकरण की सलाह नहीं दे रहे थे। उनका कहना था कि प्रत्येक सामंत परिवार का निजी सेना होना संसाधनों की बरबादी के सिवाय और कुछ नहीं था। उनका मानना था कि लू को अपनी सुरक्षा सुनिश्चित करने के लिए सक्षम होना चाहिए। किंतु इसके लिए पेशेवर सेना का गठन किया जाना चाहिए।

आरंभ में लू का शासक कन्फ्यूशियस की सलाह सुनकर अत्यंत प्रभावित हुआ और उसने उन्हें निःशस्त्रीकरण कार्यक्रम का संचालक नियुक्त कर दिया। उनके जो भी शिष्य सामंत परिवारों के साथ काम कर रहे थे, वे सभी अपने-अपने स्वामी को निःशस्त्रीकरण और दुर्ग गिराने के लिए प्रेरित करने में जुट गए थे।

शुरू में लगा कि आचार्य का सपना साकार होने लगा था। उन्होंने अपने शिष्यों के जरिए सामंतों के दिमाग में यह बात बिठाने का प्रयत्न किया था कि निःशस्त्रीकरण के जरिए सभी का फायदा हो सकता है। उनके सबसे अच्छे मित्र नांगोंग जिंगसू ने अपने बड़े भाई सामंत मेंग को यही बात समझाई। सामंत मेंग उन शहरों के दुर्गों को ध्वस्त करने के लिए तैयार हो गया, जिन पर उसका नियंत्रण था। कुछ महीने तक लू में रक्तपात और युद्ध का माहौल खत्म हो गया और चारों तरफ अमन-चैन का वातावरण नजर आने लगा। सामंत अपने हथियार और रथ शासक डिंग के हवाले करने लगे। ऐसा लगने लगा मानो आदर्श राज्य का कन्फ्यूशियस का सपना साकार होने वाला था, लेकिन उसी समय सारी कोशिशें निरर्थक लगने लगीं।

जब जी परिवार ने बेई के दुर्गों को गिराने का प्रयास किया तो दो छोटे सामंतों ने प्रतिरोध करते हुए आक्रमण कर दिया। इस बात से नाराज होकर शासक डिंग ने सामंतों पर आक्रमण करने का आदेश दे दिया। दोनों सामंतों को युद्ध में पराजित कर दिया गया। इस दौरान जो रक्तपात हुआ था, उसे देखकर कन्फ्यूशियस समझ गए कि शांति बहाली की उनकी कोशिश नाकाम साबित हुई थी। इस तरह की कोशिश तभी कामयाब हो सकती थी, जब तीनों बड़े सामंत परिवारों के बीच भाईचारा कायम हो सकता था; मगर इस तरह का भाईचारा दिखाई नहीं दे रहा था। मेंग परिवार ने अपने दुर्गों को गिराने से इनकार कर दिया था।

ईसा पूर्व 498 में लू में अराजकता का माहौल कायम हो गया था और छोटे-छोटे सामंत एक-दूसरे पर हमला करने लगे थे। शासक डिंग का प्रभाव घटता जा रहा था। इस बात की आशंका बढ़ती जा रही थी कि लू की अशांति को देखकर क्वी की सेना लू पर किसी भी वक्त हमला कर सकती थी। नि:शस्त्रीकरण का सपना इस तरह बीच में ही टूट गया था।

इस तरह के हालात के लिए पूरी तरह कन्फ्यूशियस को दोषी ठहराया जा रहा था। अब पूरे राज्य में वह अत्यंत अलोकप्रिय व्यक्ति बन गए थे। तीनों सामंत परिवारों का यह मानना था कि उनके ऊपर विश्वास नहीं किया जा सकता था, क्योंकि वे सामंतों को शक्तिहीन बनाने की साजिश रचते हुए स्वयं सत्ता पर काबिज होने का सपना देख रहे थे। उन्हें लग रहा था कि कन्फ्यूशियस उसी तरह तानाशाही कायम करने की योजना बना रहे थे जिस तरह आठ साल पहले यांग हुओ ने बगावत की थी।

कुछ लोग कन्फ्यूशियस पर आरोप लगा रहे थे कि उन्हें क्वी का शासक जिंग वर्षों से अपने भेदिए के तौर पर इस्तेमाल कर रहा था और बदले में उन्हें धन प्रदान कर रहा था। उन लोगों का आरोप था कि क्वी के शासक जिंग के मित्र होने के नाते साजिश के तहत कन्फ्यूशियस ने लू में दुर्गों को गिराने का अभियान शुरू करवाया था, ताकि लू पर उत्तर की दिशा से आक्रमण किया जा सके और फिर कन्फ्यूशियस लू के शासक की गद्दी पर बैठ सके।

पहली बार कन्फ्यूशियस की जान खतरे में थी। उन्हें शासक डिंग ने मंत्रिमंडल से भले ही नहीं निकाला था, मगर उनसे सलाह-मशविरा करना बिलकुल बंद कर दिया था। सामंत जी एक बार फिर प्रभावशाली हस्ती बन गया था।

कन्फ्यूशियस अपना ज्यादातर समय विद्यालय में छात्रों के बीच गुजारने लगे थे। मगर विद्यालय में भी असुरक्षा का वातावरण तैयार हो गया था। दिन के समय विद्यार्थी विद्यालय के प्रवेश द्वार पर पहरा देते थे और रात में भी आचार्य की सुरक्षा का प्रबंध

करते थे। विद्यार्थी लोगों से बहस करते हुए अपने आचार्य को निर्दोष सिद्ध करने का प्रयास कर रहे थे।

कन्फ्यूशियस समझ गए थे कि ताकतवर वर्ग ने उनसे किनारा कर लिया था। उनके दुश्मनों की संख्या बढ़ गई थी और उन पर जानलेवा हमला भी किया गया था। ऐसा लगता है कि अपने मित्र नांगोंग जिंगसू के अनुरोध पर प्राण-रक्षा करने के लिए कन्फ्यूशियस ने ईसा पूर्व 497 की गरमियों में अपने गृह राज्य का त्याग कर दिया था और तेरह सालों तक लू की भूमि पर कदम नहीं रखा था।

□

निर्वासन

एक पुरानी बैलगाड़ी पर सवार होकर कन्फ्यूशियस लू छोड़कर जा रहे थे। किंतु इस बार वे अकेले नहीं थे। उनके साथ उनके शिष्य जिलू, जिगोंग और यान हुई भी थे। आचार्य के साथ जाने के लिए जिलू ने जी परिवार की नौकरी छोड़ दी थी। वहीं दिन-रात अध्ययन में डूबे रहनेवाले यान हुई के पास खोने के लिए कुछ नहीं था। जिगोंग यात्रा के दौरान व्यवसाय के अनुभव के आधार पर अपने आचार्य के लिए खास तौर पर मददगार साबित होता रहा था।

काफी कठिनाइयों का सामना करते हुए जब वे क्वी की सरहद के पास पहुँचे तो उन्हें क्वी राज्य में प्रवेश की अनुमति नहीं दी गई। कन्फ्यूशियस के हितैषी रह चुके शासक जिंग को लू के घटनाक्रम की जानकारी मिल गई थी कि किस तरह वहाँ कन्फ्यूशियस ने निःशस्त्रीकरण का अभियान शुरू किया था। वह अपने राज्य में ऐसे व्यक्ति को रहने की इजाजत नहीं दे सकता था।

जिलू ने आचार्य को सलाह दी कि पश्चिम की दिशा में स्थित वेई राज्य में जाना चाहिए। उसने कहा कि वेई का शासक लिंग आचार्य को जरूर किसी पद पर नियुक्त कर सकता था। जिलू का साला भी वहाँ काम करता था और इस तरह वेई पहुँचकर उन्हें रहने के लिए जगह भी मिल सकती थी। आचार्य अपने शिष्यों के साथ वेई की तरफ रवाना हो गए। नाव पर सवार होकर उन्होंने पीली नदी को पार किया और सीमा पर तैनात प्रहरियों को उन्होंने बताया कि वे अपने रिश्तेदार के घर जा रहे थे।

वेई पहुँचने पर सभी जिलू के साले के घर में ठहरे और उसकी सहायता से कन्फ्यूशियस की मुलाकात शासक लिंग से हुई। लिंग किसी सैन्य विशेषज्ञ की तलाश कर रहा था, मगर जब आचार्य ने बताया कि सैन्य संचालन की विद्या की उन्हें कोई जानकारी नहीं है तो उसे निराशा हुई। असल में उस युग के कई यायावर विद्वान् सैन्य विद्या के जानकार होते थे और अकसर शासकगण उनकी सेवा लेते थे। लिंग ने कन्फ्यूशियस का काफी नाम सुना था और वह उन्हें अपने दरबार में शामिल कर अपनी शान बढ़ाना

चाहता था। सालाना 60 हजार टोकरी अनाज वेतन निर्धारित कर उसने आचार्य को 'अनुष्ठान विशेषज्ञ' की नौकरी दे दी। शिष्यों को काफी प्रसन्नता हुई, क्योंकि आचार्य को एक सम्मानजनक कार्य मिल गया था। लेकिन आचार्य अपने नए पद को लेकर अधिक प्रसन्न नहीं थे, क्योंकि वे शासक लिंग को एक दुष्ट राजा मानते थे। लिंग ने अपने भाई की हत्या करने के बाद सत्ता हथिया ली थी; हालाँकि यह बात साबित नहीं हो पाई थी। उसके महल में ढेर सारी रखैलें थीं और वह हमेशा भोग-विलास में डूबा रहता था। राज्य पर शासन चलाने की जिम्मेदारी तीन भ्रष्ट और स्वार्थी अधिकारियों के ऊपर थी।

शासक बीच-बीच में कन्फ्यूशियस को परामर्श देने के लिए अपने पास बुलाता था, मगर कभी भी उनके परामर्शों पर अमल करना जरूरी नहीं समझता था। कन्फ्यूशियस महल के अनुष्ठानों की देख-रेख करते थे और अपने शिष्यों को पढ़ाते थे। इसी अवधि में यान हुई की प्रतिभा का विलक्षण ढंग से विकास संभव हो पाया था।

यहाँ भी कन्फ्यूशियस के दुर्भाग्य ने उनका पीछा नहीं छोड़ा था। कुछ महीने बाद ही दरबारियों ने राजा लिंग के सामने असंतोष जाहिर करना शुरू कर दिया था। उन्हें आचार्य का बढ़ता प्रभाव पसंद नहीं था, न ही उन्हें वेतन के रूप में इतना अधिक अनाज देना पसंद था। इसके बाद राजा लिंग ने अपने एक दूत को आचार्य की गतिविधियों पर नजर रखने के लिए नियुक्त कर दिया था।

ऐसा माना जाता है कि अपनी जान को एक बार फिर खतरे में पाकर कन्फ्यूशियस ने 60 हजार टोकरी अनाज सलाना वेतनवाली नौकरी जल्दबाजी में छोड़ दी थी। असल में वेई में यह खबर फैल गई थी कि लू में कन्फ्यूशियस को अवांछित घोषित किया जा चुका था। इसका मतलब था कि कोई भी उनकी हत्या कर सकता था। शायद उनके सिर पर इनाम की घोषणा भी की गई थी और यह सूचना समस्त युद्धरत राज्यों में प्रसारित कर दी गई थी। जब लिंग ने उनके पीछे एक आदमी को लगा दिया तो वह सावधान हो गए। उन्होंने नौकरी छोड़ दी और शिष्यों के साथ वेई से बाहर निकल गए।

उन्होंने एक छोटे राज्य चेन तक जाने का फैसला किया था। वहाँ तक पहुँचने के लिए कुआंग नामक जिले से होकर जाना पड़ता था। यह जिला असल में वेई का ही हिस्सा था; किंतु उस समय के दूसरे कई क्षेत्रों की तरह उस जिले पर भी एक स्थानीय सामंत का कब्जा था। जब बैलगाड़ी आगे बढ़ रही थी, तब सैनिकों ने उन्हें घेर लिया। इसी बीच यान हुई रास्ते में पीछे छूट गया था। कन्फ्यूशियस को उम्मीद थी कि हुई वापस उनके पास पहुँच जाएगा।

सैनिकों ने कन्फ्यूशियस पर हत्या, डकैती और लूटपाट का आरोप लगाते हुए उन्हें गिरफ्तार कर लिया था। शिष्यों ने काफी समझाने का प्रयास किया कि उन्होंने गलत

आदमी को पकड़ लिया था, क्योंकि उनके आचार्य ने जीवन में एक मक्खी तक की हत्या नहीं की थी; किंतु सैनिकों का कहना था कि उनका आचार्य कुख्यात दस्यु यांग हुओ था, जिसकी तलाश पाँच राज्यों की सरकारें कर रही थीं। यांग हुओ लू का पूर्व तानाशाह था, जो कन्फ्यूशियस का हमशक्ल था। पहले वह जान बचाकर क्वी भाग गया था, फिर वहाँ से निकलकर अपना गिरोह बनाकर दस्यु वृत्ति में जुट गया था।

कन्फ्यूशियस को यांग हुओ समझकर कारागार में बंद कर दिया गया। कन्फ्यूशियस ने अपने शिष्यों से कहा कि घबराने की कोई जरूरत नहीं थी। उन्होंने जिगोंग से कहा कि वह एक रथ किराए पर लेकर वेई जाए और वहाँ से कुछ अधिकारियों को बुलाकर ले आए, जो कन्फ्यूशियस की शिनाख्त कर सकें।

जिगोंग ने एक हीरा देकर एक घोड़ा खरीदा और फिर वेई की तरफ रवाना हो गया। अगले दिन जिगोंग वेई के अपने व्यापारी मित्र कुंग लियांग जू के साथ लौटा। कुंग अपने साथ दक्ष सैनिकों की टुकड़ी को लेकर आया था। कुंग की गवाही देने से गलतफहमी दूर हो गई और कन्फ्यूशियस को रिहा कर दिया गया। कन्फ्यूशियस एक बार फिर वेई लौट आए। इस बीच हुई भी उन्हें ढूँढ़ते हुए उनके पास पहुँच गया था। इस बार वे जिलू के साले के घर नहीं ठहरे, बल्कि रहने के लिए उन्होंने किराए का एक घर ले लिया। वे जिलू के साले के लिए कोई परेशानी पैदा करना नहीं चाहते थे।

अब गुजारा चलाने के लिए कन्फ्यूशियस केवल अध्यापन का सहारा ले पा रहे थे। वहीं जिगोंग अपनी व्यवसाय वुद्धि का इस्तेमाल कर कुछ उपार्जन कर रहा था। इस दौरान कन्फ्यूशियस कुछ विषादग्रस्त नजर आने लगे थे। उन्हें कोई निश्चित ठिकाना नजर नहीं आ रहा था।

एक दिन कन्फ्यूशियस किराए के घर के बाहर बैठकर एक वाद्य यंत्र बजा रहे थे। जिस तरह अंत्येष्टि के समय शोक का संगीत बजाया जाता है, उसी तरह शोक का संगीत वे बजा रहे थे। इस ध्वनि को सुनकर उनका पड़ोसी परेशान हो उठा था। इस प्रसंग का उल्लेख 'एनालेक्ट्स' में है। साथ ही सीमा कियान ने भी इसका वर्णन किया है।

''लगता है, आपके दिल में काफी दर्द है।'' पड़ोसी ने कहा, जिसने टोपी पहन रखी थी और जो दो टोकरियों में अनाज डालकर अपने घर की तरफ जा रहा था। कन्फ्यूशियस ने उसके सवाल का जवाब नहीं दिया था और शोक का संगीत बजाते रहे थे।

''क्या मजाक है!'' पड़ोसी ने झुँझलाते हुए कहा, ''क्या आपको सिर्फ एक ही धुन बजानी आती है? अगर कोई आपकी तरफ ध्यान नहीं दे रहा है तो परोपकार की इच्छा का त्याग कर दीजिए। क्या आपको कहावत नहीं मालूम है? अगर आपको तैरना

नहीं आता तो कोई ऐसी जगह ढूँढ़िए, जहाँ आप आसानी से पैदल चलकर नदी पार कर सकते हैं।''

''आप सही कह रहे हैं।'' कन्फ्यूशियस ने कहा और इस तरह उनका विषाद मिट गया।

इस बार वेई में रहते हुए, कुआंग के कारागार से छूटने के बाद कन्फ्यूशियस शासक लिंग की कुख्यात उपपत्नी नांजी से मिलने गए थे और जिस बात को लेकर उन्हें जिलू की नाराजगी का सामना करना पड़ा था। नांजी काफी प्रभावशाली महिला थी और शायद कन्फ्यूशियस को उम्मीद थी कि वह उन्हें कोई दूसरा महत्त्वपूर्ण कार्य दिलवाने में मददगार साबित हो सकती थी। और कुछ दिनों बाद ही एक घटना घटी, जिससे स्पष्ट हो गया कि जिलू की आशंका पूरी तरह निर्मूल थी।

शासक लिंग ने कन्फ्यूशियस को पुराना पद देने का कोई संकेत नहीं दिया था, मगर वह सार्वजनिक रूप से उनका हार्दिक स्वागत करता था और एक दिन उसने आचार्य को देहात की यात्रा करने के लिए आमंत्रित किया। कन्फ्यूशियस ने सोचा कि लिंग उन्हें वाहन में अपने बगल में बिठाकर ले जाएगा और इस तरह सार्वजनिक रूप से उनके प्रति अपने सम्मान को प्रदर्शित करेगा। मगर वहाँ पहुँचने पर आचार्य को तब निराशा हुई, जब उन्हें राजा के पीछेवाले वाहन में बैठने के लिए कहा गया। सामनेवाले वाहन में लिंग स्वयं अपनी रखैलों के साथ बैठा था और चुंबन-आलिंगन करने में व्यस्त था। इस फूहड़ तमाशे को आचार्य चुपचाप देखने के लिए मजबूर थे। लौटने के बाद आचार्य ने अपने शिष्यों से कहा था।

कन्फ्यूशियस ने कहा, ''मैं आज तक ऐसे किसी शासक से नहीं मिला, जो खूबसूरती से ज्यादा अपने सिद्धांत से प्यार करता हो।''

—एनालेक्ट्स

ऐसा लगता है कि उन्हें अपने अपमान से काफी तकलीफ महसूस हुई थी और उन्होंने इस तरह अपनी तीखी प्रतिक्रिया व्यक्त की थी। हो सकता है कि अपनी ऐसी साफगोई के चलते ही उन्हें इन राज्यों में अलोकप्रिय होना पड़ा था। इस प्रसंग के बाद कन्फ्यूशियस और उनके शिष्यों ने एक बार फिर वेई राज्य का त्याग कर दिया था।

''उन्हें राजा का बरताव अपमानजनक प्रतीत हुआ था, इसलिए वे वेई छोड़कर चले गए थे।''

—सीमा कियान

अब कन्फ्यूशियस और उनके शिष्यों के पास किसी तरह की नौकरी नहीं थी। वे

वेई में नए विद्यार्थियों को आकर्षित कर पाने में सफल नहीं हो पाए थे। घर का मालिक लगातार किराया बढ़ाने की धमकी देता रहा था; मगर इस बार वेई को छोड़ते हुए उन्हें कुछ गँवाना नहीं पड़ रहा था। यान हुई बैलों को हाँक रहा था और मंथर गति से बैलगाड़ी आगे बढ़ रही थी। वे पीली नदी के पास जा रहे थे, जहाँ से वे नाव में सवार होकर सोंग राज्य में जाना चाहते थे।

अब उन्हें किसी नए राज्य में नए सिरे से जिंदगी की शुरुआत करनी थी। उन्होंने उदास होने की जगह खुश रहने का संकल्प लिया था। जब बैलगाड़ी आगे बढ़ रही थी, तब वे सामूहिक रूप से एक पारंपरिक गीत गा रहे थे। तो क्या सोंग राज्य में कदम रखकर उनकी किस्मत बदलने वाली थी?

उनका अनुमान गलत साबित हुआ। वहाँ पहुँचकर उन्हें अधिक बड़े संकट का सामना करना पड़ा।

□

भटकाव के वर्ष

नाव में सवार होकर उन्होंने नदी पार की और दक्षिण की दिशा में स्थित सोंग प्रांत में पहुँच गए। कन्फ्यूशियस के पिता मूल रूप से इसी प्रांत के रहनेवाले थे। वृक्ष के नीचे बैठकर वे भोजन से पहले अनुष्ठान संपन्न कर रहे थे, तभी सोंग सरकार के सेनापति हुआन तुई ने सैनिकों के साथ वहाँ पहुँचकर उन्हें घेर लिया और अनुष्ठान रोकने के लिए कहा। जब कन्फ्यूशियस अनुष्ठान रोकने के लिए तैयार नहीं हुए तो हुआन ने सैनिकों को वृक्ष काटकर उनके ऊपर गिरा देने का आदेश दिया। इसके बाद सैनिकगण आचार्य और उनके शिष्यों का वध करने के लिए हुआन के आदेश की प्रतीक्षा करने लगे।

हुआन ने एक रथ को सोंग की राजधानी शांग क्यू भेज दिया। उसने संदेशवाहक को कहा कि वह सम्राट् को सूचित करे कि कुख्यात कोंग क्यू गिरफ्तार कर लिया गया है और उसका वध करने के लिए वह सम्राट् की अनुमति लेकर आए। कन्फ्यूशियस की किस्मत अच्छी थी कि हुआन ने अपने राजा के आदेश के बिना उनका वध नहीं किया था।

कई दिनों तक गतिरोध बना रहा। इस दौरान आचार्य और उनके शिष्यों को भूखा रहना पड़ा। इसी बीच जिगोंग वहाँ से भाग निकलने में कामयाब हुआ था। वेई पहुँचकर उसने एक बार फिर अपने मित्र कुंग लियांग जू से सहायता माँगी थी। कुंग अपने सैनिकों के साथ रवाना हो गया था और कन्फ्यूशियस व उनके शिष्यों को सुरक्षित वेई वापस लेकर आ गया था।

ऐसा लगता है कि आचार्य के गृहराज्य के घटनाक्रम के चलते उनका जीवन असुरक्षित हो गया था। उसी वर्ष (ईसा पूर्व 494) शासक डिंग का देहांत हो गया था और उसके स्थान पर शासक एई ने सत्ता सँभाली थी। नए शासक पर सामंत परिवारों का प्रभाव था, जो किसी भी हालत में कन्फ्यूशियस की मौत चाहते थे। सामंतों को डर था कि शासन–परिवर्तन होने के बाद कन्फ्यूशियस वापस स्वदेश लौटकर निःशस्त्रीकरण

का सिलसिला शुरू कर सकते थे। शासक एई ने सामंतों के दबाव में आकर दूसरे राज्यों के शासकों तक संदेश भेजकर कन्फ्यूशियस को खत्म कर देने का अनुरोध किया था। लेकिन कन्फ्यूशियस की हत्या की कोशिश नाकाम साबित हुई थी।

कुछ दिनों तक वेई में किराए के घर में रहने के बाद कन्फ्यूशियस छोटे राज्य चेन में रहने के लिए गए थे, जहाँ उन्होंने अपने परिचय को छिपाकर रखने का प्रयास किया था; किंतु उनके लिए किसी भी एक स्थान पर अधिक समय तक रहना खतरे से खाली नहीं था। अगले कुछ सालों तक वे अनवरत एक स्थान से दूसरे स्थान पर भटकते रहे। बीच-बीच में वे अध्यापन करते रहे थे, परामर्श देते रहे थे। जब स्थानीय स्तर पर कोई युद्ध छिड़ जाता या उनके प्राण पर संकट आ जाता तो वे स्थान को छोड़ने के लिए मजबूर हो जाते थे।

आचार्य को यह सोचकर आश्चर्य होता था कि उनके शिष्यों को छोड़कर बाकी सभी उनके साथ इस तरह शत्रुतापूर्ण बरताव क्यों कर रहे थे। प्रतिकूल परिस्थितियों में भी उनका संतुलन बना रहता था और हमेशा चेहरे पर मुसकराहट रहती थी। हालाँकि अकसर उन्हें भूख, कैद, तिरस्कार और आक्रमण जैसी यातनाओं से होकर गुजरना पड़ा था, इसके बावजूद दुर्गम क्षेत्रों में अपने प्रिय शिष्यों के साथ भटकते हुए उन्हें जीवन में कोई शिकायत नहीं थी।

समय गुजरता जा रहा था। आचार्य और शिष्य अलग-अलग राज्यों में घूम रहे थे। किसी भी स्थान पर वे कुछ दिनों के लिए ही ठहरते थे। अकसर सामंतों के बीच युद्ध छिड़ जाता था और आचार्य शांति बहाली के लिए नाकाम कोशिश करते थे। उनकी नसीहत की तरफ कोई सामंत गौर करना जरूरी नहीं समझता था। इसी दौरान चीन में युद्धरत राज्यों का काल शुरू हो गया था। जिस समय आचार्य अपने शिष्यों के साथ भटक रहे थे, उसी समय कई राज्यों के बीच भीषण लड़ाइयाँ हुई थीं। इसी समय सुन जी ने 'युद्ध की कला' नामक ग्रंथ की रचना की थी। सुन जी एक यायावर विद्वान् था, जो राजाओं को युद्ध विद्या के संबंध में जरूरी परामर्श देता था। कन्फ्यूशियस की तुलना में सुन की खातिरदारी ज्यादा होती थी, क्योंकि वह युद्ध का विशेषज्ञ था। कन्फ्यूशियस शांति का संदेश देते थे और राजाओं को शांति की बहाली में कोई दिलचस्पी नहीं थी।

निर्वासित जीवन गुजारते हुए जब छह साल बीत गए तब ईसा पूर्व 491 में कन्फ्यूशियस को गृह नगर के घटनाक्रम की जानकारी मिली। जी हुआन (सामंत जी) का देहांत हो चुका था और जी कांगजी नया सामंत बना था। जी कांगजी कन्फ्यूशियस का शिष्य था और उनके विचारों का समर्थक भी था। अपने पिता की तरह जी कांगजी भी लू का प्रधानमंत्री बनाया गया और ऐसा लगने लगा कि कन्फ्यूशियस को घर लौटने की इजाजत मिल सकती थी। जी कांगजी ने इस दिशा में प्रयत्न करना शुरू कर दिया,

किंतु राजनीतिक हालात ठीक नहीं थे और पहले की तरह जी परिवार का राजनीतिक दबदबा भी नहीं रह गया था। जी कांगजी को जमींदारों ने कहा कि अगर कन्फ्यूशियस को वापस लौटने की इजाजत दी जाएगी तो वे बगावत करने के लिए मजबूर हो जाएँगे। जिगोंग ने लू पहुँचकर आचार्य के शिष्य क्यू से मुलाकात की। जो अब जी परिवार की सेना का सेनापति बन चुका था और जो राज्य सरकार का सहायक चांसलर बनने वाला था। जिगोंग ने उससे आचार्य की वापसी की संभावना के बारे में बातचीत की। क्यू ने स्पष्ट कर दिया कि आचार्य को लौटने की इजाजत नहीं मिलने वाली थी।

जिगोंग ने लौटकर आचार्य को बुरी खबर दे दी। आचार्य उस समय वेई में ठहरे हुए थे। आचार्य ने उदास होकर कहा, "मैं घर जाना चाहता हूँ।"

यह पीड़ादायक क्षण था। इसके बाद अगले सात वर्षों तक कन्फ्यूशियस को गृह राज्य लौटने की इजाजत नहीं दी गई। शिष्यों ने घर लौटने की संभावना को क्षीण होते देखा तो वे किसी ऐसे राज्य की तलाश करने लगे, जहाँ उनके आचार्य को स्थायी रूप से बसने की अनुमति मिल सकती थी। शिष्यों का मानना था कि आचार्य अगर अपने स्वतंत्र विचारों को ज्यादा प्रचारित नहीं करेंगे तो उन्हें किसी एक स्थान पर टिकने में कोई परेशानी नहीं होगी।

ईसा पूर्व 489 में चू राज्य के शासक झाओ ने कन्फ्यूशियस को 700 वर्ग मील की रियासत देने का वादा किया। इसके बदले में आचार्य को परामर्शक के पद पर काम करना था। शिष्य काफी उत्साहित हो गए। जब वे बैलगाड़ी में सवार होकर चू राज्य में पहुँचे तो झाओ के सिपाहियों ने उनकी अगवानी की।

यहाँ भी बदकिस्मती ने कन्फ्यूशियस का पीछा नहीं छोड़ा। दरबारियों ने चू के शासक को आचार्य के खिलाफ भड़का दिया। राजा ने रियासत देने का इरादा बदल दिया। आचार्य और उनके शिष्यों को चू राज्य से हताश होकर वापस लौटना पड़ा। उस समय आचार्य 63 वर्ष के हो चुके थे।

भले ही उस समय कन्फ्यूशियस अपने विचारों से शासकों को प्रभावित कर पाने में नाकाम रहे थे, मगर उनके सिद्धांत और विचार आम जनता के बीच तेजी से लोकप्रिय होते जा रहे थे। उनके विचारों को भविष्य में जो असीम लोकप्रियता मिलने वाली थी, उसकी आचार्य ने कभी कल्पना भी नहीं की थी। ऐसा आम जनता के गहरे लगाव के कारण ही संभव हुआ कि उनका विचार हजारों वर्षों तक जीवंत बना रहा। अनगिनत शासकों ने कन्फ्यूशियस की विचारधारा को मिटाने की बारंबार कोशिशें कीं, मगर किसी को सफलता नहीं मिल पाई। आम लोगों के बीच आचार्य की लोकप्रियता को लेकर एक प्रसंग का उल्लेख किया जा सकता है। चू से हताश होकर आचार्य और उसके शिष्य जब बैलगाड़ी में सवार होकर वेई लौट रहे थे तो वेई की सीमा पर एक प्रहरी ने

आचार्य के प्रति अपने श्रद्धा भाव को व्यक्त किया।

सीमा के प्रहरी ने आचार्य से बातचीत करने की इच्छा व्यक्त की और कहा, ''जब कोई श्रेष्ठ व्यक्ति इधर से गुजरता है तो मैं उससे संवाद कायम करने का अवसर गँवाना नहीं चाहता।'' आचार्य से मिलने के बाद उसने शिष्यों को बताया, ''मित्रो, अपने आचार्य की दुर्दशा से परेशान होने की जरूरत नहीं है। दुनिया लंबे समय से गलत रास्ते पर चल रही है; लेकिन ईश्वर सभी को रास्ता दिखाने के लिए तुम्हारे आचार्य का इस्तेमाल करेगा।''

— एनालेक्ट्स 3:24

वेई के शासक लिंग का देहांत हो गया और उसके स्थान पर चे नया राजा बना। चे ने कन्फ्यूशियस से नई सरकार के गठन की प्रक्रिया में सहायता करने के लिए कहा। शिष्य एक बार फिर उत्साहित हुए कि नया राजा उनके आचार्य को सम्मानजनक पद पर बिठाने वाला था; लेकिन राजा चे को उस समय अपने सामंतों के असंतोष से जूझना पड़ रहा था, जो सत्ता छीनने की साजिश रच रहे थे।

अगले वर्ष ईसा पूर्व 488 में, कन्फ्यूशियस और उनके शिष्यों ने युद्ध को रोकने का प्रयत्न किया—और इस बार उनकी कोशिश कामयाब साबित हुई। असल में लू और वेई के बीच गंभीर कूटनीतिक संकट पैदा हो गया था और किसी भी समय युद्ध छिड़ने की आशंका दिखाई देने लगी थी। वेई ने अपने सीमा क्षेत्र का दूर-दूर तक विस्तार किया था और अब वह लू की सीमा पर स्थित एक समाधि-स्थल पर दावा जता रहा था। उसका तर्क था कि उसके एक नायक को उस समाधि-स्थल पर दफनाया गया था। लू समाधि-स्थल देने के लिए तैयार नहीं था और युद्ध की नौबत पैदा हो गई थी। आचार्य ने जिगोंग को लू भेजकर शांति की प्रक्रिया शुरू कर दी थी। दोनों देशों के प्रतिनिधियों की शांति वार्त्ता हुई थी और युद्ध टल गया था।

लू के प्रधानमंत्री जी कांगजी को आचार्य की भूमिका ने काफी प्रभावित किया था। युद्ध को टालकर आचार्य ने असल में लू की सरकार पर अहसान किया था। जी कांगजी अब आचार्य को गृह-राज्य में लौटाने के लिए प्रयत्न करने लगा। वह अपने आचार्य का सच्चा प्रशंसक था और कई सालों से उनको निर्वासन से वापस लाने की जमीन तैयार कर रहा था।

एक बार फिर सामंतों ने विरोध जताया और तुरंत आचार्य की वापसी संभव नहीं हो पाई। हालाँकि युद्ध टल जाने से सभी सामंतों को प्रसन्नता हुई थी, क्योंकि वेई की विशाल सेना के सामने लू की तबाही सुनिश्चित थी; मगर सामंत अभी भी आचार्य को लौटने की इजाजत देना नहीं चाहते थे और उनकी नसीहतों को सुनना नहीं चाहते थे।

कन्फ्यूशियस की अनुपस्थिति में कूफू में उनके विद्यालय का संचालन उनका शिष्य सिया कर रहा था। आचार्य की अनुपस्थिति के कारण विद्यालय की दशा ठीक नहीं थी और अध्ययन-अध्यापन में भी पहले जैसी गंभीरता नहीं रह गई थी।

आखिरकार ईसा पूर्व 484 में जी कांगजी ने शासक एई को आचार्य की वापसी के लिए मना लिया और कन्फ्यूशियस को जान से मारने का आदेश वापस ले लिया गया। राजा हिचकिचा रहा था और सामंत असंतोष जाहिर कर रहे थे। राजा ने शर्त रखी कि कन्फ्यूशियस को तभी वापस लौटने की इजाजत मिल सकती है, जब वे नए सिरे से राजनीति में हस्तक्षेप न करने का वादा करें। जी कांगजी ने कहा कि ऐसा ही होगा और उसने तुरंत दूत को खुशखबरी देने के लिए कन्फ्यूशियस के पास भेज दिया।

माना जाता है कि यह संदेश सुनते ही कन्फ्यूशियस रोने लगे थे। उनकी उम्र 67 साल की हो चुकी थी और उन्हें छह सालों तक और जीवित रहना था।

□

अंतिम चरण

कन्फ्यूशियस अपने पुराने विद्यालय परिसर में रहने के लिए लौट आए। (इस तरह का कोई प्रमाण नहीं मिलता कि वे अपने परिजन के साथ लौटकर रहने लगे)। हालाँकि आधिकारिक तौर पर सरकारी कामकाज में भाग लेने की उन्हें अनुमति नहीं मिली थी, लेकिन जी कांगजी ने कई अवसरों पर उनसे परामर्श लिया था। उनकी बातचीत के कई प्रसंगों को 'एनालेक्ट्स' में संकलित भी किया गया है।

जी कांगजी ने कन्फ्यूशियस से सरकार के बारे में पूछा।

कन्फ्यूशियस ने जवाब दिया—''शासन करने का अर्थ संशोधन करना होता है। अगर तुम सच्चाई के साथ जनता का नेतृत्व करोगे तो कौन होगा, जो संशोधन के लिए तैयार नहीं होगा?''

— एनालेक्ट्स 12:17

मृत्युदंड के संबंध में भी कन्फ्यूशियस और जी कांगजी के बीच चर्चित वार्त्तालाप हुआ था।

जी कांगजी ने सरकार के कर्तव्य की चर्चा करते हुए कन्फ्यूशियस से पूछा—''मान लीजिए कि मुझे पाप का प्रचार करने के लिए किसी अन्यायी व्यक्ति को प्राणदंड देना पड़े तो क्या वैसा करना उचित होगा?''

कन्फ्यूशियस ने उत्तर दिया, ''सरकार चलाने के लिए हत्या करने की क्या आवश्यकता है? अगर तुम भलाई की उम्मीद रखोगे तो लोग भले बनेंगे। श्रेष्ठ व्यक्ति का स्वभाव वायु के समान होता है। निकृष्ट व्यक्ति का स्वभाव घास के समान होता है। जब हवा चलती है तो घास हमेशा झुक जाती है।''

— एनालेक्ट्स 12:19

शासक एई भी बीच-बीच में कन्फ्यूशियस से परामर्श माँगता था; किंतु कन्फ्यूशियस

को किसी तरह की क्षमता न मिल पाए, इस बात का वह पूरा ध्यान रखता था।

एई ने पूछा, ''मैं लोगों को किस तरह अपना अनुसरण करने के लिए प्रेरित कर सकता हूँ?''

कन्फ्यूशियस ने जवाब दिया, ''सच्चे लोगों को प्रोत्साहित करो और बुरे लोगों को हतोत्साहित करो, तब लोग तुम्हारा अनुसरण करेंगे। बुरे लोगों को प्रोत्साहित करने और सच्चे लोगों को हतोत्साहित करने पर लोग तुम्हारा अनुसरण नहीं करेंगे।''

—एनालेक्ट्स 2:19

शासक एई ने सरकारी उत्सवों पर बजाए जानेवाले आधिकारिक संगीत को चुनने का दायित्व सौंपा था। कन्फ्यूशियस को यह कार्य पसंद आया और इससे उन्हें आय भी होने लगी।

कन्फ्यूशियस ने कहा, ''जब मैं वेई से लू लौटकर आया तभी संगीत को सँवारने का काम किया जा सका। शाही गीतों और प्रशस्तियों को सही स्थान व समय पर गाने की परिपाटी शुरू हो सकी।''

—एनालेक्ट्स 9:15

लू के संगीतकार से बातचीत करते हुए कन्फ्यूशियस ने कहा, ''संगीत की मेरी समझ यही है कि सुर के साथ गीत की शुरुआत होनी चाहिए। जैसे-जैसे गायन आगे बढ़े, वाद्य यंत्रों और स्वर के बीच सही तालमेल बना रहना चाहिए।''

—एनालेक्ट्स 3:23

कभी-कभी उदास लमहों में कन्फ्यूशियस सोचते थे कि उनकी जिंदगी उम्मीद के मुताबिक कामयाब साबित नहीं हो पाई।

कन्फ्यूशियस ने कहा, ''आह! कोई भी मुझे समझ नहीं पाया!''

जिगोंग ने कहा, ''आप क्या कहना चाहते हैं कि किसी ने आपको नहीं समझा?''

कन्फ्यूशियस ने कहा, ''मुझे स्वर्ग से कोई गिला नहीं है, न ही मनुष्यों से कोई शिकायत है। मैं निचले स्तर से अध्ययन करते हुए शीर्ष का स्पर्श करता रहा हूँ। मुझे कौन समझ सकता है? सिर्फ स्वर्ग ही समझ सकता है।''

—एनालेक्ट्स 14:35

उन्होंने अपनी जिंदगी के सारे अनुभव प्राप्त कर लिये थे। काफी पहले युवावस्था में माता के देहांत के बाद उन्होंने तीन वर्षों की अवधि दुनिया से अलग-थलग होकर

एकांत में गुजारी थी। उस दौरान उन्होंने केवल पुस्तकों को ही अपना साथी बनाया था। एक बार फिर उन्होंने स्वयं को एकांत में सीमित कर लिया था और 'लू का इतिहास' के अंतिम खंड तैयार करने में जुट गए थे। इससे पहले उनका ज्यादातर वक्त अपने प्रिय शिष्यों के साथ ज्ञान-चर्चा करते हुए व्यतीत हुआ था। संगीत की रचना और पुस्तक लेखन करते हुए उन्होंने समय गुजारा था। अब कन्फ्यूशियस प्रसन्न और संतुष्ट थे, क्योंकि वे अपना मनपसंद कार्य कर रहे थे।

कन्फ्यूशियस ने कहा, ''सत्तर साल की उम्र में मैं अपने सिद्धांतों से समझौता किए बगैर अपने दिल की चाहत पूरी कर सकता हूँ।''

—एनालेक्ट्स 2:4

जब वे अध्यापन नहीं कर रहे होते थे, तब अपने अनमोल विचार शिष्यों के समक्ष व्यक्त करते थे। 'एनालेक्ट्स' में संकलित अधिकांश सूक्तियाँ उन्होंने इसी अवधि में अपने शिष्यों से कही थीं। उनके शिष्य जिलू के बाल अब पक चुके थे, जो उनके साथ चालीस साल पहले से ही था, जब उन्होंने पहली बार अध्यापन किया था। जब आचार्य अपने लंबे जीवन के अनुभवों की चर्चा करते तो एक कोने में बैठकर चुपचाप उनकी बातों को लिखनेवाले नवागत छात्र की तरफ शायद ही किसी का ध्यान आकर्षित हो पाता था। उस छात्र की उम्र महज बीस साल थी और हाल ही में उसने कन्फ्यूशियस के विद्यालय में दाखिला लिया था। वह दूसरे शिष्यों की बुद्धिमत्ता से अत्यंत प्रभावित था और संकोच की वजह से अकसर खामोश रहता था। उस शिष्य का नाम जेंग शेन था।

बाद में जेंग को जेंगजी (आचार्य जेंग) के नाम से जाना गया। उसने बाद में स्वयं स्वीकार किया कि वह अधिक मेधावी छात्र नहीं था, लेकिन कन्फ्यूशियस के देहांत के बाद वह उनके विचारों को पुस्तक का रूप देनेवाला सफल लेखक बन गया। समाधियों से प्राप्त होनेवाली पांडुलिपियों से पता चलता है कि जेंगजी ने इस क्षेत्र में किस तरह अभूतपूर्व योगदान दिया था। जेंगजी ने यान हुई से मित्रता कर ली थी, जो उससे उम्र में कुछ बड़ा था और जिसकी खूबियों की वह सराहना करता था।

जेंगजी ने कहा, ''योग्य होकर भी अयोग्य से सीखना, ज्ञानी होकर भी अज्ञानी से सीखना, संपूर्णता की प्राप्ति के बाद भी विनम्र बने रहना, प्रतिशोध की भावना के बिना चोट को सहन करने की क्षमता रखना, अतीत में मेरा एक मित्र (यान हुई) था और जिसमें ये सारी खूबियाँ थीं।''

—एनालेक्ट्स 8:5

बाद में जेंगजी ने उन नियमों पर अमल करना शुरू किया जिन नियमों को उसने

अपने आचार्य और यान हुई से सीखा था। उसने कन्फ्यूशियसवाद के आदर्श को संसार के सामने प्रस्तुत किया था।

जेंगजी ने कहा, ''प्रतिदिन मैं तीन तरीके से अपना विश्लेषण करता हूँ, दूसरों के साथ बरताव करते हुए क्या मैंने छल का सहारा लिया? मित्रों के साथ बातचीत के दौरान क्या मैं अविश्वसनीय था? क्या मेरी कथनी और करनी के बीच कोई अंतर था?''

—एनालेक्ट्स 1:4

एक तरफ जिगोंग और जिलू आत्मविश्वास से भरपूर थे, दूसरी तरफ जेंगजी ने यान हुई की तरह विनम्रता के आदर्श को अपने जीवन में उतारा था। 'जिओ जिंग' नामक पुस्तक में जेंगजी का वृत्तांत मिलता है। माना जाता है कि उसी ने इस पुस्तक की रचना की थी। इसमें एक प्रसंग है कि एक दिन कक्षा में जेंगजी कन्फ्यूशियस के सवाल का जवाब नहीं दे पाया था और कहा था, ''मैं जेंग मंद बुद्धि का छात्र हूँ।'' उसी प्रसंग में आगे चलकर बताया गया है कि जब जेंगजी ने सवाल का सटीक जवाब दे दिया तो कन्फ्यूशियस ने कहा, ''जेंग इतना मेधावी नहीं है, फिर वह सटीक जवाब कैसे दे सकता है?''

जेंगजी भले ही खुद को मंद बुद्धि छात्र मानता था, किंतु हकीकत में वह अत्यंत मेधावी छात्र साबित हुआ। माना जाता है कि संसार का वह पहला व्यक्ति था, जिसने पृथ्वी के गोल होने की बात बताई थी। 'अनुष्ठानों की पुस्तक' के संशोधित संस्करण में उसके इस तरह के विचार संकलित किए गए। माना जाता है कि उस पुस्तक की रचना कन्फ्यूशियस ने की थी और जेंगजी ने इसकी व्याख्या लिखी थी। ऐसा लगता है कि जेंगजी भी आइंस्टाइन की तरह विद्यालय में मेधावी छात्र नहीं रहा था। भले ही कक्षा में जेंगजी मंद बुद्धि शिष्य रहा हो, मगर कन्फ्यूशियस के विचारों को दुनिया के सामने प्रस्तुत करने में उसने उल्लेखनीय भूमिका का निर्वाह किया। उसके बगैर कन्फ्यूशियस के विचार अतीत के गर्भ में विलीन हो सकते थे। वह अपने आचार्य के विचारों को संसार की भावी पीढियों तक पहुँचाना चाहता था।

जेंगजी ने कहा, ''हमारे आचार्य ने निष्ठा और सच्चाई की राह दिखाई है, हमें जिसका अनुसरण करना है।''

—एनालेक्ट्स 4:15

जेंगजी जहाँ अपने आचार्य का प्रमुख जीवनीकार बना, वहीं आचार्य के देहांत के बाद उसी ने विद्यालय के संचालन का दायित्व भी स्वीकार किया। उसकी अध्यापन शैली आचार्य की अध्यापन शैली से भिन्न थी। उस युग की पांडुलिपियों से इस अंतर

को अच्छी तरह महसूस किया जा सकता है। जब वह अपने आचार्य की खूबियों को प्रस्तुत करता है तो उन सूक्तियों को संशोधित किए बिना मूल रूप से प्रस्तुत करता है। ये सूक्तियाँ छोटी-छोटी पंक्तियों की हैं और अलग-अलग विषयों पर आधारित हैं। इन सूक्तियों को पढ़कर ऐसा लगता है मानो कन्फ्यूशियस ने जिस रूप में ये बातें दर्शकों के सामने कही थीं, उसी रूप में उन्हें दर्ज किया गया है। वहीं जेंगजी जब अपनी सूक्तियों को दर्ज करता है तो उसके विचार लंबे वाक्यों के जरिए विस्तार से व्यक्त होते हैं। कन्फ्यूशियस ने अपने जीवनकाल में ही अपने कई मेधावी शिष्यों के साथ जेंगजी को भी घूम-घूमकर उपदेश देने का दायित्व सौंपा था।

जेंगजी ने कन्फ्यूशियस के पोते जिसी को भी शिक्षा दी थी, लेकिन उस समय तक कन्फ्यूशियस का देहांत हो चुका था। जिस समय कन्फ्यूशियस लू लौटकर आए थे, उस समय जिसी महज तीन या चार वर्ष का बालक था। कन्फ्यूशियस जब घर लौटे थे तो अपने पोते को देखकर उन्हें सुखद आश्चर्य हुआ था। माना जाता है कि उनके परिवार में जारी विवाद का कभी समाधान नहीं हो पाया था। उम्र के चौथे दशक में पहुँच चुका उसका पुत्र वो यू भले ही औपचारिकता निभाने के लिए उनसे मिला था, मगर उसने अपने परिवार को अपने वृद्ध पिता से दूर ही रखा था। जिसी ने बाद में कई पुस्तकों की रचना की, मगर उसने किसी पुस्तक में कन्फ्यूशियस से संबंधित व्यक्तिगत संस्मरण का कोई उल्लेख नहीं किया। ऐसा लगता है कि जिस समय उसके पिता जीवित थे, उस समय वह अपने दादा से एक या दो बार ही मिल पाया था। यह विडंबना की ही बात थी कि उसे अपने दादा के साथ वक्त गुजारने का पर्याप्त मौका नहीं मिल पाया था।

कन्फ्यूशियस ने लीक से हटकर अपनी जिंदगी गुजारी थी और वृद्धावस्था में परिवार के रूप में उनके प्रिय शिष्य उनके साथ मौजूद रहे थे। इनमें तीन विश्वस्त शिष्य प्रमुख थे, जो यात्रा के दौरान हमेशा उनके साथ ही रहते थे। जिलू उम्र में उनसे महज आठ साल छोटा था, जो हमेशा ऊर्जा से भरपूर छोटे भाई की तरह उनकी सेवा करता रहा था। वह अब लोगों से कहता फिरता था कि कन्फ्यूशियस को लू का आधिकारिक उपदेशक बना देना चाहिए। जिगोंग उम्र के चौथे दशक में था, जो कन्फ्यूशियस के परिवार की सफलता का प्रतीक बन चुका था। वह कन्फ्यूशियस का भानजा था, जिसने व्यवसाय के क्षेत्र में उपलब्धियाँ हासिल की थीं और राज्यों के बीच विवाद शांत कर कूटनीतिज्ञ के रूप में अपनी विशिष्ट पहचान बनाई थी। वह अपने आचार्य के प्रति इस कदर समर्पित था कि सभी सरकारी पदों के प्रस्ताव को यह कहकर ठुकराता रहा था कि जब तक उसके आचार्य को बड़े पद पर नियुक्त नहीं किया जाता, तब तक वह स्वयं किसी पद को स्वीकार नहीं करेगा। दूसरी तरफ, यान हुई अध्यवसाय में जुटा हुआ था और दूसरे छात्रों की भी सहायता कर रहा था। बो यू के साथ कन्फ्यूशियस का रिश्ता

सुधरने की कोई संभावना अब दिखाई नहीं दे रही थी, वैसी स्थिति में कन्फ्यूशियस यान हुई को अपने पुत्र के समान मानने लगे थे। यान हुई अगर चाहता तो कोई बड़ा सरकारी पद आसानी से स्वीकार कर सकता था, किंतु जिगोंग की तरह उसने ऐसे प्रस्तावों को हमेशा ठुकरा दिया था।

कन्फ्यूशियस ने यान हुई से कहा, "इधर आओ, हुई। तुम्हारा परिवार अभावग्रस्त है और तुम्हारी सामाजिक हैसियत कमजोर है। तुम सरकारी पद स्वीकार क्यों नहीं कर लेते?"

हुई ने जवाब दिया, "मैं सरकारी पद पर काम करना नहीं चाहता। गाँव में मेरे पास चालीस एकड़ कृषि भूमि है। इस भूमि से मेरी आवश्यकताओं की पूर्ति हो जाती है। इसके अलावा दस एकड़ भूमि और है, जहाँ मैं रेशम-पालन के जरिए वस्त्र की जरूरतें पूरी कर लेता हूँ। मुझे आपकी सेवा करते हुए और आपके उपदेशों पर अमल करते हुए आनंद की प्राप्ति होती है, आचार्य। इस आनंद से बढ़कर मेरे लिए कोई दूसरा काम नहीं हो सकता।"

कन्फ्यूशियस ने कहा, "मैं लंबे समय से यही उपदेश देता रहा हूँ कि जो अपने अंदर विकास का मार्ग निर्मित कर लेता है, वह सरकारी पद के बगैर भी संतोष के साथ जीवनयापन कर सकता है; मगर इस उपदेश को आज मैंने हुई के रूप में साकार होते हुए देखा है। यह देखकर मुझे प्रसन्नता हुई है।"

—झुंगजी पुस्तक 28 भाग 3:6

इस समय तक शिष्यगण सत्तर वर्ष के नहीं हुए थे, वहीं सत्तर वर्ष के कन्फ्यूशियस अत्यंत ऊर्जावान् बने हुए थे। उन्होंने अपना जीवन युवा छात्रों के बीच गुजारा था। संभवतः इसी कारण उनके भीतर युवा सुलभ जोश बना हुआ था। अन्य वृद्ध व्यक्तियों की तरह कन्फ्यूशियस के भी कई मित्र इस दुनिया को छोड़कर विदा होते जा रहे थे और इस तरह उन्हें भी एहसास होने लगा था कि उनके पास गिने-चुने दिन ही बचे रह गए थे।

बो यू बीमार था और कन्फ्यूशियस उससे मिलने आए थे। उन्होंने खिड़की के पास उसका हाथ थाम लिया और बोले, "यह मर रहा है। यह कैसी अजीब बात है कि इस कदर भले आदमी को भी मरना पड़ता है।"

—एनालेक्ट्स 6:10

अब उन्हें विचित्र सपने आने लगे और वे शिकायत करने लगे कि इन दिनों उन्हें झाउ युग के सुनहरे दिनों के सपने नहीं आते थे, जबकि पहले उन्हें ऐसे सपने अकसर आते थे।

कन्फ्यूशियस ने कहा, ''लगता है, मैं सचमुच डूबता जा रहा हूँ। लंबे अरसे से मैंने झाउ के शासक को सपने में नहीं देखा है।''

—*एनालेक्ट्स 7:5*

जीवन में पहली बार वे 'परिवर्तन की पुस्तक' की तरफ आकर्षित हुए। यह पुस्तक भविष्यवाणी की विद्या पर आधारित थी, जो लकड़ियों की मदद से भविष्य को जानने की विधि बताती थी। पहले उन्हें इस तरह की विधियों पर हमेशा संशय महसूस होता था; मगर अब उन्होंने गहराई के साथ इस पुस्तक का अध्ययन करना शुरू कर दिया था। सीमा कियान ने लिखा है कि अनवरत अध्ययन करने के कारण पुस्तक के पृष्ठ खुलकर फर्श पर बिखर जाते थे। माना जाता है कि उन्होंने इस पुस्तक के बारे में कहा था—

''अगर मुझे जीने के लिए और पचास वर्ष मिल जाते तो मैं ठीक से 'परिवर्तन की पुस्तक' का अध्ययन कर सकता था।''

—*एनालेक्ट्स 7:17*

अब उन्हें एहसास होने लगा था कि शायद उनके पास पंद्रह महीने से भी कम वक्त रह गया था। भविष्य के प्रति उनके मन में अचानक जो दिलचस्पी पैदा हुई थी उसकी वजह संभवत: यही थी कि वह भावी युग में अपने विचारों के संरक्षण को लेकर चिंतित हो उठे थे, या उनकी निजी जिंदगी (जो उस समय नजर आ रही थी), अत्यंत तकलीफदेह हो उठी थी।

अगर उन्होंने पचास वर्षों तक भी 'परिवर्तन की पुस्तक' का अध्ययन किया होता तो भी उन्हें अपने भविष्य का सही दर्शन प्राप्त नहीं हो सकता था। और अगर भविष्य बतानेवाली लकड़ियाँ भविष्य की सच्ची तसवीर उनके सामने पेश कर भी देतीं तो कन्फ्यूशियस शायद ही उन बातों पर विश्वास कर पाते।

''250 वर्षों में आपके ऊपर लिखी गई सारी पुस्तकें जला दी जाएँगी। एक हजार वर्षों में देवता की तरह आपकी पूजा की जाएगी। 1500 वर्षों में आपको चीन का सम्राट् घोषित कर दिया जाएगा। 2447 वर्षों में (यानी सन् 1967 ईसवी में) उग्र विद्यार्थियों की भीड़ कूफू में आपकी प्रतिमा को ध्वस्त कर डालेगी और नारे लगाएगी—'कन्फ्यूशियस मर चुका है।' 2487 वर्षों में (यानी सन् 2007 ईसवी में) चीन में सबसे ज्यादा बिकनेवाली पुस्तक आपके विचारों की वर्तमान युग में प्रासंगिकता पर आधारित होगी। दुनिया भर में आपकी कीर्ति फैल चुकी होगी। आपने जितना सोचा भी नहीं होगा, उससे भी ज्यादा मशहूर हो चुके होंगे।''

क्या उन्हें कभी ऐसे भविष्य का एहसास हो पाया था? इस बात की संभावना कम ही नजर आती है। कन्फ्यूशियस के जीवन का आखिरी वर्ष विषाद के साये में व्यतीत हुआ था। वे इत्मीनान के साथ इस दुनिया से विदा होना चाहते थे। वे चाहते थे कि उनके बाद उनके शिष्य उनके विचारों को प्रचारित-प्रसारित करने का काम जारी रखें; लेकिन उनकी आँखों के सामने ही उनके प्रिय व्यक्तियों की मृत्यु होती जा रही थी।

सबसे पहले उनके पुत्र बो यू की मृत्यु हो गई। अपने पिता की मृत्यु से चार साल पहले ही ई.पू. 483 में बो यू ने दुनिया को अलविदा कह दिया। उस समय बो यू केवल छियालीस वर्ष का था। कोंग ली के नाम से उसकी अंत्येष्टि उसी मर्यादा के साथ की गई, जैसे किसी पूर्व न्याय मंत्री के पुत्र की अंत्येष्टि होनी चाहिए थी। जुलूस में विभिन्न सरकारी अधिकारी अपने-अपने वाहनों पर सवार होकर आए थे। कन्फ्यूशियस अलग वाहन पर सवार होकर जुलूस में शामिल हुए थे। समाधि स्थल पर पहुँचने के बाद बो यू के शव को सामान्य लकड़ी के ताबूत में रखकर दफनाया गया। ताबूत को बाहरी तौर पर आकर्षक आवरण से नहीं ढँका गया। जब किसी मृतक के प्रति गहरे लगाव को प्रदर्शित किया जाता था तो ताबूत के साथ बाहरी आवरण का प्रयोग करने का रिवाज प्रचलित था। इस बात के लिए कन्फ्यूशियस की उसी तरह आलोचना की गई जिस तरह भव्य तरीके से अपनी माता की अंत्येष्टि करने पर उनकी आलोचना की गई थी। उस समय कन्फ्यूशियस ने अपनी माता को परिवार के मुखिया के समकक्ष मर्यादा प्रदान करते हुए भव्य तरीके से अंत्येष्टि की थी।

'एनालेक्ट्स' में इस संबंध में उनकी दलील का उल्लेख मिलता है। उन्होंने कहा कि बाहरी आवरण तैयार करने के लिए उनके पास समय नहीं रह गया था और अंत्येष्टि के दिन उनके लिए सड़कों पर दौड़ते हुए आवरण तैयार करवाना उचित नहीं हो सकता था।

आचार्य ने कहा, ''कोंग ली के देहांत पर एक ताबूत का इंतजाम तो हो गया, मगर बाहरी आवरण का इंतजाम नहीं हो पाया। आवरण लाने के लिए मेरा पैदल दौड़ना ठीक नहीं होता, क्योंकि मैं अधिकारियों के पीछे-पीछे चल रहा था। उस समय मेरा पैदल चलना उचित नहीं होता।''

—एनालेक्ट्स 11:8

उन्होंने चाहे जो भी दलील दी हो, पर सार्वजनिक रूप से जता दिया कि कोंग ली केवल नाम के लिए उनका बेटा था और समाज के निर्धारित मानदंडों के अनुसार उन्होंने उसकी अंत्येष्टि पूरी की; लेकिन इससे ज्यादा उनके मन में कोई लगाव नहीं था। निर्वासन में उनके साथ छाया की तरह रहनेवाले शिष्य जिलू, जिगोंग और यान हुई को

ही अब वे अपने परिजन समझने लगे थे। जब बोन यू की मौत हुई तो उन्हें इस बात की उतनी पीड़ा नहीं हुई। अगर दोनों के बीच पिता-पुत्र का सच्चा रिश्ता होता तो शायद इस खबर से वे टूट सकते थे। इस बात का कोई प्रमाण नहीं मिलता कि बो यू के देहांत के बाद उन्होंने किसी तरह के दुःख का इजहार किया था। उन्होंने शोक के प्रतीक के रूप में पोशाक भले ही धारण की थी, लेकिन अध्ययन और अध्यापन के क्रम को पहले की तरह ही जारी रखा था।

पुत्र के निधन और परिवार के सदस्यों की अनुपस्थिति के बावजूद वे शांतिपूर्ण और खुशहाल वातावरण में जीवन की संध्या वेला को पुस्तकों और प्रिय शिष्यों के बीच रहकर गुजारना चाहते थे। मगर नियति ने उनके लिए कुछ और सोच रखा था (बाद में उन्होंने ईश्वर से अपनी दुर्दशा की शिकायत भी की थी)। और कन्फ्यूशियस के दीर्घ जीवन के सबसे तकलीफदेह दौर की अभी शुरुआत ही हुई थी।

उन्होंने विद्यालय के संचालन का दायित्व अपने प्रिय शिष्य यान हुई को सौंपने का निर्णय लिया था। यान हुई को वे अपना पुत्र मानते थे और उन्हें दृढ़ विश्वास था कि यान हुई उनका सच्चा उत्तराधिकारी साबित होगा। कोई अन्य शिष्य आचार्य के इस निर्णय के विरोध में खड़ा नहीं था और सभी को यान हुई की योग्यता पर भरोसा था। अत्यंत निर्धनता के वातावरण में यान हुई का पालन-पोषण हुआ था और वह कन्फ्यूशियस के समान अवसरों के सिद्धांत का जीता-जागता प्रतीक था। आचार्य चाहते थे कि उनका सुयोग्य शिष्य उनके विचारों को प्रचारित-प्रसारित करने की भूमिका का निर्वाह करे। अभी भी यान हुई की उम्र तीस साल की नहीं हुई थी। इसी उम्र में कन्फ्यूशियस ने भी अध्यापन का कार्य आरंभ किया था। हुई दूसरे शिष्यों से अलग था और वह किसी सरकारी पद की आकांक्षा नहीं रखता था। सभी छात्र उसकी सराहना करते थे और वह अत्यंत दक्ष संगीतकार भी था। उसने चीनी सितार के लिए अनेक स्वर-लहरियों की रचना की थी। चीनी सितार कन्फ्यूशियस का प्रिय वाद्य था। अपने प्रिय शिष्य हुई से आचार्य को काफी उम्मीदें थीं।

ईसा पूर्व 483 के शीतकाल के आरंभ में एक दिन बो यू की अंत्येष्टि के कुछ महीने बाद यान हुई विद्यालय नहीं पहुँच पाया, ऐसा पहली बार हुआ था, जब वह अपने आचार्य की कक्षा में अनुपस्थित हुआ था। जब अगले दो दिनों तक वह कक्षा में नहीं आया तब आचार्य ने एक छात्र को यान हुई का हाल-चाल जानने के लिए भेजा। यान हुई का घर कूफू नगर के बाहर स्थित था।

छात्र ने आकर आचार्य को बताया कि यान हुई को तेज बुखार हो गया था और चिकित्सकों ने उसके बचने की उम्मीद छोड़ दी थी। कन्फ्यूशियस तुरंत अपने प्रिय शिष्य से मिलने के लिए रवाना हो गए, लेकिन तब तक काफी देर हो चुकी थी। आचार्य

के पहुँचने से पहले शिष्य ने दम तोड़ दिया था। यह खबर पाकर कन्फ्यूशियस तड़पते हुए कह उठे थे—

"ईश्वर मेरी जान ले रहा है! ईश्वर मेरी जान ले रहा है!"

—एनालेक्ट्स 11:9

यान हुई अपने भाई, अपनी पत्नी और परिवार के साथ रहता था। उसके पिता का देहांत कुछ वर्ष पहले ही हुआ था। उसके पिता कन्फ्यूशियस के आरंभिक अनुयायियों में से एक थे। उनके घर की दशा शोचनीय थी और दीवारें टूटी हुई नजर आ रही थीं। आँगन में कुछ मुरगियाँ चहलकदमी कर रही थीं और एक खूँटे से बँधी हुई एक बकरी बहुत देर से मिमिया रही थी। घर के भीतर से रुलाई की आवाज आ रही थी। यान हुई के भाई ने घर से बारह निकलकर आचार्य से मदद करने का अनुरोध किया। परिवार के पास हुई की अंत्येष्टि ठीक से करने के लिए पर्याप्त धन नहीं था।

"जब यान हुई की मृत्यु हुई तो यान लू ने आचार्य से अनुरोध किया कि वे अपना वाहन बेचकर अपने मानस पुत्र के शव के ताबूत के लिए बाहरी आवरण का इंतजाम करें।"

—एनालेक्ट्स 11:8

"मुझे अपनी गाड़ी बेच देनी चाहिए?" कन्फ्यूशियस साफ तौर पर उसकी बातें सुन नहीं पा रहे थे। "ठीक है, मगर इसकी नौबत नहीं आएगी।" उन्होंने भाई के कंधे पर हाथ रख दिया और कहा कि उसे चिंतित होने की जरूरत नहीं है। विद्यालय की तरफ से अंत्येष्टि की जाएगी और सारे खर्च का प्रबंध भी किया जाएगा। हालाँकि कन्फ्यूशियस को पूरा यकीन नहीं था कि विद्यालय के सीमित संसाधन से अंत्येष्टि का प्रबंध कर पाना संभव था या नहीं, लेकिन उन्हें अपने व्यवसाय प्रबंधक जिगोंग की क्षमता पर पूरा विश्वास था और वे जानते थे कि जिगोंग अंत्येष्टि के व्यय का पूरा प्रबंध कर सकता था।

विद्यालय लौटकर कन्फ्यूशियस ने शिष्यों को हृदय-विदारक समाचार सुनाया और उन्होंने जिगोंग से कहा कि वह अंत्येष्टि की समुचित व्यवस्था करे। जिगोंग ने कहा कि वह अपनी कुछ चीजें बेचकर अंत्येष्टि के लिए धन जुटा लेगा। जिगोंग अपने आचार्य के लिए कुछ भी कर सकता था। आचार्य ने उसका हाथ थाम लिया और कहा, "नहीं, मैं उसे अपने पुत्र की तरह दफनाना चाहता हूँ। तुम तैयारी करो।"

शिष्यों ने इस बात का विरोध किया। आचार्य हुई के पिता नहीं थे। हुई का अपना परिवार था। शिष्यों को यह बात नहीं जँची।

"वह मेरा पुत्र था! तैयारी करो!"

कन्फ्यूशियस ने अपनी माता की अंत्येष्टि इस अंदाज में की थी मानो पिता की अंत्येष्टि कर रहे थे। तीन महीने पहले कोंग ली के निधन पर उन्होंने किसी तरह के शोक का प्रदर्शन नहीं किया था और अब वे यान हुई को अपने पुत्र का दरजा देकर दफनाना चाहते थे। यह समाज की प्रचलित परंपरा के विरुद्ध उठाया गया ऐसा कदम था, जिसको देखकर शिष्यों ने पहली बार अपने आचार्य का विरोध किया था। शिष्यों को पता था कि आचार्च हमेशा धारा के विरुद्ध कदम उठाते रहे थे, मगर इस बार तो वे सारी हदों को लाँघ गए थे—

जब यान हुई की मृत्यु हुई तो आचार्य रोते-बिलखते रहे। शिष्यों ने कहा— "आचार्य, आप अपना आपा खोते जा रहे हैं।"

कन्फ्यूशियस ने कहा, "अपना आपा खो रहा हूँ? अगर मैं अभी नहीं रोऊँगा तो कब रोऊँगा?"

—एनालेक्ट्स 11:10

जिगोंग ने अंत्येष्टि के लिए तुरंत धन का इंतजाम किया और इससे पहले कि कन्फ्यूशियस हस्तक्षेप कर पाते, धूमधाम के साथ यान हुई की अंत्येष्टि संपन्न हुई। जैसे किसी सामंत के पुत्र की अंत्येष्टि होती थी, उसी अंदाज में यान हुई के समाधि-स्थल पर भड़कीला समारोह आयोजित किया गया और समाधि में उपहारों को सजाया गया। यह देखकर यान हुई के परिवार को स्वाभाविक रूप से संतोष का अनुभव हुआ। असल में सभी संतुष्ट हुए, मगर कन्फ्यूशियस को यह सब देखकर पीड़ा महसूस हुई। पहली बार उन्हें जीवन में अपने शिष्यों पर गुस्सा आया।

जब यान हुई की मृत्यु हुई तो शिष्यगण भव्य तरीके से उसकी अंत्येष्टि संपन्न करना चाहते थे। आचार्य ने उन्हें ऐसा करने से मना किया, मगर शिष्यों ने उनकी बात नहीं मानी। कन्फ्यूशियस ने कहा, "हुई मुझे अपना पिता समझता था; लेकिन मैं उसके साथ एक पुत्र के समान बरताव नहीं कर पाया और ऐसा तुम विद्यार्थियों की गलती की वजह से हुआ है।"

—एनालेक्ट्स 11:11

आचार्य भव्य तरीके से हुई की अंत्येष्टि करने के विरुद्ध थे, क्योंकि भौतिक सुख-सुविधाओं के नजरिए से हुई अभावों में जीता रहा था और अभावों के बीच ही उसकी मृत्यु हुई थी; मगर उसे अपनी ऐसी फटेहाली पर गर्व का अनुभव होता था। जिगोंग ने कुछ फर्नीचर बेचकर और कुछ उधार लेकर धूमधाम से हुई की अंत्येष्टि का

आयोजन किया था। समाधि को उसने इस तरह सजा दिया था, जिससे हुई के परिवार का रुतबा बढ़ गया था। जिगोंग ने हुई के भाई की इच्छा का पालन करते हुए लकड़ी के ताबूत के लिए बाहरी आवरण का प्रबंध भी कर लिया था।

कन्फ्यूशियस ने महसूस किया कि उनके शिष्यों ने यान हुई की अंत्येष्टि करते समय बाहरी आडंबर पर अधिक ध्यान दिया; जबकि यान हुई को भौतिक संपत्ति या आडंबर से किसी तरह का लगाव नहीं था और वह कभी अपनी अंत्येष्टि ऐसी प्रदर्शनप्रियता के साथ करना पसंद नहीं कर सकता था। आचार्य ने समाधि में 'गीत की पुस्तक' की एक प्रति रखने के लिए कहा और अंत्येष्टि के अवसर पर दिए गए अपने वक्तव्य में कहा कि तुम लोग एक ऐसे व्यक्ति को विदा कर रहे हो, जो मनुष्यों के बीच राजकुमार के समान था, जिसके पास कुछ नहीं होते हुए भी सबकुछ था, जो हमेशा निर्धनता की स्थिति में जीता रहा था, मगर जिसकी अंतरात्मा संसार के सभी राजाओं की तुलना में अधिक अमीर थी। विद्वानों के युवराज को विदा, श्रेष्ठ मनुष्य को विदा, सभी शिष्यों के प्रिय भाई को विदा, मेरे पुत्र को विदा!

आडंबर के साथ यान हुई की अंत्येष्टि किए जाने पर कन्फ्यूशियस नाराज हुए थे और उन्होंने कई दिनों तक अपने शिष्यों के साथ कोई बातचीत नहीं की थी। आखिरकार जिगोंग उनके पास क्षमा माँगने के लिए आया। कन्फ्यूशियस ने जिगोंग से कहा, ''मेरी अंत्येष्टि के समय इस तरह का कोई दिखावा नहीं होना चाहिए।''

''मैं भड़कीली अंत्येष्टि की जगह सड़क पर मरना पसंद करूँगा।''

—एनालेक्ट्स 9:12

जिगोंग ने उनसे वैसा ही वादा किया। जब समय आएगा—और उसे यकीन था कि वैसा समय अभी कुछ वर्षों तक नहीं आने वाला था, तब वे आचार्य की अंत्येष्टि अपने पिता की तरह करेंगे। अंत्येष्टि शालीन और मर्यादित तरीके से की जाएगी। कोई फूहड़ संगीत नहीं बजाया जाएगा, न ही कोई तमाशा किया जाएगा। वह अपनी गलती नहीं दोहराएगा और वह अपनी गलती के लिए शर्मिंदा था। आचार्य ने उसे माफ कर दिया।

उस वर्ष सर्दियों में कन्फ्यूशियस की तबीयत खराब रही और ईसा पूर्व 482 के वसंत में भी उनके भीतर किसी तरह की ऊर्जा दिखाई नहीं दी। यान हुई की आकस्मिक मृत्यु की वजह से उन्हें गहरा सदमा पहुँचा था और अब उनके लिए देर तक बातचीत करना संभव नहीं रह गया था।

कन्फ्यूशियस ने कहा, ''काश, मैं पूरी तरह मौन रह पाता।''

जिगोंग ने कहा, ''आचार्य, अगर आप कुछ नहीं बोलेंगे तो फिर हम शिष्यों का क्या हाल होगा?''

—एनालेक्ट्स 17:19

बीच-बीच में कई गण्यमान्य व्यक्ति उनसे मिलने के लिए आते थे। 'एनालेक्ट्स' में शासक एई और मंत्री जी कांगजी के साथ उनके जिन वार्त्तालाप को दर्ज किया गया है, ये वार्त्तालाप हुई के देहांत के बाद हुए थे। इनसे संकेत मिलता है कि वृद्धावस्था में उनका काफी आदर किया जाता था; मगर उन्हें सरकार की तरफ से किसी तरह का मानद पद नहीं दिया गया था, न ही उनके विद्यालय को आधिकारिक तौर पर मान्यता प्रदान की गई थी। जो लोग सत्ता पर आसीन थे, उन लोगों की नजरों में आचार्य अब एक लाचार वृद्ध बन गए थे। इस दौरान वे अपने सर्वश्रेष्ठ शिष्य के असामयिक निधन के बारे में बात करते रहे थे।

जी कांगजी ने पूछा, ''किस शिष्य में ज्ञान प्राप्त करने की ललक ज्यादा थी?''

कन्फ्यूशियस ने जवाब दिया, ''यान हुई में ललक ज्यादा थी। खेद की बात है कि कम उम्र में उसकी मौत हो गई। उसके समान दूसरा कोई नहीं है।''

—एनालेक्ट्स

शासक एई ने पूछा, ''किस शिष्य के मन में अध्ययन के प्रति सबसे अधिक लगाव था?''

कन्फ्यूशियस ने जवाब दिया, ''यान हुई में आज तक मुझे ऐसा कोई नहीं मिला, जिसके मन में यान हुई जैसा लगाव हो।''

—एनालेक्ट्स 6:3

हालाँकि वे अध्यापन और लू के इतिहास को लिखने का काम जारी रखने का प्रयास कर रहे थे, मगर हुई को गँवाने की पीड़ा अभी भी उनके ऊपर हावी थी और अगले साल शीतकाल में उनकी तबीयत फिर बिगड़ गई। इस बार उनकी हालत गंभीर हो गई थी। जी कांगजी अपने साथ औषधि लेकर उनसे मिलने आए थे; मगर औषधि में जहर होने की आशंका को देखते हुए आचार्य ने उसे स्वीकार करने से मना कर दिया था। जी कांगजी आचार्य के हितैषी थे और औषधि ठुकराए जाने पर उन्हें तकलीफ हुई थी।

जी कांग ने उन्हें तोहफे में औषधि भेजी, जिसे उन्होंने झुककर ग्रहण किया और बोले, ''मैं इसे नहीं पहचानता। मैं इसका सेवन नहीं कर सकता।''

—एनालेक्ट्स 10:16

जिलू भी अपने आचार्य से मिलने आया। शिष्य आशंकित हो उठे। उन्हें लगने लगा कि आचार्य का अंतिम समय नजदीक आ गया था।

आचार्य की हालत बहुत गंभीर थी और जिलू ने कहा कि वह उनके लिए प्रार्थना करेगा।

कन्फ्यूशियस ने कहा, ''क्या उससे कोई फर्क पड़ेगा?''

लेकिन अभी आचार्य के विदा होने का समय नहीं आया था। सभी शिष्यों को यह देखकर काफी प्रसन्नता महसूस हुई, जब उन्होंने अपने आचार्य की सेहत में आंशिक रूप से सुधार होते हुए देखा। उनके भीतर कुछ ऊर्जा भी लौट आई थी। इस बीच ऐसा कुछ हुआ था, जिसके चलते उनका ध्यान हुई के निधन से बँट गया था और वे बिस्तर छोड़ने के लिए तत्पर हो गए थे। वे आखिरी बार राजनीति में कदम रख रहे थे।

आठ साल पहले क्वी के शासक जिंग की मौत हो गई थी, जो उनका मित्र और छात्र था। जिंग को 600 घोड़ों और रथों के साथ दफनाया गया था। जिंग की मौत के बाद उसके चचेरे भाई जिआन ने सत्ता सँभाली थी; मगर युद्धरत राज्यों के काल में सत्ता के लिए भयंकर संघर्ष होना आम बात थी। क्वी भी कोई अपवाद नहीं था और ई.पू. 481 में कन्फ्यूशियस की मृत्यु से दो साल पहले जिआन की हत्या कर दी गई और चेन हेंग नामक एक सैन्य अधिकारी ने सत्ता पर कब्जा कर लिया।

कन्फ्यूशियस हमेशा इस बात पर बल देते रहे थे कि प्राचीन झाउ साम्राज्य के तहत आनेवाले राज्यों को सत्ता-संघर्ष से दूर ही रहना चाहिए। उन्होंने अपनी राजनीतिक सक्रियता पर प्रतिबंध होने के बावजूद खामोश बैठना उचित नहीं समझा और सभी राज्यों को हस्तक्षेप के लिए दबाव बनाने के उद्देश्य से शासक एई से मुलाकात की।

चेन हेंग ने क्वी के शासक जिआन को मार डाला। कन्फ्यूशियस ने स्नान किया, दरबार में जाकर शासक एई से मिले और कहा, ''चेन हेंग ने अपने राजा को मारा है। मैं आपसे अनुरोध करता हूँ कि आप उसे दंडित करें।''

शासक ने कहा, ''तीन परिवारों के प्रमुखों को इसकी सूचना दीजिए।''

वे प्रमुखों के पास गए और उन्हें सूचना दी, मगर उन्होंने कुछ नहीं किया।

कन्फ्यूशियस वापस लौट आए।

—*एनालेक्ट्स 14:21*

कन्फ्यूशियस समझ गए कि शासकगण उनकी बात पर ध्यान देने के लिए तैयार नहीं थे; मगर उन्होंने अपनी तरफ से आखिरी बार प्रयास किया था। थककर और निराश होकर वे लू का इतिहास पूरा करने में जुट गए। ई.पू. 481 के शरदकाल में उन्होंने इस महत्त्वपूर्ण कार्य को पूरा कर लिया था।

आचार्य अब स्वाभाविक रूप से कार्य करने लगे थे। उसी दौरान जिलू ने उन्हें बताया कि वेई के राजा ने अनुरोध भरा संदेश भेजा है कि उसे सामंत परेशान कर रहे हैं। वेई के राजा चे पर एक बार जानलेवा हमला हो चुका था, जिसमें वह बाल-बाल बच गया था। चे को ऐसे समर्थकों की जरूरत थी, जिन पर वह भरोसा कर सके। जिलू ने आचार्य से वेई चलने के लिए कहा। आचार्य ने इनकार कर दिया। अब उन्हें थकान महसूस होने लगी थी।

कन्फ्यूशियस ने कहा, ''अब सब खत्म हो चुका है। मुझे ऐसा कोई नहीं मिला, जिसे अपनी गलतियों का एहसास हो और जो अपनी गलतियों को सुधारने के लिए तैयार हो।''

— एनालेक्ट्स 5:27

तब जिलू ने जिगोंग से चलने के लिए कहा; लेकिन उसने भी इनकार कर दिया। जिगोंग ने संकल्प किया था कि वह अपने आचार्य की अंत्येष्टि की जिम्मेदारी अच्छी तरह निभाएगा। हालाँकि सभी शिष्यों को उम्मीद थी कि आचार्य कुछ और वर्षों तक जीवित रहने वाले थे। जल्द ही कन्फ्यूशियस अपना 70 वाँ जन्मदिन मनाने वाले थे और उस युग में सत्तर वर्षों तक बहुत कम लोग जी पाते थे।

जिलू ने अकेले जाने का फैसला किया। विदाई के वक्त कन्फ्यूशियस ने उसका हाथ थामकर उसे शुभकामनाएँ दीं। आचार्य अपने सबसे पुराने और विश्वसनीय शिष्य को अपने करीब रखना चाहते थे। जिलू सभी छात्रों से विदा लेकर चला गया। यह उसकी आखिरी विदाई थी, क्योंकि अब वह लौटकर नहीं आने वाला था।

नियति की क्रूरता ने अभी भी कन्फ्यूशियस का साथ नहीं छोड़ा था। अगले वर्ष (ई.पू. 480) गरमियों में उन्हें एक और गहरा आघात लगा। उन्हें सूचना मिली कि वेई में जिलू मारा गया था। कन्फ्यूशियस के योग्य और उत्साही शिष्य ने वेई के राजा की सहायता करने की कोशिश की थी और हालात को सामान्य बनाने के लिए निरंतर सुलह करवाने का यत्न किया था; मगर सामंतों ने एकजुट होकर राजा के विरुद्ध विद्रोह कर दिया था। राजधानी की रक्षा करने की कोशिश करते समय जिलू मारा गया था। विद्रोह के दौरान राजा भी मारा गया था।

इस समाचार पर कन्फ्यूशियस को विश्वास नहीं हुआ था। उन्हें लग रहा था कि अंतिम समय में ईश्वर उनके प्रिय शिष्यों को छीनकर उन्हें सता रहा था।

जिलू के साथ उनका रिश्ता चालीस सालों से भी अधिक समय का था। वर्षों पहले कन्फ्यूशियस ने भविष्यवाणी भी की थी, ''चू की मृत्यु स्वाभाविक रूप से नहीं होगी।'' उन्होंने सोचा कि उन्हें जिलू को वेई जाने से रोकना चाहिए था। जिलू हमेशा

साए की तरह उनके साथ रहा था। निर्वासन की लंबी अवधि में उसने आचार्य का साथ निभाया था। हुई की तरह जिलू भी हमेशा के लिए उन्हें छोड़कर जा चुका था।

कन्फ्यूशियस ने अध्यापन की तरफ ध्यान केंद्रित करने का प्रयास किया, मगर अब किसी चीज के प्रति उनके मन में लगाव नहीं रह गया था। माना जाता है कि जीवन के अंतिम वसंत में कन्फ्यूशियस ने अपने दिवंगत पुत्र के परिवार की तरफ ध्यान देना शुरू कर दिया था। उनका पोता जिसी उनके लिए लकड़ियों का इंतजाम करता था, ताकि वे अलाव जला सकें।

सर्दियों का मौसम शुरू होने से पहले कन्फ्यूशियस की तबीयत बिगड़ने लगी और शिष्यों को लगने लगा कि उनके आचार्य का अंतिम समय आ गया था। जिगोंग व्यवसाय के सिलसिले में बाहर गया था। कन्फ्यूशियस ने उसे बुलाने के लिए संदेशवाहक को भेज दिया। निर्वासन में साथ निभानेवाले शिष्यों में से केवल जिगोंग ही जीवित बचा हुआ था और आचार्य अंतिम समय में उससे मिलने के लिए बेताब थे।

दूसरे शिष्य आचार्य के पास जुट गए थे और वे आचार्य से अंतिम संदेश सुनना चाहते थे।

जेंगजी ने कहा, ''जब किसी पंछी का अंत करीब आ जाता है तो उसकी चहचहाहट में दर्द घुल जाता है। जब कोई मनुष्य मरने लगता है तो उसकी वाणी अनूठी हो जाती है।''

—एनालेक्ट्स 8:4

आचार्य ने किसी तरह कुछ शब्द कहे, जिन्हें जेंगजी ने लिख लिया।

कन्फ्यूशियस ने कहा, ''तुम्हारी आस्था अटूट रहनी चाहिए और ज्ञान के प्रति गहरा लगाव रहना चाहिए। अंतिम समय तक तुम्हें सही राह पर चलना चाहिए।''

—एनालेक्ट्स 8:13

आखिरकार जिगोंग लौटकर आ गया। कन्फ्यूशियस ने उसे देखकर कहा, ''तुमने आने में बहुत देर कर दी।'' दोनों रोने लगे। आचार्य ने कहा, ''मेरा अनुसरण किस तरह करना चाहिए, कोई भी नहीं जान पाया।''

''मैं आपका अनुसरण करूँगा, आचार्य। हम सभी आपका अनुसरण करेंगे।''

सात दिनों के बाद कन्फ्यूशियस का देहांत हो गया। उस समय उनकी उम्र तिहत्तर साल की थी। उनका देहांत ई.पू. 479 में हुआ था।

□

कन्फ्यूशियस की विरासत

शिष्यों ने कन्फ्यूशियस के शव को सी नदी के किनारे दफनाया। यह स्थान उनके विद्यालय से कुछ दूर उत्तर दिशा में था। अपने वादे के मुताबिक जिगोंग ने अंत्येष्टि की जिम्मेदारी निभाई। सादगीपूर्ण और शालीन माहौल में अंत्येष्टि हुई। कन्फ्यूशियस के सारे शिष्य इस अवसर पर उपस्थित थे। जिस तरह परिवार के मुखिया के गुजर जाने पर अनुष्ठान संपन्न किए जाते थे, उसी तरह के अनुष्ठान संपन्न किए गए।

सरकारी रूप से राजधानी की सड़कों पर कन्फ्यूशियस की शवयात्रा नहीं निकाली गई, जैसा कि एक पूर्व मंत्री के देहांत के बाद शवयात्रा निकालने का रिवाज प्रचलित था। सरकारी तौर पर पूरी तरह खामोशी नजर आ रही थी और इस बात का भी कोई उल्लेख नहीं मिलता कि अंत्येष्टि में कन्फ्यूशियस परिवार का कोई सदस्य शामिल हुआ था। हालाँकि कोंग परिवार (कन्फ्यूशियस के पुत्र बो यू के वंशज) के सदस्य बाद के वर्षों में कन्फ्यूशियस के साथ नाम जोड़ते हुए गर्व महसूस करने लगे, जब कन्फ्यूशियस की प्रसिद्धि काफी बढ़ चुकी थी। मगर अंत्येष्टि के समय कोंग परिवार ने शासक वर्ग की तरह यही माना कि तथाकथित संत महज एक विचित्र गुरु था, जो सही सोचवाले लोगों के लिए शर्मिंदगी की स्थिति पैदा करता था।

शासक वर्ग को लज्जित करने के लिए और कन्फ्यूशियस के प्रति उपेक्षापूर्ण बरताव की बात को ध्यान में रखते हुए जिगोंग ने कन्फ्यूशियस की समाधि के पास अपनी कुटिया बनाई और उसने ऐलान कर दिया कि जब तक सरकार उस स्थान पर कन्फ्यूशियस की स्मृति में स्मारक का निर्माण नहीं करती, तब तक वह वहीं रहेगा। शिष्यगण प्रतिदिन समाधि के पास श्रद्धा व्यक्त करने के लिए आते थे। इस तरह वे तीन वर्षों तक शोक मनाने का निश्चय कर चुका था।

जब एक साल गुजर गया और सरकार की तरफ से कन्फ्यूशियस की स्मृति की रक्षा के लिए किसी तरह का कदम नहीं उठाया गया, तब जिगोंग इस नतीजे पर पहुँचा

कि खामोशी के साथ शोक मनाने का वक्त पूरा हो चुका था। उसने कन्फ्यूशियस की पहली पुण्यतिथि के अवसर पर बड़े स्तर पर श्रद्धांजलि कार्यक्रम आयोजित करने का निर्णय लिया। इस अवसर पर उसने कन्फ्यूशियस के समाधि-स्थल पर एक समारोह का आयोजन किया। उसने कन्फ्यूशियस को किसी राज्य के दिवंगत शासक जैसा सम्मान देते हुए अंत्येष्टि क्रीड़ा और तीरंदाजी प्रतियोगिता का आयोजन किया। जिगोंग ने आयोजन का सारा खर्च स्वयं ही उठाया। हाल के वर्षों में उसे व्यापार में काफी सफलता मिली थी और वह अपनी संपत्ति का इस्तेमाल अपने आचार्य का प्रचार-प्रसार करने के लिए करना चाहता था।

जिगोंग एक अनुभवी व्यापारी था और उसे मालूम था कि निःशुल्क भोजन मुहैया कर अधिक-से-अधिक लोगों को किसी समारोह में उपस्थित होने के लिए प्रेरित किया जा सकता है। सीमा कियान ने लिखा है कि पुण्यतिथि के भोज की तरफ सैकड़ों लोग आकर्षित हुए थे। अतिथियों के रुकने के लिए जिगोंग की झोंपड़ी के पास कई झोंपड़ियों का निर्माण किया गया। इस तरह वहाँ एक बस्ती आबाद हो गई, जिसे बाद में लोग 'कन्फ्यूशियस ग्राम' कहकर पुकारने लगे। समारोह में सभी शिष्यों ने तीरंदाजी प्रतियोगिता में भाग लिया और परंपरागत रीति-रिवाजों के साथ आचार्य के प्रति श्रद्धांजलि व्यक्त की। समारोह इस कदर चर्चित और सफल हुआ कि लोग समारोह में भाग नहीं लेने के लिए राजा और मंत्रियों की आलोचना करने लगे। इस तरह शासक एई को अपना वक्तव्य पेश करने के लिए मजबूर होना पड़ा।

शासक ने जन-भावना को भाँप लिया और जनता के रोष से बचने के लिए उसने कन्फ्यूशियस के विद्यालय के पास कन्फ्यूशियस के भव्य स्मारक का निर्माण करवाया। स्मारक के उद्‌घाटन अवसर पर आयोजित कार्यक्रम में एई ने एक निहायत ऊबाऊ भाषण दिया। अपने भाषण के समय उसने पार्श्व संगीत का भी प्रबंध कर रखा था। उसने कहा—

''दयालु स्वर्ग, क्या तुम्हारे हृदय में दया नहीं है? बुजुर्ग संत चले गए जो मुझे उपदेश दे सकते थे! अब कौन मेरा बचाव कर पाएगा? मैं जो महान् और अनूठा हूँ, अकेला हो गया हूँ! शोक की हालत में मुझे पीड़ा का अनुभव हो रहा है! अब मेरे सामने ऐसा कोई बचा नहीं रह गया है, जिसे मैं अपना आदर्श मान सकूँ।''

भाषण सुनकर जिगोंग ने अपने शिष्यों से कहा, ''यह आदमी बकवास कर रहा है। जब कन्फ्यूशियस जीवित थे, तब एई ने उनसे किसी तरह की सलाह लेने की जरूरत नहीं समझी थी; मगर अब यह उन्हें अपना आदर्श बता रहा था। जो भी हो, आचार्य की स्मृति में कम-से-कम एक स्मारक बन गया था, जो सही दिशा में उठाया गया कदम था। शासक एई ने जिस स्मारक का निर्माण करवाया था, उसी को केंद्र में

रखते हुए विशाल कन्फ्यूशियस मंदिर परिसर का निर्माण किया गया, जो आज भी मौजूद है। हालाँकि मूल इमारत का वजूद काफी पहले मिट चुका है। शिष्यों ने कन्फ्यूशियस की समाधि के चारों तरफ वृक्षारोपण किया था, जो बाद में 'कन्फ्यूशियस वन' के नाम से मशहूर हुआ। आज भी वहाँ पेड़ों की कतारें देखी जा सकती हैं। इसी स्थान पर कन्फ्यूशियस के वंशजों की समाधि भी बनाई गई।

जब शोक के लिए निर्धारित तीन वर्ष की अवधि समाप्त हो गई, तब जिगोंग को छोड़कर दूसरे सारे शिष्य अपना-अपना कार्य करने में जुट गए। जेंगजी ने विद्यालय को नए सिरे से खोल दिया। सिया और जोगोंग अध्ययन करने में जुट गए और छात्रों को पढ़ाने भी लगे। कई पूर्व शिष्य सरकारी कर्मचारी के रूप में काम करने लगे। जिगोंग अपनी कुटिया में और तीन वर्षों तक मौजूद रहा। इस तरह उसने अपने आचार्य की स्मृति में छह वर्षों तक शोक मनाया। इस दौरान प्रत्येक वर्ष वह समाधि-स्थल पर पुण्यतिथि समारोह का आयोजन करता रहा। इस समारोह की लोकप्रियता काफी बढ़ती गई थी। जिगोंग को इस बात का संतोष था कि उनके आचार्य की विरासत लुप्त नहीं हो रही थी और उनके उपदेशों की प्रासंगिकता दिन-प्रतिदिन बढ़ती ही जा रही थी। छह वर्षों के बाद जिगोंग अपने स्वाभाविक जीवन क्षेत्र में लौट गया। जिगोंग ने कन्फ्यूशियस के समाधिस्थल पर जो पुण्यतिथि समारोह आयोजित करने की परंपरा शुरू की थी, वह हजारों वर्षों तक चलती रही और आज भी पुण्यतिथि के अवसर पर कूफू में समारोह का आयोजन किया जाता है। समाधि के पीछे जहाँ जिगोंग की कुटिया थी, उस स्थान को आज भी देखा जा सकता है। उसी स्थान पर उस वृक्ष का अवशेष भी मौजूद है, जिसके बारे में कहा जाता है कि जिगोंग ने अपने हाथों से उस वृक्ष को लगाया था।

जब आचार्य जीवित थे, उसी समय जिगोंग ने कूटनीतिज्ञ के रूप में काफी प्रतिष्ठा हासिल कर ली थी। जिगोंग ने अपनी बुद्धिमत्ता का परिचय देते हुए क्वी, लू और वेई प्रांतों के बीच शुरू होनेवाले युद्ध को रोक दिया था और शांति की बहाली की थी। उसके आचार्य ने हमेशा शांति का संदेश दिया था और इस संदेश पर अमल करते हुए जिगोंग अनवरत एक राजधानी से दूसरी राजधानी तक यात्रा करते हुए युद्ध के मुहाने पर खड़े शासकों के बीच सुलह करवाते रहते थे। युद्ध को टालकर उसने हजारों जिंदगियाँ बचा ली थीं। कन्फ्यूशियस के जीवनकाल में उसके उपदेशों पर अधिक अमल नहीं हो पाया था और इस मामले में उनके शिष्य जिगोंग ने उल्लेखनीय भूमिका निभाते हुए अपने आचार्य के उपदेशों को वास्तविकता के धरातल पर उतारने में कामयाबी हासिल की थी। अन्य शिष्यों की तरह उसने आचार्य के उपदेशों के आधार पर पुस्तकों की रचना नहीं की थी। इसकी जगह उसने अपने आचार्य के उपदेशों पर अच्छी तरह अमल करने का प्रयास किया था। जिगोंग को कन्फ्यूशियस का वाचाल और चंचल शिष्य माना

जाता था, जो उनके अंतरंग सहयोगी और विचारों के प्रचारक की भूमिका निभाता रहा और जिसने आचार्य की स्मृति को बचाकर रखने का संकल्प लेते हुए ठोस कदम उठाए। अगर मरने के बाद भी कन्फ्यूशियस की स्मृति अनवरत जीवंत बनी रही तो इसके पीछे जिगोंग के असाधारण व्यक्तित्व को हरगिज भुलाया नहीं जा सकता।

दूसरे कई शिष्य आचार्य से संबंधित संस्मरण लिखने में जुट गए थे। जल्द ही 'जेंगजी की पुस्तक' और 'झोंगोंग की पुस्तक' सामने आईं। उन पुस्तकों में कन्फ्यूशियस के उपदेशों का संकलन किया गया था। बाद में इनमें से कई सूक्तियों को 'एनालेक्ट्स' में सम्मिलित किया गया।

कन्फ्यूशियस के देहांत के लगभग दस साल बाद उनका पोता जिसी जेंगजी का शिष्य बन गया। जिसी के रिश्तेदार नहीं चाहते थे कि वह संत बनने की राह पर कदम बढ़ाए, मगर उसने उनके विरोध की परवाह नहीं की। जल्द ही जिसी ने विद्यालय का दायित्व भी सँभाल लिया और अब विद्यालय 'जिसी के विद्यालय' के नाम से मशहूर हो गया। जिसी ने स्वयं कई पुस्तकों की रचना की। उसने अपने दादा के बिखरे हुए उपदेशों और विचारों को सुसंगत तरीके से संकलित करने का प्रयास किया। जिसी के प्रयास के चलते कन्फ्यूशियस के विचारों का काफी प्रचार-प्रसार हुआ। उस युग की कई समाधियों में जिसी रचित पुस्तकों की प्रतियाँ प्राप्त हुई हैं। कई कन्फ्यूशियसवादी साहित्यकारों ने जिसी की पुस्तकों का उद्धरण दिया है। लेकिन कई शताब्दी बाद कन्फ्यूशियस के विचारों को विकृत करते हुए जिस संकीर्ण कन्फ्यूशियसवाद का जन्म हुआ, माना जाता है कि उस विकृति की शुरुआत अनजाने में ही सही, कन्फ्यूशियस के पोते ने कर दी थी।

इसके पीछे अहम वजह यही थी कि कन्फ्यूशियस के विचारों को किसी प्रचलित प्रणाली के अंग के रूप में प्रस्तुत नहीं किया जा सकता। जब भी इस तरह का प्रयास किया गया तो स्वाभाविक रूप से विचारों को विकृत बनाने का प्रयास भी किया गया। उदाहरण के तौर पर, हम कह सकते हैं कि कन्फ्यूशियस ने भी स्पष्ट रूप से सही और गलत को परिभाषित नहीं किया। उन्होंने इसका निर्णय व्यक्ति के विवेक पर छोड़ दिया। जब आप सही और गलत की सूची बनाने की कोशिश करते हैं तो वर्णन में ही आपका मूल उद्देश्य गुम होकर रह जाता है।

कन्फ्यूशियस ने कहा, "मेरा मार्ग एक धागा की सहायता से ही प्रशस्त हुआ है।"

जेंगजी ने कहा, "हाँ।"

जब आचार्य चले गए तब कुछ शिष्यों ने अर्थ बताने के लिए कहा। जेंगजी ने कहा, "हमारे आचार्य का मार्ग निष्ठा और निष्पक्षता का मार्ग है।"

—एनालेक्ट्स 4:15

कोई भी चीज बहुत आसान नहीं हो सकती, जैसा जिसी के शिक्षक जेंगसी ने कहा। जो सबसे आसान है, वही जीवन का सुनहरा नियम है।

"जो बरताव आप दूसरों से नहीं चाहते, वैसा बरताव दूसरों के साथ न करें।"

—*एनालेक्ट्स 12:2*

जेंगसी ने 'महान् उपदेश' नामक एक पुस्तक की रचना की, जिसे कुछ विद्वान् कन्फ्यूशियस की पुस्तक मानते रहे हैं, जबकि सच्चाई यही है कि कन्फ्यूशियस ने अपने उपदेशों को लिखित स्वरूप प्रदान करने का प्रयास नहीं किया था। 'महान् उपदेश' में कन्फ्यूशियस के विचारों के निचोड़ को प्रस्तुत किया गया है। उसमें बताया गया है कि मानव जीवन का लक्ष्य विश्व-शांति स्थापित करना है और ऐसा ईश्वर के हस्तक्षेप से संभव नहीं हो सकता, बल्कि यह मनुष्य के अपने आचरण पर निर्भर करता है।

□

कन्फ्यूशियस के विचार

कन्फ्यूशियस ने जीवन के सभी पहलुओं पर अपने विचार प्रकट करके एक सर्वांग व संपूर्ण-दर्शन का प्रतिपादन किया है। मानव के आचरण के अंतर्गत उसकी कल्पनाशीलता, रचनात्मकता, कलात्मकता, सुरुचि, आकांक्षा और आस्था के जितने भी रूप अभिव्यक्ति पा सकते हैं, वे सभी उनके चिंतन के अंग हैं। उन्होंने जीवन के पूर्ण रूप की परिकल्पना में समस्त विविधताओं को समेट लिया है।

वे कहते हैं—

कविता के साथ उठो!
औचित्य में स्थित रहो!
संगीत के साथ विकास करो!

कविता

वे जब कहते हैं कि कविता के साथ उठो, तो वे मानव के उत्थान में संवेदनशीलता और सहृदयता की महत्ता को स्वयं ही स्थापित कर देते हैं। कविता के साथ उठने का अर्थ है—भावना के साथ शुरू करना। भावना ही जीवन को रसमयता प्रदान करती है।

कन्फ्यूशियस का यह भी कहना है कि मनुष्य केवल रोटी के लिए नहीं जीता। वह कविता के प्रत्येक शब्द के साथ दिव्यत्व का अनुभव करता है। उनकी दृष्टि में 'कविता' बड़ा व्यापक और अर्थगर्भित शब्द है। रोटी मनुष्य की भौतिक आवश्यकता है, कविता मानसिक। दोनों ही हमारे जीवन के लिए महत्त्वपूर्ण हैं।

कविता की पुस्तक 'शी चिड' को वे पवित्र ग्रंथ मानते हैं। वे उन कविताओं के नियमित पाठ को मनुष्य की अंतरात्मा के परिष्कार के लिए अनिवार्य मानते हैं। अपने वक्तव्यों में भी वे जगह-जगह इन कविताओं का उदाहरण देकर अपने कथन को पुष्ट करते देखे जाते हैं।

औचित्य

उनका दूसरा सूत्र है—औचित्य में प्रस्थित रहो। उनका कहना है कि स्थित रहने, बने रहने या स्थायित्व के लिए औचित्य का निर्वाह अत्यंत आवश्यक है। औचित्य का अर्थ है—उचित से युक्त, अर्थात् कोई भी व्यक्ति या वस्तु, भाव, विचार आदि जैसा स्वाभाविक है, प्रकृत है, वैसा ही रहे और उस स्वाभाविकता में मनुष्य का जीवन स्थित रहे। मनुष्य का मस्तिष्क कविता से आविर्भूत या क्रियाशील होकर औचित्य से ही मर्यादित होता है।

वे कहते हैं, ''औचित्य न हो तो किसी का आदर-सम्मान एक व्यर्थ के झमेले में बदल जाता है। औचित्य न हो तो सावधानी कायरता में बदल जाती है। औचित्य न हो तो साहस उद्दंडता में बदल जाता है। औचित्य न हो तो स्पष्टवादिता अक्खड़पन में बदल जाती है।''

उन्होंने सभी पारिवारिक तथा सामाजिक लोकाचारों में औचित्य के विषय में निश्चित सिद्धांतों का निर्धारण किया है। वे कहते हैं, ''दूसरे के प्राण लेते समय भी औचित्य का पालन करो।'' इसका कारण यह है कि 'जो मनुष्य औचित्य में स्थित है, वह सभी प्रकार से सुरक्षित है और जिसने इसका नियम भंग कर दिया हो, उसके लिए खतरा-ही-खतरा है।'

संगीत

उनका तीसरा सूत्र है—संगीत के साथ विकास करो। चीन की प्राचीन संस्कृति में संगीत को मनुष्य के आध्यात्मिक जीवन का अभिन्न अंग माना जाता था। वहाँ के व्यक्तिगत जीवन से लेकर सामाजिक जीवन के अनेक रूपों में संगीतमय अनुष्ठानों का बहुत महत्त्व है।

कन्फ्यूशियस का नैतिकतावादी दर्शन जीवन की सरसता का निषेध नहीं करता। वह मनुष्य को वीतरागी, निवृत्ति मार्गी या साधु-संत नहीं बनाना चाहता। वह जीवन के निषेध के स्थान पर उसकी स्वीकृति का पक्षधर है। वह जीवन को सार्थक ही नहीं, उल्लासमय भी बनाना चाहता है।

कविता द्वारा मस्तिष्क सचेत होता है। औचित्य के पालन द्वारा चरित्र की स्थापना होती है। संगीत द्वारा वस्तुओं को पूर्णता की प्राप्ति होती है।

संगीत और स्वर समानधर्मी हैं; किंतु पर्यायवाची नहीं हो सकते। संगीत की प्रत्येक स्वर-लहरी मनुष्य के मन से उभरती है। जब मन में अनुभूतियों की हलचल जागती है, तभी संगीतज्ञ की तान जन्म लेती है। मन और संगीत का एकाकार हो जाना ही लय उत्पन्न करता है। संगीत के माध्यम से मन को उसकी सहज अवस्था में रखा जा सकता है।

मनुष्य के जीवन को संचालित करनेवाले बाहरी तत्त्वों का कोई अंत नहीं है। यदि उसकी रुचि और अरुचि संयमित नहीं है तो ये बाह्य तत्त्व उस पर मनमाने ढंग से हावी हो जाते हैं। परिणामस्वरूप वह अपने हृदय में स्थित दैवी विधान का गला घोंटकर उच्छृंखल वासनाओं का शिकार हो जाता है तथा लोगों का कपटी व विद्रोही मन और अनैतिक तथा हिंसक आचरण सतह पर आ जाता है। जो बलवान् है वह दुर्बल को दबाने लगता है; जो चतुर है, वह निरीह पर रोब जमाने लगता है और जो साहसी है, वह भीरु का जीना दुश्वार कर देता है। रोगी की शुश्रूषा नहीं की जाती। बूढ़े, बच्चे, अनाथ और एकाकी जन उपेक्षित पड़े रहते हैं। मन को साधने का प्रयत्न न किया जाए तो इसी प्रकार की विश्वव्यापी अराजकता फैल जाती है।

संगीत का लक्ष्य एका और समन्वय उत्पन्न करना है। शिष्टाचार का लक्ष्य विशिष्टता और बड़े-छोटे का लिहाज उत्पन्न करना है। एकता से पारस्परिक सद्‌भाव की वृद्धि होती है और शिष्टाचार से पारस्परिक सम्मान की। अत: यदि संगीत पूर्णता पा जाए तो मानसिक असंतोष का निवारण होगा। ये दोनों मिलकर भावनात्मक सामंजस्य और आचरण की गरिमा को जन्म देते हैं। इनका समन्वय हो जाए तो सामान्य लोगों का हिंसात्मक उत्पीड़न बंद हो जाएगा। शासक लोग दरबार में अतिथि की तरह प्रवेश करने लगेंगे। युद्ध में हथियारों के इस्तेमाल का अवसर नहीं आएगा। पाँच प्रकार के दंडों का प्रयोजन समाप्त हो जाएगा। आम आदमी की सारी शिकायतें मिट जाएँगी और स्वर्ग के पुत्र (शासक) को क्रोध करने का कोई कारण नजर नहीं आएगा। ऐसी ही वस्तु-स्थिति को सार्वभौमिक संगीत की अवस्था कहा जा सकता है।

जानना और सीखना

कन्फ्यूशियस जानने और सीखने की प्रक्रिया को निरंतर गतिशील रखने की प्रेरणा देते हैं। इस प्रक्रिया में वे शब्द की महत्ता को पहचानना जरूरी समझते हैं। वे कहते हैं, ''शब्दों की शक्ति को समझे बिना मनुष्य को समझ पाना असंभव है।''

जानने और सीखने की आकांक्षा के अभाव को वे उस धुँधलिका के रूप में देखते हैं, जो मनुष्य की चेतना को आच्छादित करके उसे पथभ्रष्ट कर देती है। उन्होंने छह प्रकार की धुँधलिकाओं का वर्णन किया है—

''जब किसी मनुष्य में सीखने की चाह न होकर परोपकारी बनने की चाह हो, तो यह धुँधलिका उसे मूर्खतापूर्ण साधारणता की ओर ले जाती है। यदि उसमें सीखने की चाह न होकर ज्ञानी बनने की चाह हो तो यह धुँधलिका उसे परिणाम के प्रति असावधानी बरतने की घातकता की ओर ले जाती है। यदि उसमें सीखने की चाह न होकर स्पष्टवादी बनने की चाह हो तो यह धुँधलिका उसे उद्‌दंडता की ओर ले जाती है। यदि उसमें

सीखने की चाह न होकर निर्भीक बनने की चाह हो तो यह धुँधलिका उसे अविनय की ओर ले जाती है। यदि उसमें सीखने की चाह न होकर दृढ़ बनने की चाह हो तो वह धुँधलिका उसे अक्खड़ आचरण की ओर ले जाती है।

"सीखने की तुलना मिट्टी का टीला बनाने की प्रक्रिया से की जा सकती है। यदि मेरे एक टोकरी मिट्टी डाल देने मात्र से यह टीला बनकर समाप्त हो जाने वाला था और मैंने ही इसमें कोताही कर दी तो अपने काम में रुकावट पैदा करने के लिए मैं ही दोषी हूँ। ऐसी कोताही में और टीले को नष्ट करके समतल बना देने में कोई अंतर नहीं है। यदि मैं एक-एक टोकरी मिट्टी लगातार डालता जाऊँ तो टीले के बनने के साथ-साथ वह मेरे अपने कार्य की प्रगति भी है।

"तुम जानना चाहते हो कि ज्ञान क्या है? जब तुम किसी बात को जानते हो और आत्म-विश्वास के साथ कहो कि तुम जानते हो और जब तुम किसी बात को नहीं जानते हो और सरल भाव से यह स्वीकार कर लो कि तुम नहीं जानते हो, तो वही ज्ञान है।

"यदि कोई प्रतिभाशाली और गुणी व्यक्ति शिक्षा प्राप्त करने की कठिनाइयों व सरलताओं से परिचित हो और शिक्षा प्राप्त करने के लाभ और हानि से परिचित हो, तो वह शिक्षण की विधियों को तदनुसार अनुकूलित कर सकता है। जो शिक्षण की विधियों को सही ढंग से अपना सकता है, वही सच्चा गुरु है।

"शिक्षा प्राप्त करना और फिर जो कुछ सीखा है, उसका सही उपयोग करना, क्या ऐसा करते हुए आत्मसंतोष नहीं मिलता?

"जो उच्चतर बुद्धि का स्वामी है, जो भोजन करते समय पेट को ठूँस-ठूँसकर भरने का लोभ नहीं करता, जो कर्म करते समय सचेष्ट रहता है और बोलते समय सावधान रहता है, जो उच्च आदर्शों का पालन करनेवालों का अनुगामी है और इस प्रकार अपने सदाचार में स्थिर रहता है, वही निष्ठावान् शिष्य कहलाने का अधिकारी है।

"मैं दिन भर बिना खाए रह गया और सारी रात सोया नहीं। मैं केवल विचारों में खोया रह गया। उससे कोई लाभ न हुआ। सीखने की कोशिश करना इससे बेहतर योजना है। विचार के अभाव में शिक्षा व्यर्थ का भटकाव है। शिक्षा के अभाव में विचार खतरे को आमंत्रित करता है।"

राज्य और सरकार

त्से-चांग के यह पूछने पर कि कोई अधिकारी किस प्रकार से शासन की उचित व्यवस्था कर सकता है? उन्होंने उत्तर दिया, "उसे चाहिए कि वह पाँच अच्छी बातों को अपनाए और चार बुरी बातों का त्याग कर दे। फिजूलखर्ची न करते हुए जन-कल्याण

करना, लोगों को ऐसे कार्य सौंपना, जिन्हें करने में उन्हें परेशानी और शिकायत न हो, धन-लोलुपता से बचकर अपनी इच्छा-पूर्ति का उद्यम करना, अहंकार जताए बिना गरिमा-युक्त आचरण करना और क्रूर हुए बिना अपनी शान को बनाए रखना—ये पाँच अच्छी बातें हैं। अपने अधीन काम करनेवालों के प्रति क्रूरता दिखाना, उनका दमन करना, उन्हें हानि पहुँचाना तथा उन्हें पुरस्कार देने में कंजूसी करना—ये चार बुरी बातें हैं।

"सुनो अधिक और ऐसे विषयों पर मत बोलो, जिनके बारे में तुम्हें कुछ संदेह है और दूसरों के संबंध में बोलते हुए सावधानी से काम लो, तब तुमसे बहुत कम गलतियाँ होंगी। शासन-प्रबंध के लिए जो तमाम रास्ते अपनाए जा रहे हैं, उनमें से जिनमें खतरे की संभावना है, उनसे बचो और सावधानी से दूसरे रास्तों को अपनाओ। तब तुम्हें किसी मौके पर पछताना नहीं पड़ेगा। जब तुम्हारे वचनों में कम-से-कम गलतियाँ होंगी और तुम्हारे काम करने के तरीके में कम-से-कम खेदजनक बातें होंगी, तब तुम निश्चय ही सम्मान के अधिकारी होगे।"

त्से-कुंग ने सरकार को चलाने का उचित उपाय पूछा। आचार्य ने कहा, "इसके लिए तीन चीजों का होना अनिवार्य है—पर्याप्त अन्न, पर्याप्त हथियार और जनता का विश्वास।"

"किंतु," शिष्य ने कहा, "यदि तीनों चीजें पूरी न हो सकें और एक का त्याग करना पड़े तो आप सबसे पहले किसका त्याग करेंगे?"

"हथियारों का।" आचार्य ने कहा।

"और यदि बाकी बची दो चीजों में से एक चीज का त्याग करना पड़े तो आप किसका त्याग करेंगे?"

"अन्न का।" उन्होंने कहा, "मृत्यु तो अनंत काल से मनुष्य के जीवन का अनिवार्य अंग है। जनता के विश्वास के बिना कुछ भी कायम नहीं रह सकता।"

ची-कांग के राज्य में चोरों की संख्या बहुत बढ़ गई थी। उसने कन्फ्यूशियस से सलाह माँगी तो वे बोले, "यदि तुम धन-लोलुपता से मुक्त होते तो इन चोरों को पुरस्कार तक देने को राजी होते। तब कोई चोरी न करता।"

ची-कांग ने पूछा, "मान लीजिए कि मुझे कुछ उत्पाती व्यक्तियों को इसलिए मृत्युदंड देना पड़ता है, ताकि शालीन व्यक्तियों के सद्‌गुणों को प्रोत्साहन मिल सके तो आप क्या कहेंगे?"

कन्फ्यूशियस ने कहा, "व्यवस्था चलाने के लिए मृत्युदंड की नौबत क्यों आनी चाहिए? यदि तुम अच्छाई का रास्ता पकड़ लो तो निस्संदेह लोग भी अच्छे बनेंगे। ऊँचे और नीचे का संबंध हवा और दूब के संबंध की तरह होता है। हवा के चलने पर दूब अपने आप झुक जाती है।"

व्यावहारिक बुद्धि

''ऐसे व्यक्ति से बात न करना, जिससे तुम्हें बात करनी चाहिए, उस व्यक्ति की आत्मीयता को गँवा देना है। ऐसे व्यक्ति से बात करना, जिससे तुम्हें बात नहीं करनी चाहिए, अपने शब्दों के गौरव को गँवा देना है। बुद्धिमान व्यक्ति न तो व्यक्ति की आत्मीयता को गँवाने में विश्वास रखता है और न अपने शब्दों के गौरव को।''

''स्वयं उदार रहो और दूसरों से बहुत कम की उपेक्षा रखो, तब कोई तुमसे असंतुष्ट नहीं रहेगा।''

किसी ने पूछा, ''कोई हमारे साथ बुराई करे तो हमें उसका बदला भलाई से देना चाहिए?''

कन्फ्यूशियस ने कहा, ''फिर भलाई का बदला किस चीज से दोगे? बुराई का बदला न्याय से और भलाई का बदला भलाई से दिया जाना चाहिए।''

''तीन प्रकार के आनंद लाभदायक होते हैं और तीन प्रकार के आनंद हानिकारक। अनुष्ठानों और संगीत के रसास्वादन में, दूसरों के सद्‌गुणों की प्रशंसा करने में और अनेक योग्य तथा बुद्धिमान मित्र बनाने में आनंद प्राप्त करना लाभदायक होता है। पाशविक और उद्‌दाम क्रीड़ाओं में, बेफिक्रीभरी निष्क्रियता में और दावत के हंगामों में आनंद लेना हानिकारक होता है।''

''अपने से श्रेष्ठ व्यक्ति से बातचीत करते समय तीन तरह की गलतियाँ नहीं करनी चाहिए—बोलने का अवसर दिए जाने से पहले ही बोलने लगना, जिसे मैं अनुचित जल्दबाजी कहूँगा। बोलने का अवसर आने पर न बोलना, जिसे मैं सत्य को छिपाना कहूँगा और श्रेष्ठ व्यक्ति की मन:स्थिति का अनुमान लगाए बिना ही बोलना, जिसे मैं अक्ल का अंधापन कहूँगा।''

''कोई परिश्रमी होते हुए भी ईमानदार न हो, समझदार होते हुए भी बात को ध्यान से सुनने की कोशिश न करता हो, सीधा होते हुए भी सच्चा न हो—ऐसे लोगों को मैं कभी समझ नहीं पाया।''

''किसी अज्ञानी को खुद फैसला करने का शौक रखने दो, किसी निम्न पद के व्यक्ति को बड़े-बड़े निर्देश देने का शौक रखने दो, किसी समकालीन व्यक्ति को आदि तौर-तरीकों की तरफ लौट जाने का शौक रखने दो—इन सब बातों से निश्चय ही सर्वनाश होता है!''

''तुच्छ व्यक्ति समझता है कि छोटे-छोटे अच्छे काम कर देने से किसी का भला नहीं होता, इसलिए वह अच्छे काम नहीं करता। वह समझता है कि छोटे-छोटे बुरे काम कर देने से किसी का बुरा नहीं होता, इसलिए वह बुरे कामों का त्याग नहीं करता। अत: उसकी नीचता इतनी बढ़ जाती है कि उसे न देख पाना असंभव हो जाता है और उसका

अपराध इतना बढ़ जाता है कि उसे क्षमा कर पाना असंभव हो जाता है।"

"जो व्यक्ति जीवित मनुष्य की सेवा नहीं करता, वह प्रेतों और मृतात्माओं की क्या सेवा करेगा!"

"जो व्यक्ति जीवन को नहीं समझता, वह मृत्यु को क्या समझेगा?"

"बुद्धिमत्ता ज्ञान और व्यवहार के बीच संतुलन बनाने की शक्ति है।"

"सत्य और असत्य में भेद करनेवाली शक्ति का नाम बुद्धि है।"

मनुष्यता

"भाईचारे की भावना से एक-दूसरे का आदर करना मनुष्यता है।"

"मनुष्यता दूसरे मनुष्य के आंतरिक गुणों को अभिव्यक्त कराने में है। संस्कारशील व्यक्ति को मनुष्यता से परिपूर्ण होना चाहिए। यदि तुममें मनुष्यता नहीं है तो धर्म, परंपरा और शिक्षा सब व्यर्थ है।"

"जब तुम दूसरों के संपर्क में आओ तो प्रत्येक व्यक्ति के साथ ऐसा व्यवहार करो, मानो तुम किसी अतिथि का स्वागत कर रहे हो। किसी से काम लो तो ऐसा व्यवहार करो, मानो तुम किसी पवित्र बलिदान के अनुष्ठान में उसके सहायक हो। दूसरे व्यक्ति के प्रति ऐसा कर्म न करो, जो अपने प्रति दूसरों से न चाहते हो। ऐसा करने से न समाज में किसी को तुमसे कोई शिकायत होगी और न परिवार में।"

"दूसरों का काम करनेवाला और दूसरों की समस्याएँ सुलझानेवाला केवल मानवीय ही नहीं होता, वह संत होता है।"

"दूसरों को स्थापित करनेवाला सच्चा मनुष्य होता है।"

"दूसरों को सफल बनानेवाला सच्चा मनुष्य होता है।"

"दूसरों को निपुण बनानेवाला सच्चा मनुष्य होता है।"

नैतिकता

"केवल एक वृक्ष को काट डालना या बेमौसम केवल एक पशु को मार डालना पितृभक्ति के नियम के प्रतिकूल है। तीन हजार अपराधों के लिए पाँच प्रकार के दंडों का विधान है; लेकिन पितृद्रोह से बड़ा कोई अपराध नहीं है।"

"तीरंदाजी करनेवाला प्राय: नीतिपरायण व्यक्ति के सिद्धांत का अनुकरण कर रहा होता है। यदि उसका तीर ठीक निशाने पर नहीं लगता तो वह अपनी असफलता का कारण खोजने के लिए पीछे पलटकर देखता है और फिर उसे अपने अंदर ही तलाश करता है।"

"सदाचारी लोग हमेशा सीधी बात कहते हैं। किंतु सीधी बात कहनेवाले सभी

लोग सदाचारी भी हों, यह जरूरी नहीं है। नीतिपरायण लोग हमेशा निर्भीक होते हैं; किंतु सभी निर्भीक लोग नीतिपरायण भी हों, यह जरूरी नहीं है।''

''उस व्यक्ति की दशा सर्वथा शोचनीय है, जो दिन भर कुछ-न-कुछ खाता ही रहता है, किंतु अपने दिमाग का कहीं भी इस्तेमाल नहीं करता। क्या दुनिया में शतरंज के खिलाड़ी और जुआरी नहीं होते? इनमें से एक होना भी बिलकुल कुछ न करने से कहीं अच्छा है।''

''दृढ़ प्रतिज्ञ, सहनशील, सरल और विनम्र होना ही सद्‌गुणी होना है।''

''जिस काम को उचित समझते हो, उसे पूरा किए बिना छोड़ देना नैतिक कायरता है।''

''अच्छे दिखनेवाले शब्द और आकृतियाँ सद्‌गुण से संबंधित नहीं होतीं। मुझे उन लोगों से घृणा है, जो अपनी तेज और असंयमित जबान के कारण राज्यों व परिवारों के विघटन और पतन का कारण बनते हैं। मुझे मौन रहना अधिक अच्छा लगता है।''

मित्रता

''अच्छी मित्रता मनुष्य के लिए आग और पानी से भी ज्यादा जरूरी है। मैंने लोगों को आग और पानी में प्रवेश करके मरते हुए देखा है; लेकिन आज तक यह नहीं देखा कि कोई अच्छी मित्रता के रास्ते पर कदम रखे और मर जाए।''

''तीन मित्रताएँ लाभदायक और तीन हानिकारक होती हैं। ईमानदार, भरोसेमंद और अनुभवी व्यक्ति की मित्रता से लाभ होता है। कपट भरी कुटिलता, मक्कारी भरी विनम्रता और चतुराई भरी मधुर वाणी रखनेवालों की मित्रता हानिकारक होती है।''

''ऐसे व्यक्ति को मित्र न बनाओ, जो तुम्हारी बराबरी का न हो।''

''वफादारी और निष्ठा को प्रथम महत्त्व के सिद्धांत मानो।''

''अपने मित्रों और भाइयों के प्रति निष्ठा व विनम्रता का आचरण करो।''

भद्रता

त्से लू ने उनसे पूछा, ''भद्र व्यक्ति में कौन सी विशिष्टताएँ होती हैं?''

आचार्य ने कहा, ''सही अर्थों में भद्र व्यक्ति वह कहलाएगा, जो अपने उद्देश्य के प्रति गंभीर हो, जो अपनी भावनाओं पर नियंत्रण रखने का अभ्यस्त हो और जिसका आचरण आनंदप्रद हो। वह अपने मित्रों और सहयोगियों के बीच गंभीरता व आत्म-नियंत्रण का निर्वाह कर सके और कुटुंब में आनंदप्रद आचरण तो उसे भद्र कहेंगे।

एक बार वह अपने शिष्यों के साथ चि न प्रदेश में निवास कर रहे थे। वहाँ भयानक अकाल पड़ा। चारों तरफ भुखमरी फैल गई। कन्फ्यूशियस समेत सभी लोग

इतने बीमार और कमजोर हो गए कि अपने पैरों पर खड़े होना भी कठिन था। त्से लू ने क्षुब्ध होकर कहा, "और क्या भद्र व्यक्ति को भुखमरी भी सहनी पड़ती है?"

आचार्य ने कहा, "यदि वह सचमुच भद्र है तो अविचल भाव से सबकुछ सह लेगा। साधारण व्यक्ति विपत्ति आने पर टूट जाता है।"

त्से कुंग ने पूछा, "भद्र व्यक्ति किन बातों को नापसंद करता है?"

आचार्य ने कहा, "वह उन्हें नापसंद करता है, जो बहुत बढ़-चढ़कर दूसरों की बुराई करते हैं। वह उन्हें नापसंद करता है, जो अपने से श्रेष्ठ लोगों के विषय में अपमानजनक शब्दों का प्रयोग करते हैं। वह उन्हें नापसंद करता है, जो बहादुर होते हुए भी औचित्य का ध्यान नहीं रखते और वह उन्हें नापसंद करता है, जो अपनी अल्प बुद्धि के कारण जल्दबाजी में फैसला करके किसी काम में कूद पड़ते हैं।"

तब आचार्य ने त्से कुंग से पूछा, "और तुम किसे नापसंद करते हो?"

त्से कुंग ने कहा, "मैं उन लोगों को नापसंद करता हूँ, जो चुराए गए साहित्य को अपना घोषित करके बुद्धिमान होने का ढोंग करना चाहते हैं। मैं उन लोगों को नापसंद करता हूँ जो विनम्रता के अभाव को ही अपनी बहादुरी के रूप में प्रस्तुत करना चाहते हैं। मैं उन लोगों को नापसंद करता हूँ, जो दूसरों के गुप्त भेद खोलने के विश्वासघात को ही अपनी ईमानदारी के रूप में प्रस्तुत करना चाहते हैं।"

पारिवारिक जीवन

कविता की पुस्तक में कहा गया है, पत्नी और बच्चों के साथ प्रेमपूर्वक रहना बाँसुरी और सारंगी के संगीत की तरह है। जब भाइयों में प्रेम हो तो यह सामंजस्य आनंददायक और सुखद होता है। कन्फ्यूशियस कहते हैं, "इसी प्रकार तुम्हें भी अपने परिवार का संयोजन करके पत्नी और बच्चों सहित सुख पाना चाहिए।"

"श्रेष्ठ व्यक्ति के माता-पिता जब तक जीवित हैं, तब तक वह आदरपूर्वक उनकी सेवा करता है। उनकी मृत्यु के बाद वह श्रद्धा सहित उनके नाम से पवित्र बलिदान करता है। अपने जीवन के अंतिम क्षण तक वह यही सोचता है कि मैं किसी भी रूप में उनका अनादर न करूँ।"

"स्वर्ग ने प्रकृति के जितने भी तत्त्व बनाए हैं, उनमें मनुष्य सबसे महान् है। मनुष्य जितने भी कार्य करता है, उसमें माता-पिता की सेवा का कर्म सबसे महान् है। माता-पिता के प्रति सेवाभाव में पितृश्रद्धा का भाव सबसे महान् है। पितृश्रद्धा के अनेक रूपों में पिता को स्वर्ग तुल्य समझने की धारणा सबसे महान् है।"

"माता-पिता का सम्मान स्वर्ग का चिरंतन विधान, पृथ्वी का धर्म और मानव का व्यावहारिक कर्तव्य है। स्वर्ग ने जो कुछ भी रचा है और जिसका भी पोषण किया है,

उसमें मानव से बढ़कर कुछ नहीं। माता-पिता मानव के अविकृत और अविच्छिन्न शरीर के जन्मदाता हैं, अत: उसी शरीर से उन्हें सबकुछ लौटा देना ही मातृभक्ति और पितृभक्ति कहलाता है।''

''प्यार की भावना माता-पिता की गोद में विकास पाती है और जैसे-जैसे उनकी सेवा की जाती है, यह आदर की भावना में लीन होती जाती है। मनीषियों ने इसी आदर को दृष्टि में रखकर आस्था और इसी प्यार को दृष्टि में रखकर प्रेम की व्याख्या की है। मनीषियों की शिक्षा ने जिस परिवार-व्यवस्था का विधान किया, वह कठोर हुए बिना ही सफल सिद्ध हुई और जिस शासन व्यवस्था का विधान किया, वह पीड़ादायक हुए बिना ही प्रभावी सिद्ध हुई। कारण यह है कि उन्होंने अपने चिंतन का प्रारंभ मूल विषय से किया था।''

पुत्र

''युवा पीढ़ी को सम्मान की दृष्टि से देखना चाहिए। हम यह कैसे कह सकते हैं कि उसका भविष्य हमारे वर्तमान जैसा नहीं होगा।''

''माता-पिता की सेवा करते समय यदि कोई विवाद उत्पन्न हो जाए तो उनका विरोध भी कर सकते हो, किंतु अपनी बात विनम्रता से कहो। यदि देखो कि वे तुम्हारे परामर्श पर ध्यान नहीं देते तो उनके प्रति पहले से अधिक आदर दिखाओ, किंतु उनकी सेवा करना बंद मत कर दो। यदि वे तुम्हें दंड भी दें तो बड़बड़ाओ मत।''

''जब तक माता-पिता जीवित हैं, तब तक पुत्र को उनकी संपत्ति पर अपना अधिकार नहीं समझना चाहिए और न ही उस संपत्ति के किसी अंश को अपने उपयोग में लाना चाहिए।''

''पुत्र घर से बाहर जाते समय बताकर जाए और वापस लौटने पर माता-पिता के सामने उपस्थित हो। वह कहाँ गया था, इसकी ठीक-ठीक जानकारी उन्हें मिलनी चाहिए।''

''तुम्हारे माता-पिता यद्यपि जीवित न भी हों, तो भी तुम कोई अच्छा काम शुरू करने से पहले हमेशा यह सोचो कि इससे उनका नाम रोशन होगा। ऐसा करके तुम अपने लक्ष्य से जुड़ जाओगे और बुरा काम शुरू करने से पहले भी हमेशा यह सोचो कि इससे उनके नाम को कलंक लगेगा। ऐसा करके तुम स्वयं ही उस लक्ष्य से विमुख हो जाओगे।''

नारी

''अंत:पुर से कोई भी आदेश बाहर नहीं आना चाहिए। नारी का कर्तव्य भोजन व

मदिरा को तैयार करना और उसे परोसना है। उसे अपनी इच्छा से कोई कदम नहीं उठाना चाहिए। घर की दहलीज से बाहर उसके गुण या दोष की चर्चा नहीं पहुँचनी चाहिए।''

''नारी को अपने सास-ससुर की सेवा इस प्रकार करनी चाहिए, जैसे वे उसी के माता-पिता हों।''

''पुरुष स्वर्ग का प्रतिनिधि है और सर्वोपरि है। नारी उसकी आज्ञाकारिणी होती है तथा समस्त धर्मों में उसकी सहायिका होती है। किसी भी हालत में वह अपने विषय में कोई निर्णय नहीं ले सकती। वह तीन प्रकार की आज्ञाकारिता के विधान से बँधी हुई है—किशोरावस्था में वह अपने पिता और बड़े भाई की आज्ञा माने, विवाह हो जाने पर पति की आज्ञा माने और पति की मृत्यु हो जाने पर अपने पुत्र की आज्ञा माने। उसे दूसरा विवाह करने की बात नहीं सोचनी चाहिए।''

कन्फ्यूशियस की यह धारणा 'मनुस्मृति' में दिए गए 'पिता रक्षति कौमार्य' के विधान से मेल खाती है। इस दृष्टिकोण को नारी के प्रति उनकी अनुदारता का द्योतक मानना उचित नहीं होगा। कन्फ्यूशियस नारी-निंदक नहीं हैं। माता और सास के रूप में वे उन्हें पूज्य घोषित करते हैं। ईसा से छह सौ वर्ष पूर्व की नारी के संबंध में किसी चिंतक की अवधारणा को आज की नारी के जीवन पर घटित करने की बात सोचना तर्कसंगत नहीं है।

□

चीन में धर्म : कन्फ्यूशियस का धर्म

चीन में जिन धर्मों का लंबा इतिहास रहा है और जो चीनी जनता के मन और चरित्र का अंग बन गए हैं, वे हैं—कन्फ्यूशियस का धर्म, ताओ धर्म और बौद्ध धर्म

प्राचीन धार्मिक मत

चीन के प्राचीन धर्म में, जिसे डॉ. हू शी ने सिनिटिसिज्म या चीनी धर्म कहा है, निम्नलिखित बातें शामिल थीं—एक परमेश्वर की पूजा, मृतात्माओं की पूजा, प्राकृतिक शक्तियों की पूजा, भले व बुरे के प्रतिफल पर विश्वास और भविष्य-दर्शन के विविध रूपों पर तथा उनसे होनेवाले कल्याण पर विश्वास।

कन्फ्यूशियस के समय पूर्वी चीन के लोगों और पश्चिमी चीन के लोगों—शैंग और चाऊ लोगों—के विश्वासों का मिलन हुआ। शेंग लोगों को भविष्य-दर्शन पर विश्वास था और चाऊ लोगों को शैंग-ती या हाओ-तियेन, अर्थात् स्वर्ग और ईश्वर की पूजा पर विश्वास था। चीन की सभ्यता में भविष्य-दर्शन के महत्त्व की अत्युक्ति नहीं की जा सकती। चीन के सर्वप्रथम लेख भविष्यवक्ता अस्थियों पर खोदे गए थे, जिनमें भविष्य-दर्शन के विषय और भविष्य वक्ताओं के उत्तर तथा उनकी तिथियाँ लिखी हुई थीं। यह लेखन कला, तिथि क्रम, इतिहास और साहित्य का परिणाम था। इसी से साहित्यिक शिक्षा और एक बौद्धिक वर्ग के प्रारंभ का भी सूत्रपात होता है, क्योंकि भविष्य-दर्शन और उपासना को दिए जानेवाले अत्यधिक महत्त्व ने और अस्थियों पर अंकित रहस्यपूर्ण चिह्नों के अर्थ-बोध की कठिनाई ने और विचाराकार लिपि पर अधिकार पाने की कला ने विशिष्ट वर्ग को जन्म दिया, जिसे ऐसे कामों के लिए विशेष रूप से दीक्षित किया जाता था।

प्रारंभ में स्वर्ग का अर्थ था स्वर्ग में रहनेवाले लोग, अर्थात् पूर्वज, जिनके अध्यक्ष थे सर्वधान पूर्वज शैंग-ती, जो प्रथम पूर्वज थे। ये सर्वप्रथम पूर्वज शैंग-ती स्वर्ग (तियेन) के साथ मिलकर एक हो गए। 'तियेन' का प्रयोग कई अर्थों में किया जाता है—भौतिक

आकाश, दैव—जो मनुष्यों के जीवन पर शासन करता है, प्रकृति, नैतिक विधान और मानव रूप में व्यक्त ईश्वर।

चाऊ राजवंश के नेताओं ने ताओ या उस जीवन-पद्धति पर जोर दिया, जिसे उन्होंने प्रकृति की आत्म-स्फूर्ति और उसकी व्यवस्था में खोज निकाला था। "ताओ का समादर करना स्वर्ग की अनुकंपा पाना है।" ताओ की यह धारणा ऋग्वेद के ऋत का प्रतिरूप है, जो प्रकृति, मनुष्यों और देवताओं के व्यवहार का नियंत्रण करनेवाली शक्ति है। यह विश्व व्यवस्था ही ताओ है, जो पुरुष और प्रकृति, स्वर्ग और पृथ्वी, प्रकाश और अंधकार के द्वैत के माध्यम से काम करती है। जब ये विरोधी एक संहिति में रहते हैं तो सब ठीक रहता है। जब उनकी संहिति बिगड़ जाती है तो आपदाएँ आती हैं।

सामाजिक स्थिति : छठी व पाँचवीं शताब्दी ईसा पूर्व

कन्फ्यूशियस के समय चीन की स्थिति अशांत थी। प्राचीन मानदंड ढीले पड़ गए थे। पूर्वागत परंपराओं और तत्कालीन आचारों में मेल नहीं था। चाऊ राजवंश के पतनवाले दिनों के संबंध में मैशियस ने लिखा है—"संसार का पतन हो गया था और सत्य तिरोहित हो चुका था। अराजकता और हिंसात्मक कार्य सर्वव्यापक थे। अस्वाभाविक कृत्य—राजा की हत्या और पितृ-हत्या जैसे कृत्य किए जाते थे। कन्फ्यूशियस भयभीत थे। उनके लिए भौतिक या शारीरिक संकटों से अधिक दुःखदायी था कुशासन। एक बार उन्होंने ताई पर्वत के पार्श्व में एक सुनसान स्थान पर एक स्त्री का रोना सुना और अपने शिष्य को भेजा कि वह देखे कि वह स्त्री वहाँ क्यों रो रही है। "मेरे पति के पिता को यहाँ चीते ने मार डाला था, मेरे पति भी और अब मेरा पुत्र भी यहाँ इसी प्रकार मारे गए।" कन्फ्यूशियस ने पूछा, "तो फिर ऐसे भयानक स्थान पर तुम क्यों रहती हो?" स्त्री ने उत्तर दिया, "क्योंकि यहाँ कोई अत्याचारी शासक नहीं है।" कन्फ्यूशियस ने अपने शिष्यों से कहा, "विद्यार्थियो, याद रखो, अत्याचारी शासक एक चीते से भी अधिक निर्दयी होता है।"

ईसा से पहले छठी और पाँचवीं शताब्दी में चीनी जन-समाज की अराजकतापूर्ण परिस्थितियों ने विचारवान् लोगों को बहुत व्यग्र किया और उन्होंने सामाजिक स्थिरता लाने और सामाजिक विकास को गति देने के उपाय सोचे। विभिन्न विचार-संप्रदाय उठ खड़े हुए, जिनमें से प्रधान कन्फ्यूशियस और लाओत्से के संप्रदाय थे, जो चीन के प्राचीन धर्म के दो पक्षों पर जोर देते हैं। सामाजिक और राजनीतिक पक्ष पर कन्फ्यूशियस ने जोर दिया और साधना व रहस्यानुभूति के पक्ष पर लाओत्से ने, लेकिन सामान्य जनता ने प्राचीन अंधविश्वास और जादू-टोने को अपनाया।

तत्कालीन परिस्थितियों से कन्फ्यूशियस और लाओत्से दोनों असंतुष्ट थे। दोनों का

विश्वास था कि बीते युगों में मनुष्य परस्पर भाई-भाई जैसा व्यवहार करते थे और धनी निर्धनों का शोषण नहीं करते थे। दोनों ने ही अतीत को आदर्श रूप में चित्रित किया। दोनों ही पुराने राज्यों को सुव्यवस्थित मानते थे। केवल प्राचीन आचार-पद्धतियों की व्याख्या में ही दोनों में मतभेद था। कन्फ्यूशियस ने सामाजिक सुधार की नैतिक पद्धति अपनाई। समाज तभी अराजक हो जाता है, जब मनुष्य विभिन्न संबंधों के अपने कर्तव्यों का अपने आवेगों के कारण बराबर उल्लंघन करता है। इसे हम रोक सकते हैं, यदि शासक स्वस्थ उदाहरण रखे। यदि शासक अच्छे हैं तो जनता अच्छी होगी। कन्फ्यूशियस को इस पर इतना गहरा विश्वास था कि उन्होंने कहा, "यदि कोई शासक बारह महीनों के लिए मुझे अपना निर्देशक मानकर आत्मसमर्पण कर दे तो मैं बहुत कुछ प्राप्त कर लूँगा और तीन वर्ष में तो मैं अपनी आशाओं की सिद्धि प्राप्त कर लूँ।" लाओत्से ने हर प्रकार के राजकीय नियंत्रण को समाप्त करने का सुझाव दिया। प्रत्येक व्यक्ति को विश्व की आत्मा के साथ संहिति स्थापित करने दो। उसे सामाजिक संबंधों के चक्कर में, जो अधिकाधिक कटु और जटिल होते जा रहे हैं, न डालो। जहाँ एक ओर लाओत्से ने अकर्मण्यता और व्यक्तिवाद का पोषण किया वहाँ दूसरी ओर कन्फ्यूशियस ने डटकर उनका विरोध किया।

कन्फ्यूशियस के प्रमुख व्याख्याता तीन हैं—कन्फ्यूशियस (551 से 479 ई.पू.), मेंशियस (372 से 289 ई.पू.) जिन्हें द्वितीय संत कहा जाता है और चू सी (1130 से 1200 ई.), जो कन्फ्यूशियसवाद के महान् टीकाकार हैं। ईसा पूर्व तीसरी सदी के मध्य तक पहुँचते-पहुँचते कन्फ्यूशियस धर्म आठ संप्रदायों में बँट गया और प्रत्येक संप्रदाय अपने आपको कन्फ्यूशियस की शिक्षाओं का एकमात्र उत्तराधिकारी घोषित करने लगा। मो त्सू (चौथी सदी ई.पू.) ने मेंशियस तथा अन्य लेखकों को बहुत प्रभावित किया, यद्यपि वे स्वयं कन्फ्यूशियस के अनुयायी नहीं थे।

कन्फ्यूशियस पितृ प्रेम, पारिवारिक स्नेह, राज्य-निष्ठा और पड़ोसी के प्रति प्रेम की शिक्षा देते हैं। समाज के सभी सदस्य जब अपने पृथक्-पृथक् निश्चित कर्तव्यों का पालन करते हैं, तब समाज सुव्यवस्थित रहता है। जब सभी अपना काम करते हैं, तब प्रजातंत्र का विकास होता है। जहाँ महान् सिद्धांतों का पालन होता है, वहाँ सभी सार्वजनिक हित के लिए काम करते हैं। सद्गुणी व्यक्तियों को पदों के लिए निर्वाचित किया जाएगा और समर्थ लोगों को उत्तरदायित्व सौंपा जाएगा। विश्वास और निष्ठापूर्ण व्यवहार होगा और सामंजस्य का शासन होगा। इसलिए परिणामत: मानव जाति अपने पूर्वजों का समादर, प्रेम और संतति की रक्षामात्र ही नहीं करेगी, सभी वयोवृद्ध लोगों के जीवन-यापन का उचित प्रबंध होगा और सभी युवकों को काम दिया जाएगा। बच्चों की वैसी ही रखवाली होगी जैसी उनके माँ-बाप करते हैं। विधवाओं और विधुरों, पितृहीनों और

अविवाहितों, अपंगों और बीमारों—सबकी रखवाली और चिंता की जाएगी। पुरुषों को अपने अधिकार मिलेंगे और महिलाओं को उनके घर। किसी भी पदार्थ या वस्तु की बरबादी न होगी और न व्यक्तिगत स्वामित्व के लिए उनका संचय होगा। कोई भी अपनी शक्ति व सामर्थ्य की चोरी न करेगा और न व्यक्तिगत लाभ के लिए उसका उपयोग ही करेगा। इस स्थिति में स्वार्थ समाप्त हो जाता है और चोरी व अव्यवस्था सुनाई नहीं देती। इसलिए घरों के दरवाजे कभी बंद नहीं होते। इसी स्थिति को—ऐसे ही राज्य को महान् सार्वजनिक संभूति कहते हैं। यह एक समाजवादी विश्वव्यापी सार्वजनीन संभूति का चित्र है। एक राष्ट्रोपरि संगठन, जिसका क्षेत्र यह समस्त विश्व है, जिसका शासन लोकप्रिय निर्वाचन द्वारा मैत्री भाव के आधार पर होता है। इसमें कोई वंशानुगत बात विचार में नहीं लाई जाती और प्राकृतिक संपत्ति का व्यक्तिगत स्वामित्व के लिए शोषण नहीं होता।

समाज के विभिन्न सदस्यों के क्या कर्तव्य हैं, इस संबंध में कन्फ्यूशियस कोई नई बात नहीं कहते। वे कहते हैं कि वे तो केवल एक विचार-वाहक मात्र हैं, 'अतीत के श्रद्धालु और प्रेमी', न कि अन्वेषक। उन्होंने प्राचीनकाल के सामाजिक और राजनीतिक आदर्शों का नीति-ग्रंथन किया, जिसमें न केवल व्यक्तिगत स्वच्छता और सामाजिक कर्तव्य सम्मिलित हैं, बल्कि धार्मिक कर्मकांड और मृतात्माओं के प्रति कर्तव्य तथा पवित्र परंपराएँ भी शामिल हैं। मनु और योजेज के नीतिशास्त्रों की भाँति 'ली' का धर्म भी अन्य बातों के साथ निष्ठा, भक्ति और नैतिक आत्म-संयम की आवश्यकता बताता है। यह वही है, जिसे हिंदू लोग धर्म कहते हैं, व्यक्तिगत और सामाजिक धर्म। कन्फ्यूशियस धर्म एक ऐकांतिक नीतिशास्त्र नहीं है। कन्फ्यूशियस हमें स्वर्ग की उपासना करने और अपने पूर्वजों तथा धरती की विभूतियों-शक्तियों, पर्वतों और नदियों के प्रति श्रद्धा रखने को कहते हैं। ये अतीतकाल के विश्वास और अतीत की परंपराएँ थीं, जिन्हें कन्फ्यूशियस ने अपना लिया था। उनकी दृष्टि में ईश्वर सर्वशक्तिमान शासक है, जिसकी हमें श्रद्धा और उपासना करनी है। उसने इस संसार की सृष्टि की है और मानव जाति के विभिन्न वर्गों का निर्धारण किया है। उसके नीचे अनेक शक्तियाँ हैं, जो अपने पृथक्-पृथक् क्षेत्रों—दैवी या स्वर्गीय और लौकिक का शासन करती हैं और उन्हीं के द्वारा मनुष्यों की रक्षा और उनका परिचालन होता है। समाज के कल्याण के लिए पूर्वजों की पूजा आवश्यक है। इस प्रकार के धर्मशास्त्र में देवताओं और शक्तियों की निरंतर वृद्धि के लिए पर्याप्त अवसर है। इसमें कोई आश्चर्य की बात नहीं है कि कन्फ्यूशियस धर्म में देवताओं की संख्या काफी बड़ी है।

शासक देवपुत्र था, जो अपनी प्रजा और स्वर्ग या ईश्वर के बीच मध्यस्थ का काम करता था और प्रजा की ओर से ईश्वर की पूजा करता था। अन्य कृषि-प्रधान देशों की

भाँति, जहाँ लोगों को ऋतुओं की नियमित गति पर निर्भर रहना पड़ता था, चीन में भी धरती अपनी बड़ी-बड़ी नदियों और महान् पर्वतों के साथ पूजा का पात्र बन गई। चीन के लोग, जो परिवार को एक इकाई और अविभाज्य मानते थे, यह नहीं सोचते थे कि मृत्यु के बाद अपने परिवार में व्यक्ति की अभिरुचि और ममता समाप्त हो जाती है। इसी का परिणाम है पूर्वज-पूजा की प्रथा। फिर भी, स्पष्ट है कि कन्फ्यूशियस स्वर्ग और देवताओं संबंधी इन निराधार विश्वासों पर जोर नहीं देते। सत्य तो यह है कि भगवान् बुद्ध की भाँति वे आध्यात्मिक और धार्मिक गूढ़ तत्त्वों के विवाद को निरुत्साहित ही करते हैं।

जब त्से-लू ने उनसे स्वर्गीय और पार्थिव शक्तियों की पूजा के संबंध में पूछा तो उन्होंने उत्तर दिया, "हमने अभी तक मनुष्यों की सेवा करना तो सीखा नहीं, देवताओं की सेवा करना हम कैसे जान पाएँगे!"

"मृत्यु के संबंध में आप क्या कहते हैं?"—दूसरा प्रश्न था।

कन्फ्यूशियस ने उत्तर दिया, "जीवन के संबंध में जो अभी हम जानते नहीं, मृत्यु के संबंध में कैसे जान सकेंगे?" हालाँकि कन्फ्यूशियस ने इस विषय पर विवाद करना टाल दिया, पर वे मरणोत्तर जीवन अस्वीकार नहीं करते; क्योंकि पूर्वज आत्माओं की पूजा करने के उनके आदेश में उनके मरणोत्तर जीवन की स्थिति निहित है। 'आचार्य कौतुक, शक्ति, अव्यवस्था या अलौकिकता पर विवाद नहीं करते थे।' उन्होंने धर्माचारों के पालन का अनुमोदन किया था—इसलिए नहीं कि उनसे देवता प्रसन्न होंगे, बल्कि इसलिए कि वे आचार अतीत काल की देन थे। वे यह जानते थे कि कोई भी बाह्य अधिकार-सत्ता मानव कर्म पर ठीक मनोवैज्ञानिक प्रभाव डालने में समर्थ न होगी। पर संतों और ऋषियों द्वारा प्रदत्त, पूर्वजों से प्राप्त कोई भी अतीत संस्कृति हमारी श्रद्धा और सम्मान का पात्र बन जाएगी।

कन्फ्यूशियस के अनुसार, जीवन के 'शिव' का अर्थ है—ईश्वरीय विधान के साथ हमारी अनुरूपता, जो हमें शक्ति देती है। बलिदान और भविष्य-दर्शन ईश्वरत्व को प्रसन्न व तुष्ट करने और उसके जानने के साधन हैं। कन्फ्यूशियस के मत के संस्कार-शास्त्रज्ञ यह सिद्ध करते हैं कि "बलिदान कोई ऐसी चीज नहीं है, जो हमें बाहर से मिलती है। वह तो ऐसी चीज है, जो हमारे भीतर से आती है; क्योंकि उसका जन्म हमारे हृदयों (भावनाओं) में होता है। जब हृदय अशांत होता है, हम कर्मकांड से उसे सहारा देते हैं।" एक पूर्व ग्रंथ का उल्लेख करते हुए सून त्सू कहते हैं, "बलिदान मन की वह स्थिति है, जब हमारे विचार प्रबल कामनाओं के साथ स्वर्ग की ओर प्रेरित होते हैं। निष्ठा, प्रेम और श्रद्धा की यह परम अभिव्यक्ति है।"

जब कन्फ्यूशियस हमें 'कर्मकांड और संगीत' समझने का आदेश देते हैं, तब वे

उन्हें व्यक्तिगत-संस्कार के साधन रूप में स्वीकार कर लेते हैं। संगीत स्वर्ग या भाव सूक्ष्म का प्रतिनिधित्व करता है, जबकि कर्मकांड धरती या ठोस मूर्त का। जब वे यह कहते हैं कि मनुष्य की शिक्षा संगीत से प्रारंभ, नैतिक संयम से पुष्ट और संगीत से पूर्ण होनी चाहिए, तब वे यह विश्वास करते हैं कि इन सबका उद्देश्य मानव प्रकृति का संस्कार है। उनके मत का तात्त्विक या आधारभूत विश्वास है—'मनुष्य धर्म का विकास कर सकता है, धर्म मनुष्य का विकास नहीं करता।'

चुआंग त्सू ने कन्फ्यूशियस और लाओत्से के बीच एक संवाद की चर्चा की है, जिसमें इस विचार पर जोर दिया गया है कि कन्फ्यूशियस की नैतिकता कुछ बाह्य विषयक थी। कन्फ्यूशियस ने लाओत्से से कहा, "मैंने गीतों की पुस्तक, इतिहास की पुस्तक, कर्मकांड की पुस्तक, संगीतशास्त्र व परिवर्तनों की पुस्तक, वसंत और शरत् लेखा—कुल मिलाकर छह धार्मिक पुस्तकों का संपादन किया है और मैं समझता हूँ कि मैं यह दावा कर सकता हूँ कि उनके मंतव्य को मैंने भली-भाँति आत्मसात् कर लिया है। इस समस्त ज्ञान से सज्जित होकर मैंने 72 शासकों का साक्षात् किया है, पूर्व शासकों के विधान की व्याख्या की है, जाऊ और शाओ सम्राटों (बारहवीं सदी ई.पू.) की सफलताओं की चर्चा की है; लेकिन एक भी शासक ऐसा नहीं मिला, जिसने मेरी शिक्षा का तनिक भी उपयोग किया हो। ऐसा लगता है कि या तो मेरे ये श्रोता नितांत अंधविश्वासी—कठिनाई से दूसरों की बात माननेवाले—रहे हैं या फिर पहले के शासकों के विधान ही अत्यंत दुर्बोध हैं।" लाओत्से ने कहा, "यह सौभाग्य की बात है कि आपको कोई भी ऐसा शासक नहीं मिला, जो संसार का सुधार करने के लिए उत्सुक हो। ये धर्म-पुस्तकें प्राचीन राजाओं के धूमिल पद-चिह्न हैं। वे हमें उस शक्ति के संबंध में कुछ नहीं बताते, जिसने उनके कदमों को रास्ता बताया था। आपके सभी उपदेश उन वस्तुओं से संबंधित हैं, जिनका महत्त्व धूल में पड़े पद-चिह्नों से कुछ भी अधिक नहीं है। और पद-चिह्न तो जूते से बनते हैं, पर वे स्वयं जूते नहीं हैं।"

कन्फ्यूशियस के नीतिशास्त्र की ऐसी आलोचना बिलकुल उचित नहीं कही जा सकती, क्योंकि उन्होंने जन-हृदय की भावना के विकास पर जोर दिया है। उन्हें आत्मा के शासन पर विश्वास था, जो कभी-कभी हमें परंपरागत नैतिकता के साथ टक्कर लेने की स्थिति में ला सकता है। वे कहते हैं, "निरंकुशतापूर्वक शासित और दंड-भय से व्यवस्थित लोग विधान भंग करने से दूर भले ही रहें, पर उनकी नैतिक आस्था नष्ट हो जाती है। सुशासन से शासित और आत्मसंयम के अंतर्विधान से व्यवस्थित अपनी नैतिक आस्था सुरक्षित रखते हैं और साथ-ही-साथ वे भद्र बन जाते हैं। यदि कोई व्यक्ति अपने हृदय का संस्कार कर सकता है तो शासन में भाग लेने से उसे कौन शक्ति रोक सकती है। पर यदि वह अपने हृदय का संस्कार नहीं कर सकता तो फिर दूसरों का सुधार करने

से उसे क्या प्रयोजन? आंतरिक सद्गुण संपन्न व्यक्ति के होंठों पर आनेवाले शब्द भी सत होते हैं, पर होंठों पर 'सत' शब्द रखनेवाला व्यक्ति सर्वदा सद्गुण-संपन्न नहीं होता। पूर्ण सद्वृत्तिशाली व्यक्ति में साहस होना निश्चित है, पर साहसी व्यक्ति का सद्वृत्तिशाली होना आवश्यक नहीं है।''

जिन नौ गुणों को उन्होंने एक श्रेष्ठ व्यक्ति की विशेषताएँ बताया है, उनमें आंतरिक सद्वृत्तियाँ भी निश्चित रूप से शामिल हैं। ''ऐसा व्यक्ति इस बात की कामना और चिंता करता है कि वह स्पष्ट देखे, स्पष्ट सुने, विनम्र, विवेकभाषी और अपने व्यवहार से सत्यनिष्ठ हो। संशय उत्पन्न होने पर वह दूसरों से उसके निवारण का प्रयत्न करता है, क्रोध आने पर वह परिणामों को सोचता है और स्वार्थ के अवसर—प्रलोभन—दिए जाने पर वह अपने कर्तव्य का ही विचार करता है।'' फिर भी वे जानते थे, कि स्वाधीनता के स्वच्छंदता में परिणत हो जाने का डर है और इसलिए उन्होंने सच्चरित्रता पर इतना अधिक जोर दिया।

भगवान् बुद्ध की भाँति आध्यात्मिक समस्याओं के प्रति कन्फ्यूशियस की अनुत्सुकता का कारण संभवत: उनकी नैतिकता संबंधी उत्सुकता है। **जो कुछ भी श्रद्धा का विषय है, ज्ञान के चेतना-परक सिद्धांत को जन्म देता है।** तार्किक ज्ञान तो सत्य की सिद्धि तक ले जाना जाता है, उस सत्य की जो पदार्थ विषयक और विश्वव्यापी है, पर रहस्यात्मक अंतर्ज्ञान, जो तर्कसिद्ध ज्ञान की अवहेलना करके उससे ऊपर-ही-ऊपर निकल जाता है, हमें अधिक-से-अधिक विश्वास और निश्चयाभास देता है, न कि सत्य तथा निश्चित ज्ञान। उन्होंने चिंतनमूलक साधनों का अभ्यास किया, किंतु वे तर्क की प्रधान शक्तियों की ओर ही झुके।

''मैंने सारा दिन निराहार और सारी रात निद्राहीन बिताई है, इसलिए कि चिंतन कर सकूँ। पर सब व्यर्थ रहा। इससे तो ज्ञानार्जन अच्छा है।'' चूँकि अलौकिक सत्ता पर विश्वासों से मनुष्यों में विभेद बढ़ रहे थे, इसलिए उन्होंने उन पर जोर नहीं दिया। मानव ज्ञान की सीमाओं का उन्हें बोध था। फिर भी, हम यह नहीं कह सकते कि वह अनंत रहस्य की भावना से शून्य थे। उन्हें एक परम स्वर्ग या परमेश्वर की सत्ता पर विश्वास था और यह विश्वास उन्हें अतीत युगों से प्राप्त था। 'तियेन'—स्वर्ग (ईश्वर)—संसार का स्रष्टा है, पालक है और संहारक है, विश्व व्यवस्था का संरक्षक है। वह सर्वदर्शी और न्यायी है। उनका यह ईश्वर 'तियेन' ऋग्वेद के 'वरुण' और ईरानियों के 'अहुत्मजदा' का प्रतिरूप है। उन्हें एक ऐसी शक्ति पर विश्वास था, जो हमारी पवित्रता में मददगार और हमारे जीवन की निर्मात्री शक्ति है। उनके निम्नलिखित कथन यह सिद्ध करते हैं कि उद्देश्यपूर्ण शासक के रूप में स्वर्ग पर उनका विश्वास था—

''मेरी कामना है कि मैं बिना बोले रह सकता।'' आचार्य ने कहा।

त्सू कुंग ने कहा, ''यदि आप न बोलें तो आपके शिष्य हम लोग दूसरों को क्या बताएँगे?''

आचार्य ने उत्तर दिया, ''स्वर्ग की भाषा क्या है? चारों ऋतुएँ अपना काम करती हैं। सभी चीजें विकसित होती हैं, फिर भी स्वर्ग—ईश्वर—क्या बोलता है?'' वे कहते हैं, ''ईश्वर का विधान अनंत है। आप सूर्य और चंद्र को अनंत गति से एक-दूसरे का अनुगमन करते देखते हैं। यह ईश्वर का विधान है। इस विश्व में जीवन की गति कभी रुकती नहीं और वह सतत संचरित है, यह ईश्वर का विधान है। बिना किसी प्रयास और बाधा के वस्तुओं की सृष्टि होती रहती है। यह ईश्वर का विधान है। जब वस्तुओं की सृष्टि या उनका निर्माण होता है तो सृष्टि विभासित होती है—यह ईश्वर का विधान है। संसार की व्यवस्था और उसकी प्रगति ईश्वर के विधान को प्रदर्शित करती है। संसार में जो सद्गुण हैं, उन्हें ईश्वर ने उत्पन्न किया है। जब ईश्वर ही अभी सत्य के इस उद्देश्य को नष्ट करने के लिए तैयार नहीं है तो कुआंग के लोग मेरा क्या कर सकते हैं? जब मेरे पास कोई भी श्रद्धालु शिष्य नहीं है, तब भी ऐसे शिष्यों के होने का दावा करके मैं किसको धोखा देता हूँ? क्या मैं स्वर्ग को, ईश्वर को धोखा देता हूँ? जो स्वर्ग के विरुद्ध, ईश्वर के विरुद्ध,

पाप करता है, उसके लिए कोई स्थान शेष नहीं रहता, जहाँ वह प्रार्थना कर सके।''

जब उनके प्रिय शिष्य येन युआन की मृत्यु हुई तो वे चिल्ला उठे, ''स्वर्ग ने मुझे विमुक्त किया!'' उन्होंने कहा था, ''पंद्रह वर्ष की अवस्था में मैंने अपना मन ज्ञानार्जन में लगाया। तीस वर्ष की अवस्था में मैं दृढ़तापूर्वक खड़ा हो सका। चालीस वर्ष की अवस्था में मैं संशय-मुक्त हुआ। पचास वर्ष की अवस्था में मैं ईश्वर की इच्छा को समझ पाया।'' उन्होंने और भी कहा, ''एक श्रेष्ठ व्यक्ति तीन बातों को भय और आदर की दृष्टि से देखता है—ईश्वर की इच्छा को, महान् व्यक्ति को और संतों की आज्ञाओं को।''

जब वे सख्त बीमार थे तो उनके शिष्यों में से एक ने मंदिर में जाकर प्रार्थना करने को कहा। उन्होंने उत्तर दिया कि वे लंबे अरसे से प्रार्थना करते रहे हैं। उनका सारा जीवन ही एक प्रार्थना था। ईश्वर की इच्छा पूरी करना सर्वोत्तम प्रार्थना है। वे अनंत से समन्वित रहते थे। जब उन्होंने कहा, ''खेद है, ऐसा कोई नहीं है, जो मुझे जानता हो, समझता हो।'' तो एक शिष्य ने पूछा कि उनका मतलब क्या था और उन्होंने उत्तर दिया, ''मैं ईश्वर के विरुद्ध उलाहना नहीं करता। मैं मनुष्य के विरुद्ध भी उलाहना नहीं करता। मेरा अध्ययन विनम्र है और मेरा दर्शन अदृष्ट। लेकिन ईश्वर तो है। वह मुझे जानता है।''

हालाँकि उन्होंने देवताओं के संबंध में परिभाषाओं और विवादों के झंझट में पड़ने से इनकार किया था। फिर भी, परंपरा द्वारा प्रतिष्ठित कर्तव्यों का वे श्रद्धापूर्वक पालन करते थे। जब उनसे पूछा गया कि ज्ञान क्या है, तो उन्होंने उत्तर दिया, ''मनुष्यों के प्रति अपने कर्तव्यों को सत्यनिष्ठा के साथ पूरा करने में अपने आपको लगा देना और दैवी

शक्तियों का सम्मान करते हुए भी अपने आपको उनसे अलग रखना, इसे ज्ञान या विवेक कहा जा सकता है।'' हालाँकि उन्होंने यह बात कही थी, फिर भी वे मृतात्माओं के प्रति ऐसे बलिदान करते थे, मानो वे उनके सम्मुख उपस्थित हैं। और देवताओं के प्रति भी ऐसे बलिदान करते थे, मानो वे स्वयं सचमुच देवताओं के सम्मुख उपस्थित हैं।''

मानवतावाद की अपर्याप्ति

कन्फ्यूशियस निस्संदेह एक धार्मिक व्यक्ति थे। उनमें वे गुण थे, जिन्हें हम एक धार्मिक चरित्र से संबंधित मानते हैं—एक उदार भावना, सामाजिक परिस्थितियों में सुधार करने की आकांक्षा और ज्ञान के प्रति प्रेम। अतिवादों से उन्हें अरुचि थी। जब कोई गुमराह युवक उनके पास पहुँचता और उसकी मनोदशा सही होती तो वे उसे अपना शिष्य स्वीकार कर लेते थे—और जब उनके शिष्य उनके इस कार्य की विवेकशीलता पर संदेह करते तो वे कहते, ''अपने विचारों में तुम लोग इतने अतिवादी क्यों हो?''

उन्होंने परंपरागत धार्मिक विचार स्वीकार कर लिये थे और धार्मिक कृत्यों का पालन करते थे। यदि धार्मिक विषयों पर उन्होंने मौन ग्रहण किया था तो इसलिए कि इन विषयों के संबंध में उन्हें कोई नई बात नहीं कहनी थी। उन्होंने एक नवीन सामाजिक दृष्टिकोण की माँग की थी, न कि नवीन धार्मिक दृष्टिकोण की। वे एक धार्मिक विचारक नहीं थे, इसलिए उन्होंने लोकोत्तर या अलौकिक विषयों की अधिक व्याख्या नहीं की। ऐसा लगता है कि उन्होंने हमें एक ऐसी धर्मनिरपेक्षता दी है, जिसमें मनुष्य पर विश्वास है—उस मनुष्य पर, जिसका निर्माण समाज के लिए हुआ है। समाज से बाहर वे मनुष्य का अनुसरण नहीं करते। उनके धार्मिक विचारों और धर्माचारों का उनके नैतिक व सामाजिक विचारों के साथ संग्रंथन करके कोई विशिष्ट पद्धति नहीं बनी। उनका धर्म एक आचार धर्म मालूम होता है। उनके उपदेशों में धर्म-निष्ठा या पुण्य श्लाघा की ज्योति नहीं दिखाई देती। मानव अस्तित्व के अंतरत की उपेक्षा सभी मानवतावादी नीति शास्त्रों का तात्त्विक दोष है। कन्फ्यूशियस की यह स्वीकृति ठीक है कि जीवन का शिवत्व जीवन के मान-महत्त्वों की सुरक्षा, उनके प्रसार और विकास में है। किंतु इन मान-महत्त्वों की पृष्ठभूमि क्या है? वे इसका उत्तर नहीं देते। एक दार्शनिक दृष्टिकोण की खोज हमारी प्रकृति की एक आवश्यकता है। ऐसी पद्धति एक स्थायी सामाजिक व्यवस्था बनाने में सर्वदा असफल रही है और असफल रहेगी, जो मनुष्य के लिए एक धार्मिक विश्वास तथा मनुष्य के उद्भव और उसके अंत संबंधी अनंत प्रश्नों के सुझाव की आवश्यकता पर ध्यान नहीं देती।

और फिर कन्फ्यूशियस चाहते हैं कि हम अपनी प्रकृति की पूर्णता प्राप्त करें।

किंतु मनुष्य के अध्यात्म का निषेध करनेवाला मानव प्रकृति संबंधी हर दृष्टिकोण अपूर्ण है। एक ऐसी आध्यात्मिकता है, चिरंतन मूल्यों की एक ऐसी श्लाघा है, जो मानव मस्तिष्क के लिए सहज है। मनुष्य को उस परम दर्शन से दूर ले जाने की कोशिश, उसके कर्तृत्व को इस प्रयोग-सिद्ध विश्व में सीमित करना और सर्वेश की चर्चा का बिलकुल निषेध करना—मनुष्य को मनुष्य की कोटि से नीचे गिराना है। वह हर विचार पद्धति असंतोषजनक है, जो मानव प्रकृति के इस पक्ष की उपेक्षा करती है।

वे कहते हैं कि उन्हें दु:खी बनानेवाली बातें ये हैं कि सद्गुणों का अर्जन नहीं किया जाता, कि ज्ञान सुस्पष्ट नहीं बनाया जाता, कि लोगों को कर्तव्य-बोध होता है, पर वे उनका पालन नहीं करते और यह कि लोगों में बुराइयाँ हैं और वे उन्हें सुधारने का कोई प्रयत्न नहीं करते। संत जॉन का उपदेश है, "भर्त्सना की बात तो यह है कि संसार में प्रकाश तो आया, किंतु लोगों ने अंधकार ही पसंद किया; क्योंकि उनके कारनामे काले थे।" हम सुंदर और पवित्र चीजों को देखते हैं, लेकिन हम चुनते हैं क्षुद्र और कुटिल को। मनुष्य की दु:खद कथा तो यह है कि उसकी प्रकृति विकृत और पतित हो गई दिखाई देती है।

कन्फ्यूशियस ने जिन नैतिक नियमों की प्रतिष्ठा की है, उनका सम्यक् पालन तभी संभव है, जब धर्म के माध्यम से हमारा पुनर्जन्म हो। वह स्वर्ग या ईश्वर की इच्छा के सम्मुख विनम्रता और समर्पण की आवश्यकता स्वीकार करते हैं। प्राकृतिक मनुष्य के ऊपर नियंत्रण रखने के लिए हमें किसी उच्च शक्ति—स्वर्ग की शक्ति—का सहारा खोजना होगा। यही शक्ति मनुष्य में नियामिका शक्ति बनकर काम करती है। मनुष्य के भीतर वह आत्मा, जो मनुष्य की अनियंत्रित पिपासाओं को निश्चित, नियंत्रित और सीमित बनाती है, हमारे भीतर दैवी तत्त्व की स्थिति का प्रमाण है। अपने अस्तित्व के अंतरतम में हमें उस देवात्मा का भान होता है—एक ऐसे नैतिक संकल्प के रूप में, जीवन और प्रकृति के प्रति जिसकी भावना स्वीकारात्मक होती है।

वह हमारे सम्मुख एक संत सम्राट् का आदर्श रखते हैं। वह, जिसमें एक संत की विवेकशीलता और शांति के साथ एक शासक की कार्यकारिणी विभूतियों का समावेश हुआ हो—कृष्ण के योग के साथ अर्जुन के धनुष का मेल मिला हो। उनके विचारों में एक गंभीर दृढ़ता है, एक आध्यात्मिक पृष्ठभूमि है; किंतु चूँकि उन्होंने उसकी विवृत्ति नहीं की, इसलिए यह काम उन्होंने अपने शिष्यों व अनुयायियों पर छोड़ दिया कि यद्यपि वे उनके सामाजिक नीति शास्त्र को एक आध्यात्मिक पृष्ठभूमि देकर उसे स्थिरता और लक्ष्य प्रदान करें। ऐसा करने में उनके शिष्यों ने उनके विचारों में निहित तत्त्वों का ही अनुसरण किया। उनकी दृष्टि में मनुष्य की प्रकृति का मूल स्वर्ग में है। स्वर्ग की, ईश्वर की इच्छा की स्वीकृति और अनुचारिता गुण है, विभूति है। उसका उल्लंघन दुर्गुण है,

बुराई है। यदि हम धरती पर स्वर्ग का साम्राज्य स्थापित करना चाहते हैं तो इसका अर्थ है कि हमें मनुष्यों के बीच ठीक-ठीक संबंध स्थापित करने चाहिए।

कन्फ्यूशियस के बारे में जिल्स लिखते हैं—''परिणामों के आधार पर आँकने से उनका जीवन कभी भी किसी भी मनुष्य द्वारा जिए गए सर्वाधिक सफल जीवन के तुल्य था। उनकी मृत्यु के बाद मंद पर अबाध गति से सुदूर व्यापी और अतुलनीय महत्ता के परिणाम दिखाई दिए। अपने विश्वव्यापी प्रभाव की दृष्टि से तीन और केवल तीन ही व्यक्ति उनकी तुलना के योग्य हैं—मनुष्यों के बीच गौतम का आत्माहुतिपूर्ण जीवन, अरब के पैगंबर का अशांत तथा प्रबल चरित्र और वह पाप-मुक्त जीवन, जिसका अंत गॉलगॉथा में हुआ (ईसा)।''

मो-त्सू (470 सें 390 ई.पू.)

मो-त्सू कन्फ्यूशियस के एक अल्प वयस्क समकालीन थे। उन्होंने रूढ़िवादी कन्फ्यूशियसवाद का यह कहकर विरोध किया कि वह भाग्यवादी हैं। उन्होंने शैंग-ती की उपासना में सुधार किया और उसके प्रयोग को विस्तृत किया। वे एक व्यक्तिरूप ईश्वर में विश्वास रखते थे जो संसार का शासन करता है, और उन्हें आत्मिक सत्ताओं के अस्तित्व और उनके कर्तव्य पर विश्वास था। स्वर्ग की इच्छा यह है कि हम सर्वत्र सब मनुष्यों से प्रेम करें। विश्व-प्रेम एक धार्मिक कर्तव्य है।

मो-त्सू उस कन्फ्यूशियस मन की आलोचना करते हैं, जिसके अनुसार मनुष्यों को एक हीन क्रम में प्रेम करना बताया गया है, माता-पिता से प्रारंभ करके जिन्हें सबसे अधिक प्यार करना है; विदेशियों से समाप्ति होती है, जिन्हें सबसे कम प्यार करना है। वे कहते हैं, ''यदि एक शासक अपने पड़ोसी देश पर हमला करता है, वहाँ के निवासियों की हत्या करता है; उनके जानवरों, घोड़ों, उनके धन-धान्य और बरतन वगैरह सबका अपहरण कर ले जाता है तो उसके इस कृत्य को काष्ठ-पट्टों और रजत-पट्टिकाओं पर लिखा जाता है। धातु-पट्टों और प्रस्तर-पट्टों पर यह गाथा अंकित की जाती है, घंटों और त्रिपादों पर वह गाथा लिखी जाती है और बाद में ये सब उनके पुत्र-पौत्रों को विरासत में मिलते हैं।'' वह गर्व करता है, ''कोई भी इतना लूट का माल नहीं ला सका जितना मैं लाया।'' लेकिन कल्पना कीजिए कि कोई व्यक्ति अपने पड़ोसी के घर पर हमला करे, घर के सभी व्यक्तियों की हत्या कर डाले; पड़ोसी के जानवरों, उसके धन-धान्य और वस्त्रों को उठा ले जाए और तब अपने इस कृत्य को काष्ठ-पट्टों, रजत-पट्टिकाओं, अपने घर के बरतनों आदि पर अंकित करा दे, ताकि वे उसके पुत्र-पौत्रों की आनेवाली पीढ़ियों में विरासत में मिलें और वह इस बात पर गर्व करे कि जितना उसने लूटा या चुराया उतना और किसी ने नहीं तो क्या यह सब ठीक होगा?''

लू के शासक ने कहा, "नहीं। और आपने इस बात को जिस ढंग से रखा है, उस दृष्टि से देखने पर तो ऐसी तमाम बातें, जिन्हें संसार बिलकुल ठीक मानता है, जरूरी नहीं कि ठीक हों।" वह संसार, जो छोटे-छोटे अपराधों और दुष्कार्यों की भर्त्सना करता है और महान् पाप—युद्ध की प्रशंसा करता है, वह सत् और असत्, भले और बुरे का ठीक-ठीक विवेक नहीं रखता। लेकिन दुराग्रही संसार में हम एक-एक कदम ही आगे बढ़ सकते हैं और क्रम-क्रम से ही हम सहानुभूति की सीमाओं का—उसके संकोच का अंत कर सकते हैं। कन्फ्यूशियस को मानव स्वभाव की गूढ़ता का अधिक बोध था।

मो-त्सू को इस बात का विश्वास था कि मनुष्य का मृत्यु के बाद भी अस्तित्व रहता है, इसलिए वे मृतकों और उनकी अंत्येष्टि प्रथाओं को वैसा महत्त्व नहीं देते थे, जैसा कन्फ्यूशियस देते थे। उनके मत का सामान्य दृष्टिकोण कठोर और तपस्यापरक है। मेंशियम ने, जो मो-त्सू की आलोचना भी करते हैं, उनकी बड़ी प्रशंसा की है, "मो-त्सू सभी मनुष्यों से प्रेम करते थे और मानवता के हित में वे अपने आपको खपा देने के लिए तैयार थे। अपने सेवापरायण लंबे जीवन में उन्होंने अपने शांतिव्रत में कठिनाइयों को सहा और विरोध का सामना किया।"

मेंशियस

मेंशियस को मो-त्सू के सिद्धांतों का खंडन करना पड़ा। मोत्सू ने संसार की बुराइयों का हल विश्व-प्रेम बताया था। मेंशियस को यांग-त्सू के सिद्धांतों का भी खंडन करना पड़ा, जिन्होंने सामाजिक मसलों की नितांत उपेक्षा का उपदेश दिया था और सलाह दी थी कि समाज से संबंधित सभी चीजों से मनुष्य को पूर्ण विरक्ति अपनानी चाहिए। कन्फ्यूशियस द्वारा प्रतिष्ठित नैतिक और सामाजिक मूल्यों का समर्थन करते हुए मेंशियस ने एक रहस्यवादी आदर्शवाद का विकास किया।

ची प्रदेश के ताओवाद से वे बहुत प्रभावित हुए थे और उससे उन्होंने श्वास-संयम या प्राणायाम की प्रक्रिया सीखी थी। हालाँकि वे इन प्रक्रियाओं को आत्मिक अनुशासन से कमतर मानते थे। चीन और भारत के लोगों का बहुत प्रारंभिक समय से यह सामान्य विश्वास है कि गहरी व नियमित श्वास प्रक्रिया मस्तिष्क को शांत रखती है और एकाग्र चिंतन में सहायता देती है।

कन्फ्यूशियस की भाँति मेंशियस एक सर्वोपरि सत्ता स्वीकार करते हैं, जिसे वे स्वर्ग कहते हैं। वह कारणों का कारण प्रथम कारण है। मनुष्य की प्रकृति स्वर्ग की देन है और इसीलिए तत्त्वतः स्वरूप है या भली है। बुरे कर्म हमारी स्वाभाविक प्रवृत्तियों के विरुद्ध हैं। प्राकृतिक शक्तियों, पूर्वजों एवं कुल देवताओं के पूजा संबंधी अन्य प्रश्नों में मेंशियस कन्फ्यूशियस के अनुयायी हैं।

उनका मत है कि मनुष्य की आत्मा विश्व की आत्मा के साथ एकरूप है। मनुष्य स्वयं में ही एक लघु विश्व-बिंदु में सिंधु है। इस विश्व से वह किन्हीं कठोर विभेदों द्वारा विभाजित नहीं है। 'सभी वस्तुएँ हमारे भीतर पूर्ण हैं।' ईश्वर का साम्राज्य मनुष्य के भीतर है। मनुष्य अपने अज्ञान और स्वार्थ के कारण अपने आपको उस विश्व से पृथक् अनुभव करता है। जब वह अपने स्वार्थ को छोड़ देता है, जब वह बाधाओं को नष्ट कर देता है और निस्स्वार्थ प्रेम का विकास करता है तो वह विश्व के साथ अपनी एकरूपता का अनुभव करता है।

एकता की यह अनुभूति बौद्धिक प्रक्रिया का फल नहीं है। मेंशियस ज्ञान के दो रूपों में अंतर मानते हैं—एक तो वह, जो मस्तिष्क की प्रक्रिया का फल है और दूसरा वह, जो आत्मा का ज्योतिर्भास है और जो मस्तिष्क की प्रक्रिया शांत कर देने पर प्राप्त होता है। यही उच्चतर विवेक है। मेंशियस उपदेश देते हैं कि हम अपनी अंदरूनी शक्तियों का विकास करें, जीवन की दौड़-धूप में इन शक्तियों को विकास का अवसर नहीं मिलता। श्वास संयम या प्राणायाम, मानसिक एकाग्रता और आत्मिक अनुशासन के साधन से हम आध्यात्मिक स्तर तक उठ पाते हैं। एक प्रशांत विवेक या चेतना आत्मा के विकास में सर्वोत्तम सहायक है।

मेंशियस के मत में सत्-असत्-विवेक-भावना ताओ कहलाती है। आत्मिक दृष्टि से महान् पुरुष वह है, जो अपने शिशु-हृदय को सुरक्षित रख सका है। आपदाएँ और दु:ख हमारी अपनी सृष्टि हैं। इस कथन के समर्थन में वे गीत 'ओड' का यह उद्धरण देते हैं, ''निरंतर ईश्वर की इच्छा के साथ एकरस रहने का प्रयत्न करो और उसी से अपने लिए अत्यंत आनंद प्राप्त करो।'' समष्टि के साथ एकता की अनुभूति में व्यक्ति अपने आपको विश्व का एक अभिन्न अंग अनुभव करने लगता है। जिसने एकता की अनुभूति कर ली है, वह समूचे संसार से प्रेम करता है। 'मानव-हृदयतापूर्ण मनुष्य का धरती पर कोई शत्रु नहीं होता।'

कन्फ्यूशियस तो शासकों के दैवी अधिकार का नैतिक समर्थन करते हैं, पर मेंशियस शासक वर्ग के विरुद्ध विद्रोह के नैतिक अधिकार का समर्थन करते हैं और यदि शासकों के आज्ञा-पालन का अर्थ पापपूर्ण परिस्थितियों की स्वीकृति हो तो वे क्रांतियों को भी उचित ठहराते हैं।

चू सी

चेंग बंधुओं से अत्यधिक प्रभावित होकर चू सी ने कन्फ्यूशियस के आदेशों की फिर से व्याख्या की और यह सिद्ध किया कि वे उपदेश लोगों की बौद्धिक पिपासा और आध्यात्मिक आवश्यकताओं को तुष्ट कर सकते हैं। महान् परंपराओं पर किए गए

आग्रह को चू सी ने विवेक की स्वीकृति में बदल दिया। सत्य हमें सद्जीवन से उतना नहीं प्राप्त हो सकता जितना सत्चिंतन से। उन्होंने एक ऐसे दार्शनिक मत का विकास करने का प्रयत्न किया है, जिसमें बुद्धिवाद और रहस्यवाद का संयोग है।

वे बौद्ध विचारधारा से बहुत प्रभावित हुए थे; हालाँकि वे उनकी आलोचना भी करते हैं। वे कहते हैं—''हमें सुदूर और खोखली चीजों की चर्चा करने की आवश्यकता नहीं है। यदि हम ताओ (धर्म) की वास्तविकता जानना चाहते हैं तो हमें वह तत्त्व अपनी प्रकृति के भीतर खोजना चाहिए। हममें से प्रत्येक के भीतर सद्सिद्धांत है। इसे हम 'ताओ' कहते हैं। यही वह मार्ग है, जिस पर हमें चलना चाहिए।''

मनुष्य और संसार की प्रकृति की व्याख्या वे शुद्ध तत्त्व या परम तत्त्व से प्रारंभ करते हैं—उससे, जो सब पदार्थों का स्रोत और आत्मा है और वे उस अस्तित्व-विहीनता से भी प्रारंभ करते हैं जो हमारे पदार्थ विश्व की शक्ति-सत्ता है।

प्राचीन कन्फ्यूशियस धर्म दो मतों में विभाजित था। इनमें से एक मत की मान्यता थी कि मनुष्य की प्रकृति, जो स्वर्ग के आदेश से निर्धारित है, तत्त्वत: सद्-रूप है। दूसरे मत की मान्यता थी कि मनुष्य की प्रकृति असत् या बुरी है। चू सी यह बात मानते हैं कि मनुष्य के भीतर दो सिद्धांत हैं—एक तो आध्यात्मिक, जो उसकी तात्त्विक प्रकृति है और जो स्वभावत: शिव है और दूसरा पदार्थ या भौतिक सिद्धांत जो आत्मा को व्यक्तित्व का आच्छादन देने के लिए आवश्यक है। यह पदार्थ गुण-भेद से विविध है। यह अधिक घना या सूक्ष्म है, अधिक संपन्न या दीन है और यही अंतर मनुष्यों के बीच विभेदों का कारण है। पदार्थ की अभिव्यक्ति मनुष्य की प्रेरणाओं और इच्छाओं में होती है। आत्मिक तत्त्व की इन भौतिक अभिव्यक्तियों का नियंत्रण ही हमारी नैतिक या धार्मिक समस्या है। नव-कन्फ्यूशियसवादी नीतिशास्त्र की कठोर तापस वृत्ति का यही दृष्टिकोण है।

अस्तित्व और अस्तित्व-विहीनता, आत्मा और पदार्थ, पतन और उत्थान की चिरंतन शृंखला में आबद्ध विश्वकाल पदार्थ के विविध सजीव स्वरूपों में परिवर्तन तथा बुराई के प्रतिफल संबंधी चू सी के सिद्धांतों में बौद्ध धर्म का गहरा प्रभाव नजर आता है।

कन्फ्यूशियस से बहुत शीघ्र दो विचारधाराएँ विकसित हुईं—एक तो चिंतन-मूलक, जिसका संबंध आत्मिक या नैतिक शिक्षण से था और दूसरी वैज्ञानिक, जिसका उद्देश्य संसार का सम्यक् ज्ञान प्राप्त करना था। पहली विचारधारा पर ताओ धर्म और बौद्ध धर्म का बहुत प्रभाव पड़ा। आगे चलकर ये दोनों विचारधाराएँ स्वतंत्र मतों में विकसित हुईं।

चू सी के मत में न कोई ईश्वर है, न सर्वप्रभु और न भाग्य या स्वर्ग। यह विश्व दो सह-चिरंतन सिद्धांतों से निर्मित है, वे हैं ली और फी—चेतना और पदार्थ, जो एक-दूसरे से भिन्न होते हुए भी अविभाज्य हैं। चेतना की निर्देशक शक्ति से पदार्थ का विकास होता है। विधि या चेतना स्वयं तो अचल है, फिर भी वह विश्व में गति को

जन्म देती है। मनुष्य का निर्माण इन्हीं दोनों—चेतना और पदार्थ—से हुआ है। पदार्थ द्विविध है—पाई, जो ठोस है और टून, जो वाष्प रूप है। चेतना पदार्थ में है, पर उसके साथ मिश्रित नहीं है। यह कहना कि आत्मा मृत्यु के पश्चात् बची रहती है, एक भूल है। पुनर्जन्म नहीं है। हर बार जब मनुष्य का जन्म होता है तो उसकी उत्पत्ति चेतना और पदार्थ के तत्त्वों से होती है। पूर्वज अपनी संतति में जीवित हैं—वह संतति, जो उनके प्रति अपने जीवनदान के लिए कृतज्ञता व्यक्त करती है।

अपने उत्तरकालीन रूपों में यदि कन्फ्यूशियस मत एक धर्म का काम दे सका तो इसलिए कि उसकी सामाजिक महत्ता को एक आध्यात्मिक विश्वास का बल भी प्राप्त हुआ। मनुष्य की दार्शनिक भूख और आध्यात्मिक आकांक्षाओं की तृप्ति ताओवाद और बौद्ध धर्म की धार्मिक मान्यताओं को स्वीकार कर लेने से हुई। कन्फ्यूशियस के सिद्धांत के लिए ये मान्यताएँ बिलकुल विदेशी मान्यताएँ नहीं थीं; क्योंकि उनके सिद्धांत में एक अदृश्य शक्ति, स्वर्ग (ईश्वर) और अन्य आत्माओं को स्वीकार किया गया था, जो कि मनुष्य के भाग्य-विधाता या नियामक हैं। फिर भी चूँकि कन्फ्यूशियस ने व्यावहारिक पक्ष पर सर्वाधिक जोर दिया था, न कि सैद्धांतिक पक्ष पर, इसलिए उनका सिद्धांत एक धर्म के रूप में प्रेरक नहीं हो सका।

लाओत्से और उनके अनुयायी

लाओत्से की जन्मतिथि परंपरानुसार 604 ई.पू. मानी जाती है। वे कन्फ्यूशियस के वयोवृद्ध समकालीन थे। वे प्रसिद्ध पुस्तक 'ताओ ते चिंग' के लेखक माने जाते हैं। इस पुस्तक में पूर्वकालीन लेखकों की रहस्यवादी और शांतिवादी प्रवृत्तियों को एक में मिलाया गया है और लोकप्रिय कहावतों की एक नवीन व्याख्या अपनी विचार और व्यवहार-पद्धति का अनुमोदन करने के लिए की गई है। रूपकों और कहानियों व वार्त्ताओं के सहारे इस पुस्तक में रहस्यवादी सिद्धांत को बड़े प्रभावकारी और मोहक ढंग से व्यक्त किया गया है और यह सिद्धांत प्रारंभिक विद्यार्थियों के लिए मालूम होता है। अत: साक्ष्य के आधार पर विद्वानों का मत है कि यह पुस्तक तीसरी शताब्दी ई.पू. में लिखी गई थी। ईसा की तीसरी शताब्दी (वांग की प्रथम) से लेकर अठारहवीं शताब्दी तक इस ग्रंथ की अनेक टीकाएँ हुई हैं। सभी टीकाओं में अपने मतों के अनुसार मूल ग्रंथ की व्याख्या की गई है। ताओवाद का विकास करनेवाले प्रधान विचारक ली त्सू (चौथी शताब्दी ई.पू.) और चुआंग त्सू, जो मेंशियस के समकालीन थे (चौथी और तीसरी शताब्दी ई.पू.) और जो सर्वाधिक मौलिक चीनी दार्शनिकों में से एक हैं। उन्हें सांसारिक कार्यकलापों से घृणा थी और एकांत जीवन में साधना द्वारा आत्म-संस्कार पर उन्हें विश्वास था। उनकी रचनाएँ यद्यपि कल्पना-शक्ति और सत्यनिष्ठा-संपन्न हैं, फिर

भी वे उन लोगों में जनप्रिय न हो सकीं, जो जीवन में आगे बढ़ना चाहते थे। फिर भी वे सक्रिय जीवन से अवकाश लेनेवाले वृद्धजन के लिए अपार शांति व सुख का स्रोत बनीं।

ताओवाद का अध्यात्म

ताओवाद के केंद्रीय विचार उपनिषदों के विचारों से मिलते-जुलते हैं। संसार की दैवायत्तता और एक परम तत्त्व की वास्तविकता दोनों में सामान्य हैं और न्यूनाधिक रूप में समान पद्धति से दोनों में उन पर विचार किया गया है।

लाओत्से ने 'द बुक ऑफ चेंजेज' को अपना आधार बनाया है। इस ग्रंथ की धारणा यह है कि धरती पर की सभी घटनाएँ निरंतर चल स्थिति में या परिवर्तनशील हैं, जैसे सरिता का जल जो अविरल गति से बहता रहता है। जब पतझड़ आता है तब 'कोई एक भी पत्ती अपने सौंदर्य के कारण या एक भी पुष्प अपनी सुरभि के कारण छोड़ नहीं दिया जाता है।' इन विविध परिवर्तनों के पीछे एक परम सत्य है, जिसका तत्त्व अगाध और अज्ञेय है, जो फिर भी अपने आपको प्रकृति के विधानों में व्यक्त करता है। प्रकृति के इस इंद्रियगम्य पदार्थ जगत् के पीछे अवस्थित इस तात्त्विक सिद्धांत को कोई नाम दे देना दुरूह है; हालाँकि काम चलाने के लिए हम उसे 'ताओ' कहते हैं। कन्फ्यूशियस ताओ को जीवन मार्ग कहते हैं। लाओत्से की दृष्टि में ताओ जीवन मार्ग से अधिक है।

ताओ वह वास्तविकता है, जो अनादि और अनंत है; जबकि अन्य सब चीजें जन्म लेती हैं और मरती हैं। ताओ मार्ग भी है और लक्ष्य भी है। यह वह प्रकाश है जो द्रष्टा भी है और दृश्य भी, ठीक वैसे ही जैसे उपनिषदों का ब्रह्म साधना सिद्धांत भी है और साध्य भी, प्रेरक आदर्श भी है और उसकी पूर्ति भी। सत्यान्वेषण की प्रेरक शक्ति वही सत्य है, जिसकी हम खोज करते हैं।

ताओ वर्णनातीत है। वह अनाम है। 'जो ज्ञाता हैं, वे बोलते नहीं; जो बोलते हैं, वे ज्ञाता नहीं हैं।' सच्चे ज्ञानी अनिर्वचनीय उपदेश का पालन करते हैं, जिसकी अभिव्यक्ति नहीं की जा सकती। जो परम तत्त्व एक है, अनादि और अनंत है, वह इंद्रियगम्य है। 'वह, जो सबको उत्पन्न करता है, स्वयं अजन्मा है, जिसके द्वारा सब वस्तुओं का विकास होता है, विकास स्वयं उसका स्पर्श नहीं कर सका, स्वयंभू या आत्म-जन्मा और आत्म-प्रकाशी वह अपने आप में ही पदार्थ, ज्ञान, स्वरूप, शक्ति, विक्षेप और प्रलय के तत्त्व समाहित किए है और फिर भी इनमें से किसी भी एक नाम से उसे पुकारना भूल होगी। परम तत्त्व की परिभाषा करने में संकोच और निरुत्साह सर्वाधिक स्वाभाविक और ठीक दृष्टिकोण जान पड़ता है। उपनिषद् के द्रष्टा ने बार-बार परम आत्मा की परिभाषा करने की माँग किए जाने पर मौन ही ग्रहण किया। केवल यही कहा—'शांतोयमात्मा', वह आत्मा शांत है। प्रबुद्ध बुद्ध ने परम तत्त्व की प्रकृति बताने से

इनकार कर दिया था।

जो भी वर्णन हम कर सकते हैं, वे केवल नकारात्मक हो सकते हैं। हम उसे कुछ कह नहीं सकते, क्योंकि हम जो कुछ भी अपनी अवधारणा में लाते हैं, वह केवल आपेक्षिक वास्तविकता है, उस परम तत्त्व का आभास है; क्योंकि उस परम तत्त्व से ही सबकुछ की उत्पत्ति है और उसी में वे सब फिर लय होते हैं। जो वस्तुएँ हमें वास्तविक मालूम होती हैं, वे अपने आप में वास्तविक नहीं हैं। जो तात्त्विक एकता इनमें व्याप्त है, जो अपरिवर्तनीय सिद्धांत इस नित्य परिवर्तित बहुलता का आधार है, इस गतिशील विश्व के पीछे जो स्थिर सत्य है, वह निस्सीम है, निरुपाधिक है।

"एक नाम—बस, केवल एक—उसे दे सकते वह रहस्य है या वह जग के 'सफल रहस्यों से भी बढ़कर तिमिरावृत्त' है।

स्रोत कि जिससे गुप्त तत्त्व बिखरे ये सारे।"

समस्त कल्पनागम्य विशेषणों या गुणों का उसमें अभाव है, क्योंकि वह निर्गुण है। वह न भला है, न बुरा; न सत् न असत्; क्योंकि वह केवल है। उसकी सर्वगुणपरकता दरशाने के लिए विरोधी उपाधियों से उसकी चर्चा की जाती है। उसे निर्गुण गुणी कहा जाता है। वह भीतर है, बाहर है, 'पत्थर-सा बोझिल है और पंख-सा हलका।'

चुआंग त्सू ताओ के संबंध में लिखते हैं—ताओ वास्तविकता है और साक्ष्य है, कर्म और रूप नहीं है। उसका अंतः संचरण हो सकता है, पर उसे ग्रहण नहीं किया जा सकता। उसकी प्राप्ति हो सकती है, पर उसे देखा नहीं जा सकता। उसका अस्तित्व आत्म-स्वरूप आत्म-स्थित है। उसका अस्तित्व स्वर्ग और धरती से भी पहले था और निश्चय ही चिरंतन है। वह देवताओं की उद्‌भावना और संसार की उत्पत्ति कराता है। वह सृष्टि के अधोबिंदु से भी नीचे है, पर फिर भी नीचा नहीं है। वह स्वर्ग और धरती से भी पूर्वकालीन है, पर फिर भी पुराना नहीं है। सर्वप्राचीन से भी वह प्राचीन है, पर फिर भी बूढ़ा नहीं है।

ताओ के नकारात्मक और परस्पर विरोधी वर्णनों से यह निष्कर्ष नहीं निकलता कि वह अस्तित्वहीन मात्र है। वह जीवन और गति के सभी स्वरूपों को उत्पन्न करता है—

"वह अगाध है
जो कुछ है
उस सबका स्रष्टा परम पिता है।"

"कर्म-शून्य वह
पर उससे ही सर्व कर्म संपादन होता।"

"वह ताओ-आवृत्त-अनाम है
पर सबका आधार, सभी को

पूर्ण-काम-पथ पर लाता है।''

''वह-ताओ पथ-अतुल और इंद्रिया ग्राह्य है,
पर उसमें ही
सर्वरूप प्रच्छन्न और अंतर्हित रहते।''

''स्वर्ग के नीचे धरती पर के सभी पदार्थों का वह जन्म देनेवाला है। अनाम से ही स्वर्ग और धरती उत्पन्न हुए। सभी द्वंद्व, प्रकाश और अंधकार, उष्ण और शीत उसी से उत्पन्न होते हैं।

यह पदार्थ जगत् उस परम ताओ से किस प्रकार संबंधित है, इसकी स्पष्ट विवेचना नहीं की गई। कुछ उद्धरणों में यह संकेत किया गया है कि यह संसार उस परम तत्त्व से स्खलित है।

''पतन परम पथ-ताओ-का हुआ था, जब
जागी तभी मानव-दया और धर्मशीलता।
जब चतुराई जागी, ज्ञान मिला मानव को
तभी महा-मायागार फैला नभ चीरता।''

कुछ ताओवादी परंपरागत द्वैत मत को स्वीकार करते हैं और इस समस्त विश्व का निर्माण यांग और यिन के सिद्धांतों का फल मानते हैं। कन्फ्यूशियस के सिद्धांत में बाह्य विश्व की उत्पत्ति स्वर्ग और पृथ्वी के सम्मिलन और कर्म से होती है। ताओ वह विश्व सिद्धांत है जो यांग और यिन के द्वंद्व से पहले ही था। ये विरोधी द्वंद्व यथार्थ जगत् में ही सक्रिय होते हैं और इन दोनों की सामान्य उत्पत्ति अविभक्त एकता में होती है। यांग सक्रिय सिद्धांत है, जो सीमा-निर्धारण करता है और यिन निष्क्रिय सिद्धांत है, जो सीमित होता है। पर यह द्वैतवाद सामान्य रूप से ताओ मतानुयायियों द्वारा स्वीकार नहीं किया गया मालूम होता है। सभी वस्तुएँ ताओ पर आधारित हैं, पर ताओ किसी पर आधारित नहीं है।

''अगणित जीवों को विधाता रचता है उन्हें,
त्याग उनका न करता है कभी भूलकर।
पालता उन्हें है, पोसता है बन धात्री पूत,
किंतु निज स्वत्व कहता न कभी भूलकर।
उनका नियामक है नियमनशील है,
नमनशील होता न परंतु कभी भूलकर।
वश में न आता जीव के, न अवलंब लेता,
अवलंब सबका बना है सब भूलकर।''

अंतिम वास्तविकता या परम तत्त्व की धारणा एक मनुष्य के रूप में नहीं की गई।

वह कोई व्यक्ति रूप ईश्वर नहीं है, जिसमें ज्ञान, सक्रिय प्रेम और दयालुता की उपाधियाँ हों।

लाओत्से और चुआंग त्सू की ताओ संबंधी जो धारणा हमने ऊपर देखी है, वह उसी प्रकार की है जैसी उपनिषदों में ब्रह्म की धारणा है। एक काल-पूर्व, चिरकालीन और कालोपरि आत्मस्थ सत्ता है, जो चिरंतन है, अनंत है, परम पूर्ण है और सर्वव्यापी है। उसको नाम दे सकना या उसकी परिभाषा कर सकना असंभव है; क्योंकि मनुष्य की शब्दावली केवल लौकिक पदार्थों पर ही लागू हो सकती है। उसके प्रति तो हम मौन-भाव ग्रहण करते हैं या निषेधात्मक शब्दावली अपनाते हैं, क्योंकि उसमें सभी लौकिक उपाधियों का निषेध है अथवा फिर हम उसे एक रहस्य घोषित करते हैं या फिर तर्क और भाषा की असमर्थता सिद्ध करने के लिए उसे परस्पर विरोधी उपाधियों से वर्णित करते हैं। पर साथ-ही-साथ वह अस्तित्व मात्र की पूर्णता भी है, क्योंकि विचारों के सभी उद्‌देश्य और चिंतन के सभी विषय उसी से उत्पन्न होते हैं।

नीतिशास्त्र

व्यक्ति की आत्मा अपने अंतरतम में ताओ है। ताओ जहाँ एक ओर विश्व की वास्तविकता का प्रच्छन्न तत्त्व है, वहीं दूसरी ओर वह व्यक्ति के व्यक्तित्व का गूढ़ स्रोत भी है। ब्रह्म भी है और उसी प्रकार आत्मा भी। "वह सर्वदा हमारे भीतर है। जितना चाहो, उससे रस ग्रहण करो। वह स्रोत कभी सूखेगा नहीं।" कोई भी मनुष्य ताओ का नाश नहीं कर सकता, क्योंकि वह हम सबके भीतर आत्मा के अविनाशी प्रकाश के रूप में विद्यमान है। हममें से प्रत्येक को ताओ में फिर से समाहित हो जाने का प्रयत्न करना चाहिए, क्योंकि उसी से हमारी उत्पत्ति हुई है। अज्ञान के कारण हम ताओ के दर्शन नहीं कर पाते और सुख, शक्ति, सम्मान तथा संपत्ति प्राप्त करने में जुटे रहते हैं। जो अवास्तविक है, उस सबकी हम कामना करते हैं। अपने आपको अपने मनोवेगों और अपनी इच्छाओं से मुक्त करके और अकृत्रिम जीवन अपना करके हम ताओ को जान सकते हैं।

कामनाओं का त्याग ताओ है। कामना-मुक्ति हमें सच्ची शक्ति देती है। केवल वही व्यक्ति उस गूढ़ तत्त्व के दर्शन कर सकता है, जो अपने आपको हमेशा के लिए कामना मुक्त कर ले। जिसने कभी अपने को इच्छाओं से मुक्त नहीं किया, वह केवल परिणामों को ही देख सकता है। जब तक मानव हस्तक्षेप से हम त्रस्त नहीं होते तब तक सब ठीक है। सुकरात के बाद कुछ यूनानियों ने प्रकृति और परंपरा के बीच कम-से-कम इतना क्रांतिकारी विभेद किया था, जैसा ताओवादी चीनियों ने किया। बुराई का कारण उन्होंने व्यक्ति में आत्मसंयम की कमी में उतना नहीं देखा जितना संस्थाओं और

परंपराओं के दोष में। मनुष्य जब घटनाओं के स्वाभाविक प्रवाह में बाधा डालता है, तभी दु:खी होता है। अपनी कामनाओं और ज्ञान से हम प्रकृति की अकृत्रिमता या स्वत: प्रवाह में बाधा डालते हैं।

ताओवाद चाहता है कि हम अपने समस्त ज्ञान और सारी इच्छाओं को छोड़कर प्रकृति की गोद में वापस चले जाएँ। इंद्रिय-कामनाओं के पीछे जीवन बिताने के बजाय हमें उस केंद्रबिंदु को खोजना चाहिए, जो इस निरंतर गतिशील प्रवाह में स्थिर, अविनाशी और अपरिवर्तनशील है।

"विपुल विवेक-विद्या-बोझ को उतार फेंको,
ज्ञान को भगाओ दूर दु:ख दूर भागेंगे।
शतघा अधिक लाभ होगा जन-जीवन का,
शतघा अधिक जन का मंगल होगा।
दूर करो मानव-दया को, धर्मशीलता को,
तब कर्तव्यशीलता के भाव जागेंगे।
भूत-अनुकंपारत करुणा-पुलक होंगे,
जन जब विद्या बोझ ज्ञान-कथा त्यागेंगे।
सरलता का उन्हें आदर्श दो, देखें,
अनुत्कृत स्तंभ का आधार दो कर में,
अहं की शून्यता—दो और स्वल्पेच्छा,
सहज दो कामना से मुक्ति भर मन में।"

हमें अपनी प्रकृति के अनुकूल रहना चाहिए, जैसे—सागर भरता है, जैसे फूल खिलते हैं।

जहाँ पदार्थ दृष्टि से ताओ पदार्थ-विश्व में अंतर्निहित मूल एकता है, वहीं मानव व्यक्तित्व में वह शुद्ध चेतना है। अपने भीतर जो शक्ति है, उसे जानने के लिए हमें अपने सामान्य अस्तित्व के स्तरों के पार देखना होगा और उस शुद्ध चेतना को प्राप्त करना होगा, जो चुआंग त्सू के अनुसार बिना देखे देखती है, बिना सुने सुनती है और बिना सोचे समझती है। ताओ तक पहुँचने के लिए भारतीय योग से मिलती-जुलती एक प्रक्रिया सुझाई गई है। ताओ का प्रतिबिंब एक प्रशांत सरोवर में ही पड़ सकता है। यह निस्तब्ध शांति प्राप्त करने के लिए हमें अपने अंगों को शिथिल कर देना चाहिए, इंद्रिय पदार्थों को भुला देना चाहिए, बाह्य स्वरूपों और पदार्थ ज्ञान से परे निकल जाना चाहिए, और उसमें रम जाना चाहिए जो सब में रमा हुआ है।

चुआंग त्सू योग की वह प्रक्रिया अपनाते हैं, जिसके द्वारा आत्मा का बाह्य

क्रियाकलापों, इंद्रिय-पिपासाओं और भावों से प्रत्यागमन होता है और चेतना के क्रमिक स्तरों को पार करते हुए अंत में वह शुद्ध चेतना 'मन के भीतरवाले मन' तक पहुँच जाती है। योग के आसन और प्राणायाम का उपदेश दिया गया है। 'द्वार खोल दो, अहं को अलग हटाओ, शांति से प्रतीक्षा करो और आत्मा का प्रकाश आकर तुम्हारे भीतर घर बना लेगा।'

चुआंग त्सू कहते हैं, "व्यक्ति को नदी किनारे या एकांत स्थानों में चले जाना चाहिए और वहाँ कुछ नहीं करना चाहिए; ठीक वैसे ही जैसे वे लोग, जो वास्तव में प्रकृति से प्रेम करते हैं और कर्म-मुक्त अवसर का आनंद लेना चाहते हैं, कुछ नहीं करते। एक नियमित ढंग से साँस लेना, फेफड़ों में भरी हुई वायु को बाहर निकालना और फिर उसे स्वच्छ वायु से भरना मनुष्य को दीर्घजीवी बनाता है।" हमें उस शुद्ध तत्त्व को प्राप्त करना चाहिए, जो ज्ञेय से पृथक् ज्ञाता है। "जानना तो सभी मनुष्य चाहते हैं, लेकिन वे उसे जानने की कोशिश नहीं करते, जिसके द्वारा जाना जाता है।" इसमें कोई संदेह नहीं कि ताओवादी यदि शुद्ध भारतीय योग नहीं तो उससे बहुत मिलती-जुलती प्रक्रियाओं का अभ्यास करते थे और बाद में तो निश्चय ही उनकी इस प्रक्रिया पर भारतीय पद्धति का प्रभाव पड़ा।

दार्शनिक ची अपनी तिपाई पर आसन जमाए बैठे थे। उनका सिर पीछे झुका हुआ था और वे बहुत धीरे-धीरे अपनी साँस बाहर निकाल रहे थे। वे अद्‌भुत ढंग से निष्क्रिय और ध्यानस्थ मालूम हो रहे थे, मानो उनका एक अंश मात्र ही वहाँ उपस्थित हो। चेनचेंग नामक उनका शिष्य उनके पास खड़ा था। उसने पूछा, "यह आपको क्या हो रहा था? अपने शरीर को आप कुछ समय के लिए लकड़ी के एक लट्‌ठे जैसा और अपने मस्तिष्क को मृत अंगार जैसा बनाने में समर्थ दिखाई देते हैं। अभी-अभी मैंने जिसे इस तिपाई के सहारे पीछे झुकते हुए देखा था, लगता है, उसका उस व्यक्ति से कोई संबंध ही नहीं है, जो उसके पहले इस तिपाई पर बैठा था।"

ची ने उत्तर दिया, "तुम बिलकुल ठीक कहते हो। अभी-अभी जब तुमने मुझे देखा था, तब मेरे अहं ने अपनी अर्हता खो दी थी।"

एक दूसरे स्थान पर यह कहा गया है कि जब कन्फ्यूशियस लाओत्से से मिलने गए तो उन्होंने उन्हें 'इतना निष्क्रिय देखा कि वे कठिनाई से एक मनुष्य मालूम होते थे।' कन्फ्यूशियस ने कुछ देर तक प्रतीक्षा की, लेकिन थोड़ी देर में यह अनुभव करते हुए कि अपने आगमन की सूचना देने का अवसर आ गया है, उन्होंने लाओत्से को संबोधित करते हुए कहा, "क्या मेरी आँखों ने मुझे धोखा दिया था या सचमुच बात यही थी? अभी-अभी आप मुझे एक निर्जीव प्रस्तर खंड मात्र मालूम होते थे, ऐसे जैसे लकड़ी का

लट्ठा हो। ऐसा लगता था जैसे आपको किसी बाह्य पदार्थ का बोध ही नहीं रहा और आप कहीं अपने आप में निमग्न थे।''

लाओत्से ने कहा, ''ठीक है, मैं सृष्टि के प्रारंभ की सैर कर रहा था।''

यह विश्वास बहुत प्रसिद्ध था कि योगाभ्यास द्वारा हम असामान्य शक्तियाँ विकसित कर सकते हैं। ली त्सू ने लिखा है—''आत्यंतिक शक्ति-संपन्न मनुष्य बिना जले हुए आग पर चल सकता है, बिना गिरे धरती के शीर्ष बिंदु पर चल सकता है।'' यह अजेयता योग का परिणाम है। ली-स्तू के ग्रंथों में ऐसे व्यक्तियों की चर्चा है, जो बिना जले हुए आग पर चलते हैं, आकाश में यात्रा करते हैं और जो मरते नहीं। ताओवाद जादू के कारनामों में घुल-मिल गया और ताओ मत के पुरोहितों की जादू-टोने के कारण बहुत माँग बढ़ी। वह इन कलाओं में सिद्धहस्त भी थे।

आज भी ताओ मत के पुरोहित अद्भुत काम करनेवाले माने जाते हैं, जिन्हें प्रेतबाधावाले मकानों को मुक्त करने के लिए, व्यक्तियों और व्यक्ति समूहों पर आनेवाली प्रेतात्माओं को भगाने के लिए और रोग फैलानेवाली दुरात्माओं से गाँवों को मुक्त करने के लिए बुलाया जाता है।

यू येन (जन्म 755 ई.) ने एक पुस्तक लिखी है, जिसका शीर्षक है 'जीवन की स्वर्ण सुधा' (चिन तान तिआओ)। उस पुस्तक में उन प्रक्रियाओं का निर्देश दिया गया है, जिनके द्वारा हम मृत्यु पर विजय पा सकते हैं। कहा जाता है कि इस पुस्तक में ताओ ते चिंग के उपदेशों का विकास किया गया है और बौद्ध धर्म पर इसका बहुत प्रभाव पड़ा है। बौद्ध ग्रंथों के उद्धरणों की इसमें बहुलता है।

कहा गया है कि योग की प्रक्रिया से आत्म-ज्ञान, प्रेम और शक्ति के समन्वित तत्त्व की स्थिति की प्राप्ति होती है। तब हम सर्वग्राही अर्हता से मुक्ति पाते हैं—उस अर्हता से, जो हमें अपने में निमग्न और अपने वश में रखना चाहती है। इस अनुभव में एक परम पूर्णता की भावना रहती है, सामान्य भोग और कष्ट से बहुत ऊपर और परे रहनेवाला वह हर्ष-आनंद अनुभूत होता है, जो सुख और दुःख से भिन्न है। यह अनुभूति शब्दों के माध्यम से व्यक्त नहीं की जा सकती। तर्कसिद्ध वर्णन ताओ की इस गहन अनुभूति को व्यक्त करने में असमर्थ है। शिक्षक उपदेश देता है कि केवल सिद्धांत में अभिरुचि उत्पन्न करने के लिए, न कि व्यक्ति की आत्म-चेष्टा को कुचलने के लिए। प्रत्येक व्यक्ति को सत्य की खोज स्वयं करनी है। यह सत्य जब उसे प्राप्त हो जाता है तब वह अमर जीवन हो जाता है।

''ताओ चिरंतन नित्य है,
प्राप्त जिसने कर लिया ताओ,

भले ही देह उसकी नष्ट हो,
पर नाश उसका है नहीं।''

निषेध रूप में आंतरिक ताओ या अंतर्धर्म का अर्थ है—समस्त पदार्थ या पार्थिव बंधनों से मुक्ति। तब हालाँकि हमें अनंत जीवन की प्राप्ति हो जाती है, फिर भी हम अपना व्यक्तित्व एक परिवर्तित स्वरूप में बनाए रखते हैं। आंतरिक ताओ की प्राप्ति कर लेने पर हम पार्थिव परिवर्तनों, जीवन और मृत्यु के प्रभावों से मुक्त हो जाते हैं। जो ताओ धर्म की प्राप्ति कर लेता है, वह फिर अपनी अर्हता में सीमित नहीं रहता। वह अनुभव करता है कि समस्त सृष्टि के साथ वह एक है। सभी वस्तुएँ तब अपनी जैसी मालूम होती हैं; सागर और पर्वत, वायु और आकाश सब अपने अंश मालूम होते हैं।

जिसे धर्मानुभूति हो चुकी है, उसका कर्म अकर्म है, कामनाहीन, स्वार्थपूर्ण उद्देश्यों से मुक्त। उसके कर्मों की अवस्थिति उसमें नहीं, बल्कि उनकी अपनी परिणति में ही है। वह अनायास चलता है और काम करता है—

''वह क्रियाहीन बना सक्रिय अकर्म में ही,
कर्मरत वह गंध लेता गंधहीन में।
लघु को महान् करने में सक्षम ताओ वह,
अल्प को कर सकता है असंख्य।
प्रतिफल मंगल से अपकृति का देता वह,
स्वयं बना है लघु, फिर भी निबाहता है—
उनको, बने हैं जो महान् तन में।

जिसने उसे प्राप्त किया, उसको,
फिर मित्र या शत्रु बनाया न जा सके।
उसे लाभ या लोभ असंभव है,
क्षति-घात उसे पहुँचाया न जा सके।
उसका उत्कर्ष करे भला कौन,
विनीत बलात् बनाया न जा सके।''

यह अकर्म सांसारिक दृष्टि में ही अकर्म है, पर वास्तव में वह सर्वोत्तम कर्तृत्व है। हम अनायास, पर आत्म-प्रेरित रहते हैं। अपनी समस्त कामनाओं से मुक्त हो जाने पर अपनी समस्त बाह्य रूपता से निरावृत्त होकर हम अपने और अपने चतुर्दिक् वातावरण के बीच एक समन्वय की स्थिति में पहुँच जाते हैं और एक ऐसा आत्म-प्रेरित अनायास प्रवाह हमारे जीवन का हो जाता है, जैसा ॠतुओं का प्रवाह है। ऐसा व्यक्ति एक दर्शक

मात्र है। वह घटनाओं को अपनी गति से चलने देता है और जीवन की परिस्थितियों से अप्रभावित करता है।

एक शांतिवादी नैतिकता का उपदेश दिया गया है। धर्मानुकूलता को विभूति संपन्नता माना गया है। विभूति या सद्‌गुण व्यक्ति के ताओ या धर्म का परिणाम है। विभूति सत् और असत्, भली और बुरी दोनों हो सकती है। ताओ विभूति की अपेक्षा कर्म अधिक है। हमारे कर्मों के परिणाम यहीं, इसी जीवन में प्रकट होते हैं, भावी जीवन में नहीं। किसी वस्तु की अंतर्निहित शक्ति, उसकी भलाई या बुराई के सामर्थ्य को 'ते' कहते हैं। धीरे-धीरे 'ते' का अर्थ 'सदाचार' हो गया।

संसार का प्रत्येक जीव—मानव हो या पशु—एक विशेष प्रकार से व्यवहार करता है जो उसके लिए स्वाभाविक होता है और जब तक हम उसके अनुकूल कार्य करते हैं, तब तक हमारे कार्य ताओ पथ पर होते हैं। प्रत्येक की अपनी कार्य-पद्धति होती है—पुरुष हो या स्त्री, राजकुमार हो या किसान। प्रत्येक को अपने स्वभाव का विकास करना चाहिए। यदि हम सब पर एक जैसा मानदंड लागू कर दें तो अराजकता की स्थिति पैदा हो जाएगी। ''पुराने समय में जब एक समुद्री चिड़िया लू प्रांत की राजधानी के बाहर आ बैठी तो लू के शासक उसका स्वागत करने गए। मंदिर में उन्होंने उसे शराब दी। उसके मनोरंजन के लिए संगीत का आयोजन किया और उसके भोजन के लिए एक बैल की बलि दी गई। लेकिन वह चिड़िया आश्चर्यचकित थी और इतनी थकी थी कि न वह खा सकी, न पी सकी। तीन दिन में वह मर गई। यह तो चिड़िया का उस प्रकार स्वागत करना था जिस प्रकार मनुष्य स्वयं अपना स्वागत करता है, न कि जिस प्रकार चिड़िया चिड़िया का स्वागत करती है। यदि उन्होंने उसके साथ वैसा व्यवहार किया होता, जैसा चिड़िया चिड़िया के साथ करती है तो उन्होंने उसका घने जंगल में बसेरा बना दिया होता; मैदानों में घूमने, नदियों या झीलों में तैरने, मछलियाँ खाने और दूसरी चिड़ियों के साथ उड़ने तथा आराम से बैठने की सुविधा दी होती।''

'जो जल मछली के लिए जीवन है, वही मनुष्य के लिए मृत्यु है।' चुआंग-त्सू सभी प्रकार के शासन और प्रकृति में किए जानेवाले हस्तक्षेप को गलत समझते थे। हमें अपने विविध जीवन की रक्षा करनी चाहिए। यदि सभी जीव अपने ताओ के अनुकूल रहें तो संसार में संघर्ष ही न हो। संसार में ऐसा कुछ नहीं है, जो भला न हो; कोई भी दृष्टिकोण नहीं है, जो ठीक न हो। हमें प्रकृति के नियम अवश्य मानने चाहिए। विनम्रता और अप्रतिरोध ज्ञान और सुख के मार्ग हैं। यह सिद्धांत भगवान् बुद्ध की इन शिक्षाओं से भिन्न नहीं है, ''बुराइयों से बचना, भलाई करना और अपने हृदय को शुद्ध करना। अर्हता-शून्य समर्पण की विभूति है, समर्पण ही विजय है।''

''जो सर्वाधिक कोमल है, मृदु है—

है समर्पणशील महा।
वही जीतता है उसको सर्वाधिक,
जो अविनीत कठोर रहा।
वह मुक्त पदार्थ है व्याप्त इसी से,
वहाँ न जहाँ अवकाश रहा।
समझा उस कर्म का मूल्य यही,
जो अकर्म रहा, अनायास रहा।

शब्दहीन उपदेश, कर्महीन कर्मण्यता,
संत नहीं करता कुछ भी;
पर सिद्धि सभी उसकी बनीं चेरी।''

लाओत्से मानव जीवन में धर्म की सक्रिय अभिव्यक्ति का वर्णन करते हैं—''स्वामित्वहीन उत्पादन, अर्हता-शून्य कर्म, अधिकार-शून्य उत्थान।'' कहा जाता है कि उन्होंने कहा था, ''एक महान् देश का शासन ऐसे करो जैसे एक छोटी मछली पकाई जाती है। उसके बारे में बहुत शोरगुल मत करो। शासन करने में अति मत करो।''

''अपने लिए कुछ निर्माण मत करो, जो जैसा है उसे स्वस्थ रहने दो, जल की भाँति चलो, दर्पण की भाँति शांत रहो। प्रतिध्वनि की भाँति उत्तर दो। अस्तित्वहीनता की भाँति शीघ्रता से विलीन हो जाओ और पवित्रता की भाँति शांत रहो।'''संसार के लिए एक पथ बन जाओ।'' मुक्तात्मा मानव इसी प्रकार काम करता है।

''इसीलिए तो—
संत सर्वदा
सर्वाधिक परिपूर्ण पंथ से
जन-जन की मदद करता है।''

चुआंग-त्सू एक उद्धरण में लाओत्से का यह कथन लिखते हैं, ''जो जानता है कि वह बलशाली है और फिर भी उसे दुर्बल बने रहने में संतोष है, वह मानव जाति का अजेय है। वह, जिसे अपनी निर्दोषता का पूरा ज्ञान है, पर फिर भी अपमान सहन करता है, वही जननायक होगा। जब शेष अन्य सभी प्रथम स्थान पाने के लिए प्रयत्न कर रहे हों, तब जो अंतिम स्थान पाकर ही संतोष करता है, उसे ही संसार की अवमानना स्वीकार करनेवाला कहा जाता है।''

'ताओ-ते-चिंग' में युद्धों की भर्त्सना की गई है। लाओत्से कहते हैं, ''सभी कर्मों में सर्वाधिक ईर्ष्यापूर्ण और निंदनीय है युद्ध। जो लोग राजाओं को मंत्रणा देते हैं, उन्हें

युद्ध की शरण लेने से बचना चाहिए; क्योंकि सभी युद्ध प्रतिशोध की प्रेरणा देते हैं। जहाँ से होकर सेना जाती है वहाँ वर्षों दैन्य, अकाल और लूट-खसोट का दौर जारी रहता है। जो अपनी विजय में उल्लास मनाता है वह अपने आपको एक हत्यारा सिद्ध करता है।''

ताओवाद ने चीन को एक सर्वातिशायी रहस्यवाद दिया और इस प्रकार बाह्य बंधनों से मुक्ति पाने की चीनी जनता की गूढ़ कामना की पूर्ति का प्रयास किया। लेकिन उसमें अध्यात्म विद्या का विकास नहीं हुआ, जिससे मनुष्य के बुद्धत्व का पोषण करने का प्रयत्न होता। परम तत्त्व और इस विश्व के बीच जो संबंध है, उसकी यथातथ्य प्रकृति तथा दोनों के मध्यवर्ती शक्तियों की विवेचना का कोई व्यवस्थित विकास नहीं हुआ। धार्मिक पक्ष में ताओवाद कोई संतोषप्रद व्यवस्था देने में असमर्थ रहा। बौद्ध धर्म के अनेक सिद्धांतों और अनुष्ठानों को अपनाकर तथा लाओत्से को बुद्ध के समकक्ष प्रतिष्ठित कर ताओवाद ने जनता की धार्मिक पिपासा को शांत करने की कोशिश की। ताओवादी मठ व्यवस्था और अनुशासन नियम बौद्ध आदर्श पर बने हुए हैं। बौद्ध सूत्रों के आदर्श पर धीरे-धीरे एक ताओ शास्त्र की रचना हुई।

बौद्ध धर्म से स्वर्गों और नरकों की कल्पना की गई। उन्हें चीनी नाम दिए गए और जाति के ऐतिहासिक वीरों को, जो देवता माने जाने लगे थे, उनका अधिपति बनाया गया। बौद्ध परंपरा का अनुकरण करते हुए पुरोहितों या मठाधीशों और पुरोहितानियों के संप्रदाय प्रतिष्ठित किए गए। तैंग काल में लाओत्से को एक विशिष्ट सम्मान दिया गया और धीरे-धीरे उन्हें भगवान बुद्ध के समकक्ष दैवी पद पर पहुँचा दिया गया।

''शताब्दियों के दौरान ताओवाद ने अपने आपको दृढ़ता से प्रतिष्ठित कर लिया। बराबर बौद्ध धर्म से नए-नए तत्त्व ग्रहण करता रहा, जब तक उसका विकास एक ऐसे राष्ट्रीय धर्म के रूप में नहीं हो गया, जो अपने प्रतिपक्षी मत के साथ समान शक्ति और सामर्थ्य से उसके समानांतर चल सके। और इसी रूप में आज वह चीन के इतिहास में जीवित है।''

जब तंत्रयान—बौद्ध धर्म—ने ऐसी रहस्यवादी क्रियाएँ प्रचलित कीं, जिनकी महत्ता व उपयोगिता संदेहपूर्ण थी, तब ताओवाद भी उसी मार्ग पर आगे बढ़ा। लाओत्से और चुआंग-त्सू की पुस्तकों का उपयोग ऐंद्रजालिक या जादू-टोनेवाले संप्रदायों में आधिकारिक शास्त्र के रूप में होने लगा। ताओवाद के इस ऐंद्रजालिक रूप ने ही उसे जनप्रिय बनाया।

कहा जाता है कि इस मत में दार्शनिक के उस पत्थर का रहस्य छिपा है, जो अमरता प्रदान करता है। ताओवाद का यह रूप सभी प्रकार के वशीकरण, मोहन, मायाभिचार, जादू-टोने और प्रेत बाधा आदि की क्रियाओं के अनुष्ठान से भरा है।

अंधविश्वास से इस प्रकार आवृत्त संप्रदाय को बुद्धिवादी चीन स्वीकार न कर सका।

पर ताओवाद की प्रधान दुर्बलता उसके व्यावहारिक पक्ष में थी। इसका व्यावहारिक अर्थ धीरे-धीरे संसार के क्रियाकलापों के प्रति एक आलस्यपूर्ण उपेक्षा हो गया। लोगों का सुधार करने, उन्हें शिक्षा देने का कोई प्रयत्न इसने नहीं किया। मेंशियस ताओवाद को सामाजिक क्षेत्र में अराजकता उत्पन्न करनेवाला मानते थे और उसे हेय दृष्टि से देखते थे, क्योंकि ताओवाद में प्रकृति के किसी प्रकार के भी हस्तक्षेप को स्वीकार नहीं किया और शासन व सरकार को उसमें अनावश्यक बताया गया है।

ताओवाद में यह सिद्ध करने की प्रवृत्ति है कि मनुष्य अपनी प्राकृतिक स्थिति में स्वार्थपरता से मुक्त है और यह कि बुद्धि और इच्छा उसकी प्रकृति के अंग नहीं। मनुष्य यदि स्वार्थी और स्वामित्व की भावना से पूर्ण है तो इसके कारण कुछ और हैं। पहला कारण तो है प्रकृति में पदार्थों का उत्तेजन। रंगों की अधिकता आँखों को अंधा बना देती है, शोर की अधिकता सुनने की शक्ति छीन लेती है, व्यंजन की अधिकता होने से स्वाद नहीं रह जाता। और अपनी मानसिक शांति सुरक्षित रखने का यही एक उपाय है कि प्रलोभकारी वस्तुओं से व्यक्ति दूर ही रहे। गड़बड़ी का दूसरा कारण है सामाजिक और राजनीतिक हस्तक्षेप—"जितने ही अधिक नियंत्रण व निषेध बढ़ेंगे, उतना ही अधिक लोग गुमराह होते जाएँगे। जिनते ही अधिक शास्त्रार्थ बढ़ेंगे, उतना ही अधिक राज्य में क्षोभ और अव्यवस्था फैलेगी। जितने ही अधिक विधान और आदेश प्रचलित होंगे, उतने ही अधिक अपराधी पैदा होंगे।"

चुआंग-त्सू हमें प्रकृति की गोद में वापस जाने की सलाह देते हैं—"जब संत की वृत्ति छोड़ दी जाएगी और विद्वान् बहिष्कृत हो जाएँगे, तब चोरी-लूट बंद हो जाएगी। जब कुलटाएँ निकाल बाहर की जाएँगी और हीरे-जवाहरात नष्ट कर दिए जाएँगे, तब चोरी और अनाचार नहीं होगा।"

कन्फ्यूशियसवादी तो मनुष्य में तर्क और विवेक पर बहुत अधिक जोर देते हैं, पर ताओवादी उससे घृणा करते हैं। ताओवादी हमें धरती के नजदीक रहने का उपदेश देते हैं और प्रकृति की माया या जादू का मर्म समझने, उनका रस लेने की सलाह देते हैं। कन्फ्यूशियस के सिद्धांत हैं—भूतानुकंपा, पवित्रता या सदाचार, शालीनता और शील, ज्ञान और निष्ठा। ताओवाद में इसके विरुद्ध हृदय, प्रकृति, सहज प्रेरणा, अकर्मण्यता और मूर्च्छा को माना गया है, जो बौद्ध धर्म के चिंतन और आयास (प्रयास) के आदर्शों से बिलकुल भिन्न हैं।

ताओवाद ने परंपरा की महत्ता को अस्वीकार कर लिया। लाओत्से पितृ-भक्ति के प्रति उपेक्षा का भाव रखते थे, क्योंकि ताओवाद में सभी पूर्वज समान हैं। ताओवाद की

भूल यह है कि वह व्यक्ति के सामाजिक पक्ष को स्वाभाविक नहीं मानता और इसके अतिरिक्त उसने एक प्रकार के भाग्यवाद को प्रोत्साहन दिया। सांसारिक मामलों में ताओवादी प्रकृति के सार्वभौमिक विधानों को स्वीकार करते हैं। प्रकृति के निर्माण या विनाश करने के अधिकार पर शंका या आपत्ति नहीं की जा सकती। यदि हम प्रकृति की गति में परिवर्तन लाने का प्रयत्न करें तो हमें अपनी विवशता का भान होगा। आत्मा की शांति के लिए यह आवश्यक है कि हम प्रकृति के नियमों को सहर्ष स्वीकार करते हुए उनके अनुकूल रहें और केवल अनिच्छित स्वीकृति का भाव न रखें।

जब चुआंग-त्सू की पत्नी का देहांत हुआ तब तार्किक हुई त्सू उनके घर संवेदना व्यक्त करने गए। उन्हें देखकर अचरज हुआ कि चुआंग त्सू की जाँघों पर एक उलटा हुआ सुरा पात्र रखा हुआ है। वे ढोल की तरह उसे बजा रहे हैं और गीत गा रहे हैं। हुई त्सू ने कहा, ''आखिर कुछ भी हो, आपकी पत्नी आपके साथ रहीं, आपके बच्चों को पाला-पोसा और आपके साथ ही वह वृद्धावस्था में पहुँच गईं। आप उनके मरने पर शोक प्रकट न करें। यही काफी बुरी बात है, लेकिन अपने मित्रों से इस प्रकार ढोल पीटते और गीत गाते हुए मिलना—यह आचरण उचित नहीं है।''

''आप मुझे गलत समझ रहे हैं।'' चुआंग त्सू ने कहा, ''जब मेरी पत्नी की मृत्यु हुई, तब मैं शोकसंतप्त हो गया, जैसा कि कोई दूसरा व्यक्ति हो जाता। मगर जल्द ही कुछ हुआ था, उस पर मैंने चिंतन किया और अपने आपको समझाया कि आखिर मृत्यु के रूप में हमारे ऊपर कोई नया दुर्भाग्य तो नहीं टूटता। अगर कोई थक जाता है और जाकर आराम से लेट जाता है तो हम चिल्लाकर-रोकर उसका पीछा तो नहीं करते। मेरी पत्नी, जिसे मैंने खो दिया है, उस महान् अंतर आवास में थोड़ी देर के लिए शयन करने लेट गई। अब रो-धोकर उसकी शांति भंग करना तो यही सिद्ध करेगा कि मुझे प्रकृति के सार्वभौम परम विधान का कुछ भी बोध नहीं है।''

लाओत्से की दृष्टि में सामाजिक बुराइयाँ केवल सामाजिक दुराचार ही नहीं हैं, वे आत्मिक पाप भी हैं। उनसे मुक्ति का मार्ग तार्किकता के स्तर पर उठकर आध्यात्मिक बनना है। लेकिन दुर्भाग्य की बात तो यह है कि ताओवाद में मानव विधानों को भौतिक और प्राणि-शास्त्रीय विधानों के अनुरूप बनाने की कोशिश की गई है।

ताओवाद का विकास विभिन्न रूपों में हुआ। मेंशियस ने कई विकास मार्गों की चर्चा की है। यांग चू और मो चाई पूर्ण व्यक्तिवादी बन गए और उन्होंने यह सिद्धांत स्वीकार किया कि प्रत्येक व्यक्ति अपने लिए है। भले ही एक अकेला बाल उखाड़ लेने से वह संसार का भला कर पाए, पर उसे वह नहीं उखाड़ना चाहिए।

कुछ लोगों ने साधना को स्वीकार कर लिया और वे पारिवारिक और नागरिक

कर्तव्यों से अलग हो गए। सू सिंग ने अराजकता का विश्लेषण किया, समर्थन किया और वे सरकार की आवश्यकता स्वीकार नहीं करते।

विधानवादी भी, जिन्हें जीवन में वैधानिक हस्तक्षेप पर विश्वास है, ताओवाद का सहारा लेते हैं और अपने मत कि 'संसार जड़ है, अगतिशील है' की पुष्टि करते हैं। लाओत्से सामाजिक और राजनीतिक जीवन को एक मिथ्या विकास मानते हैं और वे मानव जाति को इस परिवर्तनशीलता के संसार से आध्यात्मिक वास्तविकता के संसार में ले जाने की कोशिश करते हैं।

लाओत्से के सिद्धांत की यह परलोक भावना कन्फ्यूशियस की उस परंपरा के विरुद्ध है, जो मनुष्य के सामाजिक जीवन का परिष्कार करती है और उसे युग की बदलती हुई अपेक्षाओं के अनुकूल बनाती है। निर्जीवता या जड़ता पवित्रता नहीं है। यदि हम उन मानसिक परिस्थितियों और पार्थिव स्वरूपों की चिंता नहीं करते, जिनमें आध्यात्मिक उद्देश्य को अपनी अभिव्यक्ति मिलती है तो हम अपनी विवशता में और गहरे गिर जाएँगे तथा यह घोषित करेंगे कि जीवन के यथार्थ तत्त्वों और शीघ्रता से परिवर्तित होनेवाले वातावरण की चोटों को सहने-सुलझाने में हम असमर्थ हैं।

ताओवादी अध्यात्म उपनिषदों की विचारधारा के निकट हैं और ताओवाद का अनुशासन यौगिक प्रक्रिया से मिलता-जुलता है। अगर कन्फ्यूशियस की आचार नीति हमें मिलकर निर्विरोधी, सुव्यवस्थित जीवन बिताना सिखाती है तो ताओवादी रहस्यवाद हमें समाज से बाहर निकल आना और ताओ की अनुभूति सिखाता है। हमें एक ऐसी विचार-पद्धति और एक ऐसे विश्वास की आवश्यकता है, जिसमें इन दोनों मतों के स्वरूप तत्त्वों का समन्वय हो।

□

मानव की श्रेष्ठता के बारे में कन्फ्यूशियस के विचार

मानव की श्रेष्ठता पर कन्फ्यूशियस को अटूट विश्वास रहा है। वे अपने वक्तव्यों में बार-बार श्रेष्ठ व्यक्ति के गुणों का वर्णन करते देखे जाते हैं। इन वर्णनों द्वारा उन्होंने मानवता के उच्चतम आदर्शों की सृष्टि की है। कन्फ्यूशियस जिस आदर्श आचरण की बात करते हैं, उसमें कुछ भी ऐसा नहीं है, जिसे मनुष्य अपने सांसारिक जीवन में ग्रहण कर सके। व्यावहारिकता उनके चिंतन की धुरी है।

वे कहते हैं कि संत निर्बंध जन की भाँति बहता, सभी वस्तुओं का पोषण करता और स्वर्ग की ऊँचाइयों तक उठता है। इस महान् मार्ग का पूर्ण विकास संभव है।

अतएव श्रेष्ठ व्यक्ति अपने सद्गुणी स्वभाव की रक्षा करता हुआ अपने अध्ययन और अपनी जिज्ञासा को अक्षुण्ण बनाए रखता है। वह निरंतर प्रयास करता है कि उसके स्वभाव में विस्तार और महानता आए। इसलिए वह ऐसे सूक्ष्म बिंदुओं को अनदेखा नहीं करता, जो उसको उच्च और प्रकाशवान् बनाने में सहायक हो सकते हों। मार्ग का अनुसरण करने की यही प्रक्रिया है।

पुरातन ज्ञान को आत्मसात् करके वह निरंतर नवीन ज्ञान की प्राप्ति में संलग्न रहता है। औचित्य के अभ्यास में वह पूरी निष्ठा और ईमानदारी का प्रदर्शन करता है। उच्च पद पर आसीन रहते हुए वह दर्प-युक्त नहीं होता। निम्न पद पर कार्य करते हुए वह उसके प्रति अवज्ञा नहीं दिखाता। साम्राज्य के सुचारु संचालन के समय वह शब्दों की अर्थवत्ता से ऊपर उठता है और कुप्रशासन के क्षणों में मौन रहकर अपनी सहन-शक्ति का परिचय देता है। कविता की पुस्तक में ठीक ही कहा गया है, ''बुद्धिमान और विवेकशील होने के कारण वह सदैव अपने व्यक्तित्व की रक्षा करता है।''

सभी वस्तुओं का पोषण इस प्रकार होता है कि वे एक-दूसरे का विरोध या एक-दूसरे को हानि नहीं पहुँचातीं। पृथ्वी पर ऋतु चक्र तथा आकाश में सूर्य-चंद्रादि नक्षत्रों

की यात्रा में कोई एक-दूसरे के आड़े नहीं आता। लघु शक्तियाँ नदी की धाराओं के समान हैं। विराट् शक्तियों का रूप भी विराट् होता है। यही कारण है कि स्वर्ग और पृथ्वी इतने महान् और विराट् हैं।

ऐसी ही संत प्रकृति का व्यक्ति स्वर्ग की छाया में रहता है। वह अवबोध, विवेक, दूरगामी बुद्धि, समग्र ज्ञान, शासन कुशलता, उदारता, धैर्य, मधुरता, ऊर्जा, दृढ़ता, आत्म-समायोजन, गांभीर्य, औचित्य, जिज्ञासा, वैशिष्ट्य, एकाग्रता आदि गुणों से युक्त होता है। वह अपने मार्ग से कभी विमुख नहीं होता।

वह झरने की भाँति समग्र है और यथासमय अपने सद्‌गुणों का लाभ औरों को देता है।

वह स्वर्ग की भाँति समग्र और विस्तृत है, झरने की तरह कर्मशील और गहरा। उससे मिलने पर लोग उसका आदर करते हैं। जब वह बोलता है तो वे उसका विश्वास करते हैं। जब वह कार्यरत होता है तो वे उससे प्रसन्न होते हैं।

उसका यश चारों ओर फैल जाता है—दूर जंगली कबीलों के इलाकों तक, जहाँ-जहाँ तक समुद्री जहाज जाते हैं, जो भी आकाश के नीचे और पृथ्वी के ऊपर है, जहाँ-जहाँ तक सूरज और चाँद का प्रकाश जाता है, जहाँ-जहाँ कुहरा छाया होता है और ओस झरती है, वहाँ-वहाँ इस व्यक्ति को स्नेह और सम्मान मिलता है। इसीलिए कहा गया है, 'वह स्वर्ग के समान है।'

कविता की पुस्तक में कहा गया है—"वह अपने बेलबूटोंवाले कपड़ों पर सादा वस्त्र पहनती है।" इसी प्रकार श्रेष्ठ व्यक्ति अपने सद्‌गुणों का प्रदर्शन करना नहीं चाहता। वह तो नित्य अपनी श्रेष्ठता के विकास में लगा रहता है। इसके विपरीत, दुष्ट व्यक्ति सदा आत्म-विज्ञापन में लगकर पतन के रास्ते पर चला जाता है।

कन्फ्यूशियस प्राचीन कविता की पुस्तक से नए जीवन-व्यवहार का उपदेश देते हैं। वह बार-बार अपने विचारों के प्रतिपादन के लिए कविता की पुस्तक के उदाहरण देते हैं और उसे अपने विचारों के लिए सबसे बड़ा प्रमाण मानते हैं। उनकी दृष्टि समय के प्रवाह को पहचानती है। उन्होंने अनेक स्थानों पर कुप्रशासन के समय बुद्धिमान व्यक्ति को सहनशील होने का उपदेश दिया है। उन्होंने श्रम के महत्त्व को पूरी तरह से स्वीकार किया है। वे मानते हैं कि बुद्धि और ज्ञान की कमी श्रम से पूरी हो सकती है। श्रम करके व्यक्ति उसी रूप में आत्म-परिष्कार करता है, जिस रूप में ज्ञानी चिंतन द्वारा।

उनके विचारों में मूल उपलब्धि परासत्ता से निकट होना है; लेकिन यह निकटता किसी आध्यात्मिक चिंतन या व्यक्तिगत साधन पर उतना निर्भर नही करती, जितना सामाजिक जागरूकता और दायित्व की भावना से। उनके द्वारा प्रतिपादित संपूर्ण व्यावहारिक

नियम स्वर्ग की समीपता की यात्रा के लिए हैं। स्वर्ग उनके लिए उस चमकते नक्षत्र की तरह है, जिस तक हमें पहुँचना है। स्वर्ग के विशाल साम्राज्य में पृथ्वी एक छोटा सा अंश है। जिस प्रकार पर्वतों का भार नहीं जाना जा सकता, नदी और समुद्र की तह तक नहीं पहुँचा जा सकता, उसी प्रकार स्वर्ग भी एक कल्पनातीत सत्य है।

कन्फ्यूशियस ने संत प्रकृति की व्याख्या अत्यंत तार्किक रूप से की है। संपूर्ण ब्रह्मांड का उदाहरण देते हुए उन्होंने मनुष्यों के लिए अस्तित्व-युक्त नक्षत्रों के समान आचरण पर बल दिया है। प्रत्येक मनुष्य को इस प्रकार व्यवहार करना चाहिए कि वह दूसरे मनुष्य की सत्ता में व्यवधान उत्पन्न न करे।

कविता की पुस्तक में कहा गया है—"यद्यपि मछलियाँ डुबकी लगाकर नदी के जल में बैठ जाती हैं, किंतु वहाँ भी वे स्पष्ट रूप से दिखाई देती हैं।" श्रेष्ठ व्यक्ति सदा अपने हृदय का निरीक्षण करता है, यह देखने के लिए कि उसमें कहीं कोई कमी तो नहीं है। वह ऐसा इसलिए करता है कि उसे अपने आपसे असंतोष न हो। जिस क्षेत्र में श्रेष्ठ पुरुष अद्वितीय है, वह है उसका कर्म, जिसे दूसरे लोग देख नहीं पाते।

कविता की पुस्तक में कहा गया है—"मैं तुम्हारे प्रकाश-युक्त गुणों को देखकर मुग्ध हूँ। वे ध्वनि और आभास द्वारा प्रदर्शन नहीं करते।"

कन्फ्यूशियस कहते हैं, "लोगों के बदलने के साधनों में ध्वनि और आभास गौण महत्त्व रखते हैं। सर्वशक्तिमान् स्वर्ग की क्रियाओं में कहीं ध्वनि और घ्राण शक्ति नहीं है। वही पूर्ण सद्‌गुण है।"

इसी आधार पर वे कहते हैं, "क्या निरंतर प्रयास और अनुप्रयोग सुखदायी नहीं हैं?"

"क्या सुदूर कोनों से आते हुए मित्र आनंद नहीं देते?"

"क्या वह पूर्ण सद्‌गुणी व्यक्ति नहीं है, जो उपेक्षा से भी विचलित नहीं होता?"

"यदि विद्वान में गंभीरता नहीं है तो उसका ज्ञान ठोस नहीं और उसके प्रति लोगों में श्रद्धाभाव उत्पन्न नहीं होता।"

मध्य मार्ग का प्रतिपादन करते हुए कन्फ्यूशियस ने सामान्य व्यवहारों को महत्त्व दिया है। यदि ध्यान से देखा जाए तो वह समूह के स्थान पर व्यक्ति के उत्तरदायित्व पर बल देते हैं, लेकिन यह व्यक्तिवाद संपूर्ण मानवतावाद का पर्याय है। उनका विचार है कि उच्च व्यक्ति सर्वत्र भ्रातृभाव का विस्तार करता है और आत्मसंयम तथा परिष्कार की ओर बढ़ता है।

उनके संपूर्ण दर्शन में व्यक्ति के लिए आत्म-संयम और आत्म-परिष्कार दो महत्त्वपूर्ण आचरण हैं। वे सामाजिक और सांस्कृतिक उत्थान के लिए आत्मशुद्धि पर बल देते हैं।

व्यक्ति के गुणों पर ध्यान देने के विषय में उनका विचार है कि वे गुण इस रूप में

हों कि समाज का उनसे भला हो और व्यक्ति के गुण सामाजिक अच्छाई के प्रतीक बनकर सामने आएँ।

कन्फ्यूशियस श्रेष्ठ व्यक्ति को एक और दायित्व सौंपते हैं कि वह ज्ञान की विविध धाराओं से स्वयं को परिचित कराए। ऐसा करने पर वह अच्छे और बुरे के बीच स्पष्टत: अंतर कर सकेगा। जब वह स्वयं इस अंतर को समझेगा, तभी दूसरों को समझा पाएगा। अत: उसके परिश्रम का अधिकांश इस अंतर को समझने में व्यय होना चाहिए।

परिश्रम के विषय में भी उनका मत स्पष्ट है। वे परिश्रम को निरंतर साधना के रूप में देखते हैं। उनका विचार है कि एक बार, दस बार या हजार बार परिश्रम करने से अंतत: व्यक्ति बुद्धिमान भी हो जाता है और यदि परिश्रम से अर्जित बुद्धि के साथ व्यक्ति की निष्ठा का समन्वय हो जाता है तो वह अंतत: जीवन के सत्य के निकट पहुँच जाता है। वह जीवन की पूर्णता के लिए परिश्रम, बुद्धि और निष्ठा—तीनों को आवश्यक मानता है।

निष्ठा एक ऐसा तत्त्व है, जिसके होने से मनुष्य में स्वर्ग के गुण आ जाते हैं और व्यक्ति अपने विचारों को सही मार्ग के अनुसंधान में लगा देता है।

जिस प्रकार प्रवाहित जल सबको समान रूप से सींचता है, उसी प्रकार संत या उच्च व्यक्ति भी अपने ज्ञान की किरणों से सबको प्रकाशित करता है।

पूर्ण ज्ञान से ही जीवन के सत्य मार्ग का अनुसंधान संभव है।

जीवन-सत्य का अनुसंधान करके व्यक्ति स्वयं से ऊपर उठ जाता है और दूसरों को उसी मार्ग पर लगा देता है।

इस प्रकार कन्फ्यूशियस व्यक्ति को किसी धर्म या संप्रदाय की शरण में न भेजकर विस्तृत प्रकृति के प्रांगण में सत्य की खोज में लीन करते हैं। यह ध्यान देने की बात है कि कन्फ्यूशियस न्याय के संरक्षक थे। वे शिक्षक और उपदेशक भी थे। अत: उनके विचारों से अच्छे-बुरे को समझने की स्वत:स्फूर्त शक्ति की महत्ता अधिक है।

उन्होंने अपनी संपूर्ण विचारधारा का समाज-सुधार के लिए प्रयोग किया। उनके दृष्टिकोण से मनुष्य का संकट यद्यपि भौतिक है, सांसारिक है, परंतु उसके निवारण के लिए उसे सांसारिक या भौतिक धरातल से ऊपर उठना होगा; क्योंकि समान कारण, समान समस्या से कोई भी प्रश्न हल नहीं हो सकता। ध्यान देने से पता चलता है कि वह कोई विशिष्ट आध्यात्मिक दृष्टि नहीं देते, केवल सद्गुणों पर आधारित व्यावहारिक दृष्टि देते हैं; लेकिन उनकी व्यावहारिक दृष्टि मनुष्य के कर्तव्य-अकर्तव्य ज्ञान से परिपूर्ण है, अत: नितांत दैविक भी है। इससे हमें वर्तमान का निषेध करके भविष्य की चिंता नहीं करनी होती, बल्कि वर्तमान को सब तरह से ठीक करके ही संतुष्टि प्राप्त करनी होती है। इससे भविष्य की सुखमयता अपने आप ही बढ़ जाती है।

उनके विचार से, महानता कोई ऐसी वस्तु नहीं, जिसकी सूक्ष्मता पकड़ में न आ

सके। वह गुणों और व्यवहार में अपने आप लक्षित होती है।

वे कहते हैं—

- वफादारी और निष्ठा को प्रथम महत्त्व के सिद्धांत मानो।
- ऐसे लोगों को मित्र मत बनाओ, जो तुम्हारे समान या बराबर नहीं हैं।
- जब तुम्हारे अंदर कुछ त्रुटियाँ हों तो उन्हें त्यागने में भय का अनुभव मत करो।
- व्यक्ति के कर्म, उसकी अभिप्रेरणा और रुचि को परखो। कोई व्यक्ति अपना चरित्र आखिर कब तक छिपाकर रख सकता है। यदि कोई अपने पुरातन ज्ञान के साथ-साथ नवीन ज्ञान की प्राप्ति भी कर रहा हो, या तो ऐसा व्यक्ति निस्संदेह दूसरों को ज्ञान देने के योग्य होता है।

त्से कुंग के यह पूछने पर कि श्रेष्ठ व्यक्ति की क्या पहचान है, आचार्य ने उत्तर दिया, ''वह बोलने से पहले कर्म करता है और उसके बाद अपने कर्मों के अनुसार बोलता है। श्रेष्ठ व्यक्ति उदार होता है, जबकि निकृष्ट व्यक्ति अपने संकुचित दृष्टिकोण से पहचाना जाता है।''

- ज्ञान के बिना चिंतन व्यर्थ का परिश्रम है। ज्ञान के अभाव में चिंतन खतरनाक होता है।
- संत तो दूर की बात है, यदि मुझे कोई सच्ची प्रतिभा और गुणों से युक्त दिखाई दे जाए तो मुझे संतोष होगा।
- अच्छा व्यक्ति भी दुर्लभ होता है। यदि मैं किसी पक्की लगनवाले व्यक्ति को ही देख सकूँ तो मुझे संतोष होगा।
- जिसके पास कुछ नहीं होता, किंतु फिर भी जो सबकुछ होने का ढोंग रचता है, खाली होने पर भी जो भरा होने का आभास कराता है, संकुचित होते हुए भी जो उसके बारे में चिंतित नहीं होता, ऐसा व्यक्ति कभी सच्ची लगन का स्वामी नहीं हो सकता।
- ऐसे बहुत सारे व्यक्ति हैं, जो बिना सोचे-समझे काम करते हैं। मैं उनमें से नहीं हूँ। बातों को ध्यान से सुनकर, उनमें से अच्छी चीजों का चयन करके उन पर आचरण करना, वस्तुओं का गहन पर्यवेक्षण करना और उन्हें स्मृति में रखना—यह ज्ञान का दूसरा प्रकार है।

येन-युवान ने पूर्ण सद्‌गुण के बारे में जानना चाहा। उन्होंने कहा, ''स्वयं पर विजय प्राप्त करके औचित्य का पालन करना पूर्ण सद्‌गुण है। यदि व्यक्ति एक भी दिन अपने को जीतकर औचित्य का पालन करता है तो उसको पूर्ण सद्‌गुण का स्वामी कहा जाएगा।''

येन-युवान ने सद्‌गुण-प्राप्ति की प्रक्रिया समझने की जिज्ञासा प्रकट की। आचार्य ने कहा, ''औचित्य के विपरीत किसी वस्तु को न देखो। औचित्य के विरुद्ध कोई वचन न सुनो। औचित्य के विपरीत कोई आचरण न करो।''

येन-युवान ने आश्वासन दिया, ''यद्यपि मैं बुद्धि और शक्ति में छोटा हूँ तथापि मैं इस उपदेश का पालन करने की चेष्टा करूँगा।''

युंग-कुंग ने पूर्ण सद्‌गुण के बारे में जानना चाहा।

आचार्य ने कहा, ''पूर्ण सद्‌गुण इसमें है कि विदेश जाने पर वहाँ के प्रत्येक व्यक्ति से इस प्रकार मिलो, जैसे तुम एक बहुत बड़े अतिथि का स्वागत करते हो। दूसरों के प्रति ऐसा आचरण कदापि न करो, जिसको तुम स्वयं अपने प्रति न चाहोगे। कोई ऐसा कार्य न करो, जिसके कारण घर में या घर से बाहर तुम्हारी निंदा हो।''

युंग-कुंग ने आश्वासन दिया, ''यद्यपि मैं बुद्धि और शक्ति में छोटा हूँ तथापि मैं इस उपदेश का पालन करने का प्रयत्न करूँगा।''

जे-मा नू ने श्रेष्ठ व्यक्ति के संबंध में जानने की इच्छा व्यक्त की।

आचार्य ने कहा, ''श्रेष्ठ व्यक्ति चिंता व भय से मुक्त होता है।''

नू ने पूछा, ''क्या चिंता और भय-रहित होने मात्र से ही व्यक्ति श्रेष्ठ बन जाता है?''

आचार्य ने कहा, ''जब व्यक्ति आत्मपरीक्षण द्वारा जान लेता है कि उसमें किसी प्रकार की कमी नहीं है तो भय उत्पन्न होने की कोई वजह नहीं रहती।''

जे-चांग ने पूछा, ''बुद्धि से क्या तात्पर्य है?''

आचार्य ने उत्तर दिया, ''जो व्यक्ति अपनी आलोचना और अपने विरुद्ध वक्तव्यों से विचलित नहीं होते वे निश्चय ही बुद्धिमान हैं। ऐसे व्यक्ति निस्संदेह दूरदर्शी होते हैं।''

जे कुंग ने पूछा, ''ऐसे व्यक्ति के बारे में आपका क्या विचार है, जो अपने पड़ोसियों का स्नेह-भाजन है?''

आचार्य ने उत्तर दिया, ''केवल इसी कारण उसे श्रेष्ठ समझ लेना उचित नहीं है।''

पुनः यह पूछे जाने पर कि पड़ोसियों द्वारा घृणा पात्र समझा जानेवाला व्यक्ति कैसा होता है।

आचार्य ने कहा, ''इससे हमें यह निष्कर्ष कदापि नहीं निकालना चाहिए कि वह व्यक्ति बुरा ही है। इन दोनों प्रकार के व्यक्तियों में ऐसा व्यक्ति निश्चय ही बेहतर है, जो अच्छे व्यक्तियों का स्नेह और बुरे लोगों से घृणा प्राप्त करता हो।''

• श्रेष्ठ व्यक्ति दूसरों की सेवा में तो तत्पर रहता है, किंतु वह जल्द ही अपने

प्रति की गई सेवाओं से प्रसन्न नहीं हो जाता। यदि आप गलत ढंग से उसे प्रसन्न करना चाहें तो नहीं कर सकेंगे। इसके विपरीत, निकृष्ट व्यक्ति दूसरों की सेवा करने से जी चुराता है और दूसरों से सेवा लेने में सुख का अनुभव करता है। वह गलत ढंग की सेवा से भी प्रसन्न होता है।

- श्रेष्ठ व्यक्ति में दर्प-रहित, गरिमा-युक्त सहजता देखने को मिलती है; जबकि निकृष्ट व्यक्ति में दर्पपूर्ण, गरिमा-मुक्त सहजता।
- दृढ़, सरल और विनम्र व्यक्ति ही सद्गुण के समीप होते हैं।

जे-लू ने पूछा कि विद्वान् में किन-किन गुणों का होना आवश्यक है?

उन्होंने उत्तर दिया, "वह, जो अपने मित्रों और भाइयों के प्रति निष्ठा और विनम्रता का आचरण करता है।"

- जिन व्यक्तियों में सामान्य से अधिक प्रतिभा होती है, वे ही सर्वश्रेष्ठ विषयों में दीक्षित किए जा सकते हैं। सामान्य से हीन प्रतिभावालों के लिए सर्वश्रेष्ठ विषय नहीं होते।
- ज्ञानी व्यक्ति जल देखकर प्रसन्नता का अनुभव करता है, सद्गुणी शैलमालाओं को देखकर आनंदित होता है। ज्ञानी सक्रिय व्यक्तित्व का स्वामी होता है और सद्गुणी शांत व्यक्तित्व का। ज्ञानी प्रसन्न स्वभाव का और सद्गुणी दीर्घायुवाला होता है।
- मार्ग के प्रति निरंतर निष्ठा रखनेवाला संपूर्ण सद्गुण का स्वामी होता है। कितने कम लोगों ने मार्ग को साधा है।

जे-कुंग ने पूछा, "ऐसे व्यक्ति के बारे में आप क्या कहते हैं, जो लोगों को सहायता तथा लाभ पहुँचाता हो? क्या ऐसा व्यक्ति श्रेष्ठ कहलाने योग्य है?"

आचार्य ने उत्तर दिया, "श्रेष्ठ होने के लिए इतना ही काफी नहीं। उसमें एक संत के गुणों का होना परम आवश्यक है। संपूर्ण सद्गुणी अपने आपको स्थापित करके दूसरों की स्थापना में भी योग देता है, आत्म-विस्तार के बाद पर-विस्तार की ओर भी प्रवृत्त होता है। इसी को सद्गुण की कला कह सकते हैं।"

- ज्ञानी लोग उच्चतम श्रेणी में आते हैं, जबकि निकृष्ट लोग निम्नतम श्रेणी में।
- श्रेष्ठ व्यक्ति अपना विकास दूसरों को आराम पहुँचाने के विचार से प्रेरित होकर करता है।
- श्रेष्ठ व्यक्ति तीन चीजों से सदा अपनी रक्षा करता है—युवावस्था में, जबकि शारीरिक शक्तियाँ पूरी तरह स्थिर नहीं रहतीं, वह विलास से अपनी रक्षा करता है। पूर्ण शारीरिक दृढ़ता प्राप्त कर लेने पर वह झगड़ों से बचता है। वृद्धावस्था में पौरुष शक्ति का ह्रास होने पर वह लोभ से अपनी रक्षा करता है।

- तीन चीजों से श्रेष्ठ व्यक्ति भय खाता है—स्वर्ग के आदेश से, महान् व्यक्ति से तथा संत से।
- निकृष्ट व्यक्ति स्वर्ग के आदेशों को नहीं समझता, इसलिए इनसे उसे भय नहीं लगता। महान् व्यक्तियों के प्रति उसका आचरण अभद्र होता है और वह संतों के वचनों का मजाक उड़ाता है।
- जन्मजात ज्ञानी सर्वोच्च श्रेणी में आते हैं। उनके पश्चात् वे लोग आते हैं जो शिक्षा द्वारा ज्ञानार्जन करते हैं। आलसी और मंद बुद्धि होते हुए भी जो ज्ञान-प्राप्ति की चेष्टा करते हैं, वे उनके बाद आते हैं। निकृष्टतम श्रेणी में वे आते हैं, जो आलसी और मंद बुद्धि तो हैं ही, साथ ही शिक्षा भी ग्रहण नहीं करते।
- गंभीर चिंतन के लिए श्रेष्ठ पुरुष के समक्ष नौ विषय होते हैं। अपने नेत्रों के विषय में उसकी चेष्टा रहती है कि वे साफ-साफ देखें। कानों के बारे में वह चाहता है कि वे भली प्रकार सुनें। अपने चेहरे के विषय में उसकी कोशिश होती है कि वह सौम्य दिखे। अपने हाव-भाव में वह आदरपूर्ण होने का प्रयत्न करता है। अपनी वाणी में वह निष्ठा की झनकार पैदा करने की चेष्टा करता है। अपने कार्य में वह सम्मान-युक्त सावधानी बरतने का इच्छुक होता है। शंकालु होने पर वह दूसरों से प्रश्न करता है। क्रोधित होने पर उसके सामने वे समस्याएँ आ जाती हैं, जो क्रोध द्वारा उत्पन्न होती हैं। जब वह लाभ-प्राप्ति के बारे में सोचता है तो नीतिपरायणता को ध्यान में रखने का प्रयास करता है।
- जो दूसरों की अपेक्षा खुद के लिए अधिक पाना चाहता है, वह दूसरों का कोप-भाजन नहीं बनता।
- श्रेष्ठ व्यक्ति अपनी अयोग्यता पर दु:खी होता है। वह इसलिए कभी परेशान नहीं होता कि लोग उसे नहीं जानते।
- श्रेष्ठ व्यक्ति अपने अंदर से कुछ प्राप्त करने की कोशिश करता है। निकृष्ट अपने बाहर से प्राप्त करना चाहता है।
- केवल किसी के वचनों पर विश्वास करने से ही श्रेष्ठ व्यक्ति उसे पदोन्नति नहीं दे देता, न ही वह किसी व्यक्ति के कारण अच्छे वचनों को उपेक्षा करता है।
- ऊपर से सत्य और सुंदर लगनेवाले शब्द सद्गुण नहीं होते। छोटी-छोटी बातों में सहनशीलता का अभाव बड़ी योजनाओं को चौपट कर देता है।
- जब सब लोग किसी एक व्यक्ति से घृणा करते हों, तब हमारे लिए जरूरी है कि इस स्थिति का परीक्षण करें। जब सब लोग किसी व्यक्ति को प्यार करते

हैं, तब भी ऐसा परीक्षण करना आवश्यक होता है।

- श्रेष्ठ व्यक्ति ही उन सिद्धांतों का विस्तार करता है, जिनका वह पालक है। वे सिद्धांत व्यक्ति का विस्तार नहीं करते।
- श्रेष्ठ व्यक्ति का लक्ष्य है सत्य, भोजन कदापि नहीं। वह इस बात से चिंतित रहता है कि कहीं ऐसा न हो कि वह सत्य को न साध सके, इस बात से नहीं कि कहीं वह निर्धन न हो जाए।
- ऐसा व्यक्ति, जो ज्ञान संचित करके अपने सद्‌गुण द्वारा उसकी रक्षा नहीं करता, शीघ्र ही उसे खो देता है। ज्ञानी और सद्‌गुणी होकर भी सुचारु ढंग से शासन नहीं करता, उसको लोगों से आदर नहीं मिलता। यदि ज्ञानी, सद्‌गुणी और कुशल शासक होने पर भी वह लोगों को औचित्य के मार्ग पर नहीं ले जाता तो समझना चाहिए कि उसकी श्रेष्ठता पूर्ण नहीं है।

जे-लू ने जानना चाहा कि क्या श्रेष्ठ व्यक्ति वीरता का आदर करता है?

आचार्य ने कहा, ''श्रेष्ठ व्यक्ति नीतिपरायणता को सबसे अधिक महत्त्व देता है। एक ऐसा उच्च पदाधिकारी, जो वीर तो अवश्य है, किंतु नीतिपरायण नहीं, शीघ्र ही अवज्ञा का दोषी बन जाता है। निम्न कोटि का ऐसा व्यक्ति, जो वीर होने के साथ नीतिपरायण नहीं, लूट-मार करने लग जाता है।''

जे-कुंग के पूछने पर कि श्रेष्ठ पुरुष किन-किन बातों से घृणा करता है?

आचार्य ने उत्तर दिया, ''वह दूसरों की निंदा करनेवालों से, अपने से उच्च व्यक्तियों को बदनाम करनेवालों से, औचित्य के प्रति अनास्था रखनेवालों से तथा अल्प समझ रखनेवालों से घृणा करता है।''

कन्फ्यूशियस कहते हैं, ''श्रेष्ठ व्यक्ति संपत्ति और सम्मान के प्रति अनासक्त रहता है। खाने के लिए मोटा चावल, पीने के लिए पानी और तकिए के स्थान पर मेरी बाँह—मैं इन्हीं से आनंद ले लेता हूँ। गलत ढंग से प्राप्त की गई संपत्ति और सम्मान मेरे लिए एक तैरते हुए बादल के समान है।''

जो पूर्ण सद्‌गुण की खोज में है, वह भोजन में स्वाद और उसकी मात्रा नहीं चाहता, अपने घर में सुविधाओं को नहीं जुटाता। वह अपने कर्म में निष्ठा और वाणी में संयम का पालन करता है तथा सिद्धांतवाले व्यक्तियों के संपर्क में आकर स्वयं को सुधारने का प्रयास करता है। ऐसे ही व्यक्ति को ज्ञान से प्रेम होता है।

त्से कुंग ने पूछा, ''ऐसे व्यक्ति के विषय में आपका क्या मत है, जो गरीब होकर भी चापलूसी नहीं करता तथा ऐसे व्यक्ति के बारे में आप बताएँ, जो धनवान् होकर भी घमंड नहीं करता?''

आचार्य ने उत्तर दिया, ''ऐसे व्यक्ति ठीक हैं; किंतु उसकी बराबरी नहीं कर

सकते, जो गरीबी में भी प्रसन्न रहता है अथवा जो धनवान् होकर भी औचित्य के सिद्धांतों का पालन करता है।''

- फिजूल खर्ची दूसरों के प्रति अवज्ञा का भाव पैदा करती है तथा कंजूसी से क्षुद्रता आती है। अवज्ञा भाव से क्षुद्रता कहीं अच्छी है।
- श्रेष्ठ व्यक्ति संतुष्ट और शांत रहता है। इसके विपरीत क्षुद्र व्यक्ति सदा दु:खी रहता है।
- ऐसे लोग, जो सद्‌गुणी नहीं हैं, अधिक समय तक गरीबी और कठिनाइयों की या आनंद की अवस्था में नहीं रह सकते। सद्‌गुणी सद्‌गुण में अवस्थित रहता है। ज्ञानी लोग सद्‌गुण की कामना करते हैं।
- सच्चा सद्‌गुणी ही औरों से प्रेम या घृणा कर सकता है।
- यदि संकल्प सद्‌गुण की राह पर लग जाए तो अनुचित कार्य का अभ्यास होगा ही नहीं।
- श्रेष्ठ व्यक्ति कभी सद्‌गुण से नहीं गिरता। शीघ्रता और खतरे में भी वह सद्‌गुण को नहीं त्यागता।
- सद्‌गुण से प्रेम करनेवाला व्यक्ति सद्‌गुण को सर्वोपरि मानता है। ऐसा व्यक्ति सद्‌गुण का आचरण करता है और किसी गलत बात को अपने पास फटकने तक नहीं देता।
- सत्य को खोजनेवाला विद्वान् यदि खराब कपड़े और खराब भोजन ग्रहण करने में शर्म महसूस करता है तो वह बातचीत करने के योग्य नहीं।
- श्रेष्ठ व्यक्ति का मस्तिष्क किसी वस्तु के पक्ष या विपक्ष में नहीं होता। जो उचित है, वह उसी का अनुसरण करता है।
- श्रेष्ठ व्यक्ति सद्‌गुण और निकृष्ट व्यक्ति सुविधा के बारे में सोचता है। श्रेष्ठ व्यक्ति नीतिपरायणता में संलग्न रहता है, निकृष्ट व्यक्ति लाभ-प्राप्ति में।
- सद्‌गुणी कभी अकेला नहीं रहता। जो सद्‌गुण का अभ्यास करता है, उसे निश्चय ही पड़ोसियों का साथ मिलेगा।

□

जीवन का स्वर्णिम मार्ग

कन्फ्यूशियस के नैतिक दर्शन का सुस्पष्ट एवं सुनियोजित रूप उनके द्वारा की गई 'स्वर्णिम मार्ग' (गोल्डन मीन) की व्याख्या में मिलता है।

उनका कहना है कि स्वर्ग ने मनुष्य को प्रकृति प्रदान की है। प्रकृति में सारे आचरण निहित हैं। मनुष्य को उनके नियमानुसार काम करना चाहिए। यही उसका कर्तव्य है। इस स्वर्णिम मार्ग पर चलने का आदेश स्वर्ग से प्राप्त होता है।

मनुष्य को भावोत्तेजन की अवस्था में इसी अलौकिक शक्ति पर विश्वास रखना चाहिए। वह अपनी श्रेष्ठता को कभी नीचे न गिरने दे। जब मनुष्य अपनी सामान्य अवस्था में रहता है, तब उसे अपार सुख मिलता है। मनुष्य का अपना मान-सम्मान इस बात पर निर्भर करता है कि वह अपने तथा औरों के बीच भाव व विचार का तारतम्य कहाँ तक रख पाता है।

जहाँ किसी से विरोध होता है, वहाँ दुष्परिणाम निकलते हैं। इसका अर्थ यह नहीं कि दुष्ट कर्मों का विरोध न किया जाए। जो दुष्टता करता है, उसे दंड देना बहुत आवश्यक है। अपनी श्रेष्ठता बनाए रखने के लिए मर्यादा का आचरण उतना ही जरूरी है, जितना साँस लेना। हमें यह ध्यान रखना चाहिए कि हम जो कुछ भी कह या कर रहे हैं, वह हमारे अतिरिक्त दूसरों को कितना सुख दे रहा है। यदि हमें औरों के मन में अपने लिए आदर भाव बनाए रखना है तो यह आवश्यक है कि हम अपनी शक्ति को सही रूप से प्रयुक्त करें। शक्तिशाली व्यक्ति यदि ठीक रहता है तो उसके साथ सभी उचित व्यवहार करते हैं। जो-जो समस्याएँ हमारे सामने आती हैं, उनका समाधान अपने आप निकलता जाता है।

आत्म-परिष्कार का मार्ग बहुत महत्त्वपूर्ण मार्ग है।

एक क्षण के लिए भी यह मार्ग छोड़ा नहीं जा सकता। यदि इसे छोड़ना संभव हो तो यह मार्ग ही न कहलाए। श्रेष्ठ व्यक्ति इस संबंध में स्वयं सावधान रहता है।

रहस्य से अधिक साफ दिखनेवाली, सूक्ष्म से अधिक अभिव्यक्त होनेवाली कोई

वस्तु नहीं। अतः श्रेष्ठ व्यक्ति सदा अपने ऊपर नजर रखता है। उस समय जब वह अकेला होता है, तब उसकी दृष्टि और भी स्पष्ट व सूक्ष्मदर्शी होती है।

जब मस्तिष्क आनंद, क्रोध, शोक आदि भावों से आंदोलित नहीं होता, तब वह साम्यावस्था में होता है। जब इन भावनाओं का उद्वेग होता है और वे अपने सही अनुपात में क्रियाशील होती हैं, तब मस्तिष्क प्रकृत रूप से सामंजस्यावस्था में स्थित होता है। साम्यावस्था ही इस जगह में सभी मानवीय क्रियाओं का मूल है तथा सामंजस्यावस्था वह सार्वभौम मार्ग है, जिसका सभी मानवीय दृष्टियों से अनुसरण करना चाहिए।

साम्य और सामंजस्य दोनों अवस्थाओं को अपनी पूर्णता में रहने देने से एक सुखद अवस्था का जन्म होता है, जिसके तहत आकाश में तथा धरती पर सब वस्तुएँ फलती-फूलती हैं।

कन्फ्यूशियस का कहना है—

- मार्ग के अनुसार चलनेवाला सद्गुण-संपन्न होता है। कम ही व्यक्ति होंगे, जो इसका पालन करते हों।
- इस मार्ग के अनुगामी व्यक्ति की संख्या अधिक न होने का कारण मैं जानता हूँ। अज्ञानी लोग इसके निकट नहीं आते। केवल सद्गुणों से युक्त तथा प्रतिभा-संपन्न व्यक्ति ही इसकी ओर आकृष्ट होते हैं। भोजन सभी करते हैं, किंतु स्वाद-आस्वाद का अंतर समझनेवाले व्यक्ति कम होते हैं। कितने दुःख की बात है कि लोग इस मार्ग के पथिक नहीं हैं। सब लोग कहते हैं कि वे बुद्धिमान हैं, किंतु किसी जाल में फँसने या गर्त में गिरने पर उन्हें बाहर निकलने का साधन नहीं सूझ पड़ता। वैसे, सभी कहते हैं कि वे बुद्धिमान हैं, किंतु सत्य के मार्ग पर एक माह भी टिकने का सामर्थ्य उनमें नहीं।
- श्रेष्ठ व्यक्ति विलोमों के बीच एक मित्रतापूर्ण सामंजस्य स्थापित करता है। दो पक्षों के बीच वह पूरी शक्ति से अविचलित खड़ा हो जाता है। यदि उसके देश की सरकार अच्छे सिद्धांतों पर चलती है तो सेवानिवृत्त होने पर श्रेष्ठ व्यक्ति उन्हें भुला नहीं देता। यदि सरकार बुरे सिद्धांतों पर चलती है, तो श्रेष्ठ व्यक्ति मृत्यु की चिंता न करते हुए अपने मार्ग पर चलता रहता है। निस्संदेह ऐसा व्यक्ति असीम ऊर्जा और शक्ति का स्वामी होता है।
- अज्ञात रहकर चमत्कार दिखाना, जिससे भविष्य में मुझे सम्मान मिले, यह मैं नहीं करता।
- अच्छा व्यक्ति सुमार्ग पर चलने की चेष्टा तो करता है, पर वह उसके मध्य तक यात्रा करने के बाद उसे छोड़ देता है। मैं रास्ते को बीच में नहीं छोड़ देता।

- श्रेष्ठ व्यक्ति सदा मार्ग के अनुसार चलता है। चाहे वह प्रकाश में भले ही न आए, चाहे उसे सम्मान भले ही न मिले, इसका उसे कोई खेद नहीं होता। केवल एक संत ही ऐसा आचरण कर सकने में समर्थ होता है।

साधारण नर-नारी का सही मार्ग ज्ञानावस्था में दखल हो सकता है; किंतु इसकी सीमाओं से संत भी परिचित नहीं होता। औसत दर्जे के नीच चरित्रवाले स्त्री-पुरुष भी इसको साधने में संलग्न रह सकते हैं, किंतु पूर्ण सीमा तक संत भी इसको साधने में समर्थ नहीं होता। वस्तुत: मार्ग का पूर्ण ज्ञान और विवेचन श्रेष्ठ पुरुष के भी पास नहीं है।

- मार्ग मनुष्य से दूर नहीं है। ऐसा मार्ग, जो चेतना के सामान्य संकेतों से दूर है, कभी सही नहीं हो सकता।

कविता की पुस्तक में कहा गया है—"कुठार का हत्था गढ़ने के लिए नमूना दूर नहीं है। किसी कुठार के हत्थे को देखकर यह कार्य किया जा सकता है; किंतु यदि हम बारी-बारी से देखें तो वे हमें एक-दूसरे से भिन्न मालूम पड़ सकते हैं। अतएव श्रेष्ठ पुरुष दूसरों की प्रकृति को समझकर उस पर शासन करता है। जब वे अपनी बुराई को अच्छाई में बदल लेते हैं, तब श्रेष्ठ पुरुष का कार्य समाप्त हो जाता है।"

जब व्यक्ति अपनी प्रकृति के सिद्धांतों का चरम विकास करके उनके परस्पर व्यवहार का नियम बना लेता है, तब समझ लेना चाहिए कि वह मार्ग से दूर नहीं है। जिस व्यवहार की तुम स्वयं अपने लिए अपेक्षा नहीं करते, दूसरों के प्रति भी तुम्हें उसका प्रदर्शन नहीं करना चाहिए।

वे कहते हैं, "श्रेष्ठ व्यक्ति के मार्ग में चार बातें हैं, जिनमें से एक भी मुझे अब तक प्राप्त नहीं हो सकी है। अपने पिता की ऐसी सेवा करना, जैसी मैं अपने पुत्र से अपनी कराना चाहूँगा। अपने युवराज की ऐसी सेवा करना, जैसी अपने मंत्रियों से अपनी कराना चाहूँगा। अपने बड़े भाई की ऐसी सेवा करना, जैसी मैं स्वयं उससे पाना चाहूँगा। इन चारों में से मैंने किसी को भी अभी नहीं पाया है।"

श्रेष्ठ पुरुष के कर्म और वचन में कोई अंतर नहीं होना चाहिए। संपूर्ण निष्ठा ही ऐसे व्यक्ति की एकमात्र पहचान होती है।

श्रेष्ठ व्यक्ति अपने पद की मर्यादा का ध्यान रखते हुए आचरण करता है। इससे परे वह जाने का इच्छुक नहीं होता। यदि वह धनी है और समाज में सम्मानजनक स्थान रखता है, तब वह वही करता है, जो कर्म धनी और सम्मानजनक व्यक्ति के अनुकूल हो। यदि वह निर्धन और निम्न श्रेणी का है, तब उसके कार्य इन्हीं से मर्यादित होंगे। इसी प्रकार, यदि वह किसी जंगली कबीले का सदस्य है तो भी उसके आचार-व्यवहार उसी प्रकार निर्धारित और मर्यादित होंगे। कहने का तात्पर्य यह है कि किसी भी श्रेणी या अवस्था में एक श्रेष्ठ पुरुष अपने से इतर नहीं होता।

उच्च स्थिति में होने पर वह अपने से निम्न व्यक्तियों को हेय दृष्टि से नहीं देखता। निम्न स्थिति में होने पर वह बड़ों से कृपा की आकांक्षा नहीं रखता। स्वर्ग और अन्य व्यक्तियों के विरुद्ध उसे कोई शिकायत नहीं होती। वह हर दशा में संतुष्ट रहता है।

वे कहते हैं, ''आध्यात्मिक लोग अपने अंदर की शक्तियों का क्या खूब प्रदर्शन करते हैं। हम उन्हें देखकर भी नहीं देख पाते, सुनकर भी नहीं सुन पाते, फिर भी वे सब वस्तुओं में प्रवेश कर जाते हैं—और कोई वस्तु उनसे बाहर नहीं है।''

वे साम्राज्य के सभी लोगों की व्रत द्वारा आत्म-शुद्धि कराते हैं, अपने सर्वाधिक मूल्यवान् वस्त्र धारण कर लोगों के अनुष्ठानों में सम्मिलित होते हैं। सीमा तोड़कर बहनेवाले जल के समान वे अपने भक्तों के दाएँ-बाएँ और सिर के ऊपर से गुजर जाते हैं।

ची के शासक ने सरकार के विषय में पूछा तो कन्फ्यूशियस ने उत्तर दिया, ''वान और वू की सरकार के अभिलेख हमें लकड़ी और बाँस की तख्तियों पर उपलब्ध हैं। यदि लोग सही हों तो सरकार फलती-फूलती है। सही लोगों के अभाव में सरकार का पतन व अंत हो जाता है।''

अच्छे व्यक्तियों के कारण शासन का दूरगामी विकास होता है। उनकी कार्यविधि ठीक धरती में तेजी से उगते पौधों की तरह होती है। अतः राजकीय प्रशासन का अर्थ है—सही व्यक्तियों की प्राप्ति। ऐसे व्यक्तियों का मिलना शासक के स्वयं के चरित्र पर निर्भर करता है। उसे अपने चरित्र का विकास कर्तव्य के मार्ग पर चलकर करना होता है और उस मार्ग पर चलने का अभ्यास परोपकारी वृत्ति पर अवलंबित है।

परोपकार मानवता का सारभूत तत्त्व है, जिसका अभ्यास अपने संबंधियों के प्रति स्नेह रखने से होता है। नीति-परायणता का तात्पर्य है औचित्य के अनुसार आचरण करना और इसका सबसे अच्छा अभ्यास योग्य व्यक्तियों का सम्मान करने से होता है। इसी को 'औचित्य का सिद्धांत' भी कह सकते हैं।

जब नीचे के व्यक्तियों को ऊपरवाले व्यक्तियों का विश्वास प्राप्त नहीं होता, तब समझो, सरकार अधिक समय नहीं चल पाएगी।

अतः शासक को अपना चारित्रिक विकास नहीं भूल जाना चाहिए। पितृ-सेवा और मानव स्वभाव संबंधी ज्ञान की भी उसे उपेक्षा नहीं करनी चाहिए। इसी प्रकार उसके लिए स्वर्ग या दैविक ज्ञान भी अर्जित करना आवश्यक है।

सार्वभौम दायित्व के अंतर्गत पाँच कर्तव्य आते हैं। जिन सद्गुणों के माध्यम से इनका अभ्यास किया जा सकता है, वे तीन हैं। कर्तव्यों का खुलासा इस प्रकार है—शासक और मंत्री के मध्य, पिता-पुत्र के मध्य, पति-पत्नी के मध्य, बड़े व छोटे भाई के मध्य तथा मित्रों और मित्रों के मध्य। ये पाँचों कर्तव्य सार्वभौम दायित्व के तहत आते हैं।

तीन सद्‌गुण हैं—ज्ञान, उदारता और शक्ति अथवा ऊर्जा। कर्तव्यों को व्यवहार में इन्हीं सद्‌गुणों द्वारा प्रतिष्ठित किया जा सकता है, बशर्ते आचरण में एकनिष्ठता हो।

कुछ व्यक्तियों को जन्म से ही इन कर्तव्यों का ज्ञान होता है, कुछ को अध्ययन द्वारा प्राप्त होता है और कुछ को अपने अज्ञान का दु:खद एहसास होने के पश्चात् इसकी प्राप्ति होती है। कुछ लोग इन कर्तव्यों का अभ्यास सहजता के साथ करते हैं, कुछ अपने लाभों से प्रेरित होकर और कुछ बहुत प्रयास के साथ।

कन्फ्यूशियस के उक्त विचारों के अनुसार मनुष्य के व्यवहार की अनेक बातें कई प्रकार से देखी जा सकती हैं। उन्होंने राज्य के अधिकारी और जनता के बीच व्यवहार को केंद्र में रखकर अनेक कर्तव्यों का निर्धारण किया।

उन्होंने पूरे सामाजिक व राजनीतिक जीवन को पाँच कर्तव्यों की दृष्टि से पाँच युग्मों में बाँटा है—

1. शासक-मंत्री
2. पिता-पुत्र
3. पति-पत्नी
4. बड़े-छोटे भाई और
5. मित्र-मित्र।

जैसा कि ऊपर कहा गया है, हमारा संपूर्ण व्यवहार इन संबंधों के बीच ही होता है। यदि ध्यान से देखें तो इनके वर्गीकरण से जीवन के सारे व्यवहार आ जाते हैं। शासक और मंत्री के बीच कर्तव्यों का निर्धारण सारी राजनीतिक व्यवस्था को स्पष्ट कर देता है। राजा प्रमुख है, लेकिन वह अपने सारे राजनीतिक धर्म-व्यवहार मंत्रियों द्वारा ही कर्म रूप में जनता के सामने रखता है। यदि राजा भ्रष्ट हो तो मंत्री अपने दायित्व को समझकर उसे सही रास्ते पर लगा सकते हैं। इसके विपरीत, राजा के सर्वोत्तम गुणों से युक्त होने पर मंत्री आदि राजनीतिक दुर्व्यवहार नहीं कर सकते।

परिवार की मुख्य इकाई में पिता रहता है, लेकिन उसके सारे व्यवहार एक ओर पति के रूप में पत्नी के प्रति, दूसरी ओर पिता के रूप में पुत्र के प्रति होते हैं। अत: परिवार को कन्फ्यूशियस ने मौलिक रूप में तीन संबंधों के बीच देखा। इन संबंधों को सहज मानवीय रूप से चरितार्थ करने के लिए ज्ञान, उदारता और शक्ति इन तीन सद्‌गुणों का होना आवश्यक है।

ज्ञान के विषय में भी वे व्यावहारिक दार्शनिक की दृष्टि अपनाते हैं। ज्ञान का प्राथमिक रूप परस्पर संबंधों की पहचान ही है। कन्फ्यूशियस के ज्ञान संबंधी विचारों का सार है कि मनुष्य स्वयं और दूसरों के बीच के संबंध तथा व्यवहार की सत्यता को समझे, उसकी वास्तविकता को जानकर उसे अपने आचरण में लाए। यही ज्ञान की

पहली और मुख्य रूपरेखा है; लेकिन यहीं वे ज्ञान को जीवन के स्रोत स्वर्ग तथा राजा आदि से भी जोड़ देते हैं। उनकी दृष्टि में इन सबकी स्थिति का सही परिचय ज्ञान की सामान्य अवस्था है। अतः इस प्रकार का ज्ञान उपलब्ध हो जाने पर व्यक्ति स्वयं और दूसरों के विषय में कोई भ्रम नहीं पाल सकता और भ्रम-रहित होने की स्थिति में व्यक्ति में विकार की संभावना नहीं रहती।

पिता और पुत्र के बीच संबंधों का औचित्य जान लेने पर संघर्ष नहीं होता। यह परंपरागत सुझाव है, पर इसके विषय में कन्फ्यूशियस का दृष्टिकोण स्पष्ट है। वे श्रेष्ठता की कसौटी को इसी रूप में रखते हैं कि पुत्र पिता के प्रति सम्मान की दृष्टि रखे और पिता स्नेह की दृष्टि से सारे व्यवहारों को क्रियात्मक रूप दे।

उन्होंने अनेक कथाओं और उदाहरणों से पिता-पुत्र संबंधों के पारस्परिक व्यवहारों का प्रतिपादन किया।

तीसरा मूल संबंध पति और पत्नी का है। पति और पत्नी का संबंध पूरे समाज की व्यवस्था का महत्त्वपूर्ण अंग है। दोनों मिलकर एक पारिवारिक इकाई बनाते हैं। वह पत्नी से पति का स्थान ऊँचा मानते हैं और पत्नी की सहनशीलता व कर्तव्यपरायणता पर बल देते हैं।

भाइयों के परस्पर व्यवहार को भी वे एक निश्चित रूपरेखा में देखते हैं। उनके सामने न्यायाधीश के रूप में अनेक ऐसे झगड़े आए, जिनका संबंध भाई-भाई के मतभेद से था। अतः उन्होंने भाइयों के बीच भी छोटे-बड़े के भेद से कर्तव्यों की सीमारेखा निर्धारित की।

कन्फ्यूशियस का एक दृष्टिकोण यह था कि राजा ठीक रहे तो प्रजा भी ठीक रहेगी। इसके साथ ही वे इसके दूसरे पक्ष पर भी ध्यान देते थे। उनके मत में भाई, मित्र, संबंधी मिलकर एक समाज बनाते हैं। यदि इस समाज में व्यावहारिक नियमों का पालन ठीक तरह से हो तो सरकार भी ठीक रहेगी और अधिक समय तक शासन सुचारु रूप से चल पाएगा।

मित्रों के व्यवहार के विषय में वे अधिक सतर्क थे, क्योंकि यह संबंध रक्त संबंध नहीं होता, अतः इसके बीच परस्पर संबंध अधिक प्रगाढ़ होना चाहिए।

अब इस बात पर भी विचार करना चाहिए कि ज्ञान, उदारता और ऊर्जा—इन तीनों से कन्फ्यूशियस का वास्तविक तात्पर्य क्या है। ज्ञान की वास्तविकता मनुष्य में उदारता के गुण को उत्पन्न करती है। संबंधों के वास्तविक ज्ञान को जानकर अच्छे मनुष्य में उदारता का भाव उत्पन्न होना चाहिए। उदारता मानव समाज का महत्त्वपूर्ण व्यावहारिक धर्म है। उदारता के गुणों से न केवल हम दूसरों के प्रति मृदु होते हैं, बल्कि उन्हें भी अपने प्रति मृदु बनने का अवसर देते हैं।

उदारता का गुण बड़े-छोटे दोनों के लिए वांछित है। इस उदारता के साथ सहज मानवीय संकोच से मनुष्य में ऐसी ऊर्जा का आविर्भाव होता है, जिससे वह परस्पर भाव के सम्मान को समझ पाता है।

इन तीनों सद्गुणों की प्रतिष्ठा के लिए कन्फ्यूशियस एकनिष्ठता पर बल देते हैं। ध्यान देने की बात यह है कि यह एकनिष्ठता किसके प्रति? सरकार के प्रति? राजा के प्रति या स्वर्ग के प्रति?

कन्फ्यूशियस के मत से ऐसा आभास होता है कि वे एकनिष्ठता की जरूरत स्वर्ग और राजा दोनों के प्रति समझते हैं। इसी दृष्टि से मनुष्य अपने प्रति भी निष्ठावान् हो सकेगा। वे इन कर्तव्यों के ज्ञान के विषय में भी परंपरागत धारणा को मानते हैं। उन्होंने स्पष्ट कहा है कि मनुष्य में कर्तव्य-ज्ञान जन्मजात भी होता है और अभ्यास से भी। यदि जन्म से यह ज्ञान नहीं होता तो समाज में रहकर व्यक्ति अपने भले-बुरे की पहचान में कर्तव्यज्ञान पाता है। कभी-कभी काफी कुछ खो देने पर मनुष्य को अपने कर्तव्य का बोध होता है। अतः मानव स्वभाव की व्यावहारिक परीक्षा के स्तर पर ही वे कर्तव्यों व दायित्वों तथा सद्गुणों की बात कहते हैं। इस विषय में संक्षेप में यह कहा जा सकता है कि उन्होंने इस बात पर बल दिया कि शिक्षा में रुचि लेना ज्ञान के समीप पहुँचना है, दृढ़ता से अभ्यास करना उदारता के निकट पहुँचना है, लिहाज करने का भाव रखना ऊर्जा के समीप होना है।

जो व्यक्ति इन तीन बातों को जानता है, वही अपने चरित्र का विकास करना जानता है, वही दूसरों पर शासन करना जानता है। लोगों पर शासन करने की योग्यता उसे साम्राज्य (जो परिवारों और राज्यों का समूह होता है) के संचालन की योग्यता देती है।

वे कहते हैं कि उन सभी को, जो साम्राज्य शासन से जुड़े हैं, नौ स्तरीय नियमों का पालन करना चाहिए। अपने चरित्र का विकास, सद्गुणी और प्रतिभावान् व्यक्तियों का सम्मान, संबंधियों के प्रति स्नेह, योग्य मंत्रियों के प्रति आदर भाव, समस्त पदाधिकारियों के प्रति उदारता व दयालुतापूर्ण व्यवहार, जनता के प्रति पितृ-भाव का आचरण, विभिन्न वर्गों के कारीगरों को प्रोत्साहन, औपचारिक दूरी रखकर मनुष्यों के प्रति मधुर आचरण तथा राज्यों के युवराजों के प्रति दयाभाव और लगाव।

स्वयं को अपने चरित्र विकास के बाद ही शासक को सार्वभौम दायित्व का वहन करना चाहिए। सद्गुणी और प्रतिभावान् व्यक्ति को सम्मानित कर वह निर्णय की त्रुटियों से बच जाता है। संबंधियों के प्रति स्नेह-प्रदर्शन द्वारा वह उनकी नाराजगी का शिकार नहीं हो पाता। कुशल मंत्रियों के प्रति आदर भाव उसे प्रशासनिक भूलों से बचा लेता है। पदाधिकारियों के प्रति सद्भाव रखकर वह उनकी कृतज्ञता अर्जित करता है। जनता के

लिए पितृ-भाव रखकर वह उसे अच्छाई के लिए प्रेरित करता है। समस्त वर्गों के कारीगरों को प्रोत्साहन देने से उसके व्यय के स्रोतों का विस्तार होता है। किंचित् दूरी रखकर लोगों के प्रति मधुर भाव रखना उनमें उसके लिए विश्वास जगाता है। युवराजों के प्रति दया और लगाव द्वारा उसे सारे साम्राज्य के सम्मान की प्राप्ति होती है।

आत्म-समायोजन और परिष्कार, अपने वस्त्रों का ठीक नियमन तथा औचित्य के नियमों का पालन—शासक के लिए यही रास्ता है। अकारण आरोप लगानेवालों के प्रति उपेक्षा, शारीरिक सौंदर्य के आकर्षणों से बचाव, धन में अनासक्ति और सद्गुण का सम्मान—उसके व्यक्तित्व के विकास का यही तरीका है। ऐसा व्यक्तित्व पाकर वह सद्गुणी और प्रतिभावान् व्यक्तियों को प्रोत्साहित करता है। उचित सम्मान तथा सहायता, उनकी रुचियों और अरुचियों में सहभागी होना—यही रास्ता है, जिससे वह अपने संबंधियों का स्नेह प्राप्त करता है। पदाधिकारियों द्वारा मंत्रियों की आज्ञा का पालन करवाना और उन्हें उनके अधीनस्थ रखकर निष्ठापूर्वक राज्य का कार्य करवाना—यही तरीका है, जिसके द्वारा वह कुशल मंत्रियों को प्रोत्साहन देता है। अटूट विश्वास दिलाना तथा उन्हें आर्थिक रूप से लाभ पहुँचाना—यह ढंग है जनता को प्रोत्साहित करने का। दैनिक निरीक्षण, मासिक परीक्षा तथा परिश्रम के अनुपात में पारिश्रमिक देना—इसके द्वारा सभी वर्गों के कारीगरों को बढ़ावा दिया जा सकता है।

कार्यों में सफलता प्राप्त करने के लिए कन्फ्यूशियस द्वारा निर्धारित सभी नियम आपसी संबंधों और व्यवहार पर अवलंबित हैं। वे बहुत गंभीरतापूर्वक राज्याधिकारियों और जनता के बीच कर्तव्य-निष्ठा के निर्वाह पर बल देते हैं। उनके इस कथन का कि निष्ठा और बुद्धि एक-दूसरे पर आधारित हैं, यही अर्थ है कि वे दार्शनिक विवेक से पूर्ण निष्ठा को महत्त्व देते हैं। निष्ठा और विवेक का समन्वय आत्म-परिष्कार के लिए बहुत आवश्यक है।

वे स्वर्ग और प्रकृति को समान रूप से महत्त्व देते हुए उस व्यक्ति को उतनी ही प्रतिष्ठा देते हैं, जो जितना आत्म-परिष्कार कर लेता है। कभी-कभी ऐसा व्यक्ति स्वर्ग और प्रकृति से भी अधिक महत्त्वपूर्ण हो जाता है।

विश्राम और कर्म के बीच जो संबंध है, उसका वर्णन करते हुए वे कहते हैं कि जब तक परिश्रम करते हुए और जिज्ञासु रहते हुए पूरा ज्ञान न प्राप्त हो जाए, तब तक मनुष्य को विश्राम नहीं करना चाहिए। वे जीवन में ज्ञान और कर्म दोनों की पूर्णता को आवश्यक मानते हैं। वे ऐसे विचारक हैं, जो मध्यम मार्ग अपनाते हैं, जिनसे व्यवस्थित और सद्भावनापूर्ण समाज की स्थापना होती है।

कन्फ्यूशियस के समय में राजाओं का परस्पर व्यवहार तथा राजा और जनता का संपूर्ण सामाजिक व्यवहार परंपरागत धारणा से ही परिचालित होता था। अत: उन्होंने

परंपरा को प्रतिष्ठित करते हुए उन व्यक्तिगत गुणों पर अधिक बल दिया है, जिनसे व्यवस्थित और सद्भावनापूर्ण समाज की स्थापना होती है।

वे मौलिक रूप से ऐसे विचारक थे, जो समाज-सुधारक की हैसियत से अपने दायित्वों के प्रति पूर्ण रूप से सजग थे। इसलिए उन्होंने अधिकांश बातें सामान्य और श्रेष्ठ व्यक्ति का भेद प्रकट करने के लिए कहीं। उन्होंने यद्यपि अहं और अहं से दूर रहने की विशिष्ट प्रक्रिया की व्याख्या नहीं की, लेकिन उनके विचारों से यह स्पष्ट होता है कि कम बुद्धिवाला व्यक्ति भी आस्था और निष्ठा से वे सारे कार्य कर सकता है, जो तीक्ष्ण बुद्धिवाला व्यक्ति सहज में करता है। इसलिए वे सतत प्रयत्न पर बल देते हैं। वे कहते हैं कि प्रयत्न करने पर दुर्बल व्यक्ति बलवान् हो जाता है।

कंन्फ्यूशियस की इस मान्यता को सूत्र रूप में इस प्रकार रखा जा सकता है—अपने आपको अधिकांश लोगों के अनुकूल बनाना, निरंतर प्रयत्न करते रहना, उच्च गुणों के लिए स्वयं को समर्पित करना, बुराई करनेवालों की उपेक्षा करना तथा भौतिक आवश्यकताओं का दास न होना।

वह समाज-सुधार के व्यक्तिगत सापेक्ष आधारों पर बात करते हुए विशिष्ट सामाजिक व्यवहारों पर भी बल देते हैं। काम करनेवाले व्यक्ति के उत्साह को बनाए रखने के लिए उचित परिश्रम के बदले उचित पारिश्रमिक देने की बात उनके वक्तव्यों में कई बार दोहराई गई है।

कन्फ्यूशियस की व्यावहारिक बुद्धि मानवीय आचरण के अत्यंत सूक्ष्म तत्त्वों को भी बड़ी गंभीरता से लेती है। उन्होंने छोटी-छोटी बातों द्वारा प्रेम भाव उत्पन्न करने के महत्त्व को बतलाया है। वे कहते हैं कि विदा के समय अतिथि को बाहर तक छोड़कर आना, लोग मिलने आएँ तो उनसे प्रेमपूर्वक भेंट करना, उनमें से अच्छे लोगों की सराहना करना तथा अयोग्य लोगों के प्रति सहानुभूति दिखाना—इस प्रकार जनता से मधुर संबंध स्थापित किया जाता है। ऐसे परिवारों की पुनर्स्थापना करना, जिनके उत्तराधिकारी की पंक्ति टूट चुकी हो; ऐसे राज्यों को पुनर्जीवन देना, जो समाप्त हो गए हों, अराजक राज्यों में व्यवस्था स्थापित करना, विपत्तिग्रस्त लोगों की सहायता करना, दरबार में उनको मिलने का समय देना और उनके दूतों का स्वागत करना, उदारता का प्रदर्शन कर उन्हें विदा करना तथा साधारण उपहार लाने पर भी उनका स्वागत करना। ऐसे ही उपायों द्वारा अन्य राजाओं को प्रसन्न रखकर अपने पक्ष में किया जा सकता है।

वे कहते हैं कि सभी साम्राज्यों में (जिनमें राज्यों और परिवारों के समूह हैं) इन नौ स्तरीय नियमों का पालन किया जाना चाहिए। इनको व्यावहारिक रूप देने का एक ही उपाय है और वह है—एकनिष्ठा।

सभी कार्यों में सफलता पूर्व योजना पर निर्भर करती है। उसके अभाव में निश्चित

रूप से असफलता का मुँह देखना पड़ता है। यदि किसी विषय पर बोलने से पूर्व ही तैयारी कर ली जाए तो असफल होने का प्रश्न ही नहीं उठता। समस्त नियमों और कार्यक्रमों को पहले से ही तय कर लेने से उनके कार्यान्वयन में असुविधा या बाधा नहीं उपस्थित होती।

यदि छोटे पदों पर काम करनेवाले व्यक्तियों को अपने अधिकारियों पर भरोसा नहीं होता तो जनता पर शासन कर पाना असंभव बात है। अपनी सत्ता के प्रति दूसरों के मन में भरोसा जगाने का केवल एक ही रास्ता है—जिस व्यक्ति पर उसके मित्र भरोसा नहीं करते, वह अपने ऊपर काम करनेवाले अधिकारियों पर भरोसा नहीं कर सकेगा। अपने मित्रों का विश्वासपात्र बनने का केवल एक ही रास्ता है—जो व्यक्ति अपने माता-पिता से प्रेम नहीं करता, वह अपने मित्रों का विश्वासपात्र नहीं बन पाएगा। माता-पिता से प्रेम करने का केवल एक ही रास्ता है—जो व्यक्ति अपने हृदय में झाँकने पर ऐसा महसूस करे कि वह अपने प्रति निष्ठावान् नहीं है, वह अपने माता-पिता से प्रेम नहीं कर सकता। अपने प्रति निष्ठावान् होने का केवल एक ही रास्ता है—जो व्यक्ति अच्छाई को नहीं पहचानता, वह अपने प्रति निष्ठावान् नहीं हो सकता।

निष्ठा स्वर्ग का मार्ग है। निष्ठा की प्राप्ति मानव-मार्ग है। जो व्यक्ति सहज रूप से अपने प्रति निष्ठावान् है, वह बिना किसी प्रयास के उचित बात को समझ लेता है और बिना किसी विचार के वस्तुओं की सत्यता को जान जाता है। ऐसे व्यक्ति का जीवन नैतिक विधान के साथ निरंतर समरस रहता है। जो व्यक्ति अपने प्रति निष्ठावान् होना सीख जाता है, वह अच्छाई को स्वयं ही ढूँढ़ निकालता है और उसी पर कायम रहता है।

अपने प्रति निष्ठावान् होने के लिए यह बहुत आवश्यक है कि संसार में जो कुछ भी कहा गया है तथा जो कुछ भी किया गया है, उसका व्यक्ति को विशद ज्ञान हो। वह उसकी सही जाँच-परख कर सके, उस पर गंभीरतापूर्वक विचार कर सके, उसमें से सार तत्त्व को छानकर अलग कर सके और पूरी लगन के साथ उसका पालन करे।

इससे कोई फर्क नहीं पड़ता कि व्यक्ति ने किस चीज का अध्ययन किया है; किंतु कोई भी अध्ययन तब तक जारी रखना चाहिए जब तक कि उस विषय पर पूर्ण अधिकार न प्राप्त कर ले। इससे कोई फर्क नहीं पड़ता कि व्यक्ति किस विषय में जिज्ञासु है; किंतु जब तक उस विषय का कोई भी ऐसा पहलू बचा रहता है, जिसके बारे में उसने अपनी जिज्ञासा शांत न कर ली हो, उसे पूरी तरह समझ न लिया हो, तब तक उसे विश्राम नहीं करना चाहिए। जब तक कोई भी वस्तु ऐसी है, जिसका भेद-बोध उसके पास न हो या उसका रूप एकदम स्पष्ट न हो गया हो, उसे विश्राम नहीं करना चाहिए। यदि अन्य व्यक्ति एक ही प्रयत्न से सफल हो चुका हो तो उसे सौ बार प्रयत्न करना चाहिए। यदि अन्य व्यक्ति दस बार के प्रयत्न से सफल हो चुका हो तो उसे हजार बार प्रयत्न करना चाहिए।

यदि कोई व्यक्ति सच्ची लगन से ऐसा प्रयत्न करे तो वह कितना भी मंद बुद्धिवाला हो, उसकी बुद्धि निश्चित रूप से तीक्ष्ण हो जाएगी और वह कितना भी दुर्बल हो, वह निश्चित रूप से बलवान् हो जाएगा।

कन्फ्यूशियस कहते हैं कि निष्ठा और बुद्धि एक-दूसरे पर अवलंबित हैं। निष्ठा के होने पर बुद्धि निश्चित रूप से विकसित होगी और बुद्धि के विकसित होने पर व्यक्ति में निष्ठा अवश्य जाग्रत् होगी। निष्ठावान् व्यक्ति आत्म-परिष्कार के साथ-साथ मनुष्यों, पशुओं और वस्तुओं के स्वभाव में निष्ठा भरकर स्वर्ग और पृथ्वी की शक्तियों का पोषक बन जाता है। एक महत्त्वपूर्ण परिवर्तन का माध्यम और स्वर्ग तथा पृथ्वी की शक्तियों का पोषक होने के कारण ऐसे व्यक्ति की महत्ता स्वर्ग और पृथ्वी से कम नहीं होती।

श्रेष्ठता की दृष्टि से निष्ठावान् व्यक्ति के बाद वह व्यक्ति आता है, जो अपने अंदर विद्यमान अच्छाई के अंकुरों का पूरा विकास करता है। इसके द्वारा वह निष्ठा प्राप्त करता है। यह निष्ठा पारदर्शी होने के बाद अभिव्यक्त होती है और तदुपरांत चमकीली हो उठती है। इसकी चमक दूसरों को प्रभावित और परिवर्तित करती है। संपूर्ण निष्ठा का स्वामी ही स्वर्ग के अधीन रह सकता है तथा परिवर्तन लानेवाला होता है।

निष्ठा व्यक्ति के पूर्ण विकास की सूचक है और इसके मार्ग पर चलकर वह अपने आपको सही दिशा देता है।

निष्ठा सभी वस्तुओं का आदि और अंत है। इसके अभाव में कुछ भी होना संभव नहीं। इसलिए श्रेष्ठ व्यक्ति सदैव निष्ठा-प्राप्ति को सर्वाधिक महत्त्व देता है।

निष्ठा का धारक अपनी आत्मपूर्णता के अतिरिक्त अन्य व्यक्तियों और वस्तुओं की पूर्णता को भी संभव बनाता है। आत्म-विकास में उसका पूर्ण सद्गुण दिखाई पड़ता है।

□

कन्फ्यूशियस साहित्य

कन्फ्यूशियस का समस्त लेखन मानवतावाद का पोषण करता है। उनका कहना था कि स्वर्गीय सुख का मूल इसी पृथ्वी पर है, स्वर्ग में नहीं; मनुष्य के भीतर है, अलौकिक छायाओं में नहीं। चीन के प्राचीन ग्रंथों को वे अपनी इन धारणाओं का पोषक मानते थे। उन्हीं ग्रंथों में उन्होंने उस स्वर्ण युग की झलक को देखा था, जब राजा और प्रजा दोनों ही नैतिक आदर्शों का पालन करते हुए एक-दूसरे के सुख का सृजन किया करते थे। वे अपने देश में उसी स्वर्ण युग को पुनर्जीवित करना चाहते थे।

उन्होंने अपने जीवनकाल में पाँच अमर ग्रंथों का संकलन और संपादन किया था। 'शू चिंग' और 'शी चिंग' उनमें सबसे अधिक महत्त्वपूर्ण हैं। उन ग्रंथों की प्रामाणिकता पर कई प्रश्न-चिह्न लग चुके हैं। फिर भी इनसे उन मूलभूत सिद्धांतों की झलक अवश्य मिलती है, जिन्होंने आगे जाकर कन्फ्यूशियसवाद को पल्लवित किया।

शू चिंग अर्थात् ऐतिहासिक दस्तावेज की पुस्तक की विषय-वस्तु दो तत्त्वों पर आधारित है—राजवंशों के वृत्तांत और नैतिकता के उपदेश। इसमें कही गई कुछ बातें आज की परिस्थितियों पर चरितार्थ होती हैं। इसमें एक स्थान पर सम्राट् थाई कांग (2188-2160 ई.पू.) के नैतिक पतन के कारण देश में फैली हुई दुरवस्था पर खेद प्रकट करते हुए लिखा गया है—

''हमारे महान् पूर्वज की यही शिक्षा थी
कि प्रजा का पोषण करो प्रेम से,
उसका तिरस्कार मत करो।
प्रजा ही तो देश का मूल होती है।
यदि मूल सुदृढ़ हो, तभी देश में शांति रहती है।
(उनका कहना था कि)
जब मैं आकाश तले
सीधे-सादे मनुष्यों को देखता हूँ

तो महसूस करता हूँ
कि इनमें से कोई भी मुझसे श्रेष्ठतर हो सकता है।
यदि एक अकेला राजा
गलती पर गलती करता चला जाए
तो क्या हम तब तक इंतजार कर लेंगे
जब तक कि प्रजा का असंतोष प्रत्यक्ष न हो जाए?
असंतोष के पनपने की संभावनाएँ ही
मिट जानी चाहिए,
इससे पहले कि उसके प्रकट होने की
नौबत आ पड़े।''

यहाँ जिस महान् पूर्वज को याद किया गया है, वह इस वंश का आदि पुरुष सम्राट् यू (2400 ई.पू.) है। कहा जाता है कि यांग त्सी नदी में बाढ़ आने पर उसने पर्वतों में सुरंग खोद निकाली थी और नदी के प्रवाह को समुद्र की ओर मोड़ दिया था। अपने इसी लोक-मंगलकारी सुयश के कारण सम्राट् यू का नाम इतिहास में अमर हो गया है।

कन्फ्यूशियस जब आदर्श राज्य की बात करते हैं तो उनकी दृष्टि में ऐसे ही शासक की छवि हुआ करती है। वे राजतंत्र के समर्थक अवश्य हैं, किंतु भोग-विलास में डूबे रहनेवाले अथवा अत्याचारी शासक को सर्वथा निंदनीय समझते हैं।

'शू चिंग' में ही एक अन्य स्थान पर कहा गया है कि—

''जब राजमहल वासनाओं का खुला मैदान बन जाए
और देश एक खुला चरागाह,
जब मदिरा के लिए ललक हो
और संगीत ही आनंद का स्रोत बन जाए,
जब ऊँची छतें और नक्काशीदार दीवारें ही
राजमहल कहलाने लग जाएँ,
तब समझ लेना चाहिए कि यह सब
सर्वनाश की प्रस्तावना के अतिरिक्त
कभी कुछ और नहीं सूचित करता।''

'शू चिंग' में ऐसे वक्तव्यों की उपस्थिति परोक्ष रूप से कन्फ्यूशियस की मान्यताओं को उद्घाटित करती है।

एक अन्य स्थान पर कोई राजा किसी विद्वान् संन्यासी को अपना परामर्शदाता बनने के लिए आमंत्रित करते हुए कहता है—

''मैं एक भोथरे फौलादी शस्त्र के समान हूँ, आप कृपा कर उस पर सान चढ़ाएँ।

मैं एक विशाल सरिता के पार उतरना चाहता हूँ, आप मेरी नौका की पतवार बनें। मैं सूखी भूमि की तरह हूँ, आप सघन वृष्टि बनकर इसे सिंचित करें।''

कन्फ्यूशियस इसी पुरानी परंपरा को पुनर्स्थापित करना चाहते थे। उनका विचार था कि उपयुक्त परामर्श ही राजा को सदाचरण की प्रेरणा दे सकता है।

इस ग्रंथ में अनेक प्रकार से राजधर्म की व्यवस्था की गई है, साथ ही नैनिक आदर्शों के पालन पर बल दिया गया है। किसी राज्य का उत्थान या पतन किन कारणों से होता है, इस विषय को भी बार-बार उठाया गया है।

इसके एक पूरे अध्याय में उस महान् योजना का विस्तृत वर्णन है, जिसे कन्फ्यूशियस अपने देश में लागू करना चाहते थे। इसमें समस्त ब्रह्मांड को संचालित करनेवाले नियमों का आदर्श शासन-व्यवस्था के साथ संयोजित किया गया है। कहा जाता है कि महान् सम्राट् यू को यह समन्वित विधान दैवी प्रेरणा से प्राप्त हुआ था। यह विधान भौतिकी, ज्योतिष, मंत्र-तंत्र, नैतिकता, राजनीति और धर्म को एक सूत्र में जोड़कर शासक को उन आदर्शों का बोध कराता है, जिन पर चलकर वह प्रजा को सुखी बना सकता है।

'शी चिंग' कन्फ्यूशियस द्वारा संकलित व संपादित एक और उल्लेखनीय ग्रंथ है। इसे कविता की पुस्तक के रूप में जाना जाता है। इसमें प्राचीन प्रार्थना, गीत और काव्यात्मक स्तुतियाँ मिलती हैं। कन्फ्यूशियस इन पवित्र कविताओं में गहरी श्रद्धा रखते थे। वे चाहते थे कि सभी इन गीतों को पढ़ें और इन पर मनन करें। वे कहते हैं, ''यदि तुमने शी का अध्ययन नहीं किया है तो तुम किसी प्रकार की ज्ञान-चर्चा के अधिकारी नहीं हो। इस ग्रंथ की विषय-वस्तु भी नैतिक आदर्शों तथा राजधर्म से संबद्ध है।''

इसके अतिरिक्त तीन और पुस्तकें हैं, जिनका संपादन कन्फ्यूशियस ने किया था—परिवर्तन की पुस्तकें 'इं चिंग' तथा 'की ची' और प्राचीन रीति-रिवाजों व संस्कारों की पुस्तक 'ली ची'। अपनी पुस्तक 'ली ची' में उन्होंने उन सभी सामाजिक और धार्मिक आचारों की सूची प्रस्तुत की है, जिन्हें वे मानव-कल्याण के लिए उपयोगी मानते हैं। ये आचार चीन में ई.पू. 2205 से 1766 तक प्रचलित थे।

कन्फ्यूशियस के अपने वक्तव्य चार ग्रंथों में संकलित हैं। 'लून यू' (एनालेक्ट्स) उनकी सूक्तियों का संग्रह है। यह चीनी साहित्य का सर्वाधिक प्रसिद्ध और लोकप्रिय ग्रंथ है। इसमें कन्फ्यूशियस का विशुद्ध व्यावहारिक दृष्टिकोण प्रकट हुआ है। इस ग्रंथ की रचना कब हुई और इसमें कन्फ्यूशियस के विचारों का संकलन किसने किया, यह ज्ञात नहीं है। अनुमान लगाया जाता है कि उनकी मृत्यु के उपरांत उनके शिष्यों ने इन सूक्तियों को लिपिबद्ध किया होगा। इन सूक्तियों का महत्त्व संसार के किसी भी धर्म के उपदेशों से कम नहीं रहा है।

इस ग्रंथ में ज्ञानार्जन, उत्तम शासन व्यवस्था, सामाजिक व्यवस्था, श्रेष्ठ पुरुष की

व्यवस्था, व्यावहारिक नीति कौशल आदि अनेक विषयों पर कहीं प्रत्यक्ष कथन के रूप में और कहीं प्रश्नोत्तर शैली में कन्फ्यूशियस की धारणाएँ व्यक्त हुई हैं।

'ता मियो' (ग्रेट लर्निंग) या 'महान् शिक्षा' कन्फ्यूशियस का दूसरा दर्शन ग्रंथ है। आकार की दृष्टि से यह अत्यंत संक्षिप्त है। इसका मूल पाठ उनके द्वारा अपने शिष्य सांग को दिए गए उपदेश पर आधारित था। कालांतर में चीन के विद्वानों ने इसमें मूल उपदेश की अनेक टीकाएँ, भाष्य तथा व्याख्याएँ भी सम्मिलित कर दी हैं। इस महान् शिक्षा का उद्‌देश्य मनुष्य को श्रेष्ठ नैतिक आदर्शों का महत्त्व बतलाकर उसके व्यक्तित्व का परिष्कार करना है।

'स्वर्णिम मार्ग' (गोल्डन मीन) दर्शन ग्रंथों की शृंखला में तीसरे स्थान पर आता है। इसे कन्फ्यूशियस के पौत्र त्से जे द्वारा रचित माना जाता है। यह ग्रंथ कन्फ्यूशियस के दर्शन की सबसे सुंदर व्याख्या करता है। नैतिकता की दृष्टि से वे मध्यम मार्ग के समर्थक हैं। उन्होंने सभी नीतियों की श्रेष्ठता का मानदंड मनुष्य को ही माना है। इसमें वे कहते हैं, ''यदि तुम ईश्वर के प्रति निष्ठावान् होना चाहते हो तो स्वयं अपने प्रति निष्ठावान् रहो और स्वर्ग की चिंता न करके पृथ्वी की चिंता करो।''

इस ग्रंथ में जिन विषयों की चर्चा की गई है, वे हैं—केंद्रीय समर सत्ता, स्वर्णिम मार्ग, मानवता के मानदंड, नैतिकता के दृष्टांत, नीति; और राजनीति और आत्मस्वरूप का ज्ञान।

'सियाओ चिंग' नामक ग्रंथ कन्फ्यूशियसवाद को एक सुव्यवस्थित दार्शनिक ग्रंथ के रूप में स्थापित करता है। इसे 'शू' न कहकर 'चिंग' कहा गया है, जिससे यह भ्रम होता है; कि इसकी विषय-वस्तु कन्फ्यूशियस के प्रत्यक्ष कथन पर आधारित है, किंतु यह उनकी मृत्यु के बहुत बाद की रचना है। इसमें वे पारिवारिक दायित्व के निर्वाह को मनुष्य का श्रेष्ठतम गुण मानते हैं। वे पितृभक्ति को समस्त धर्म के मूल में देखते हैं।

उपर्युक्त चार ग्रंथों को कन्फ्यूशियस के चिंतन के आधार ग्रंथों के रूप में प्रसिद्धि प्राप्त हुई है। इनके साथ उन पाँच ग्रंथों का अध्ययन भी कन्फ्यूशियस को समझने के लिए आवश्यक माना गया है, जिनका संपादन उन्होंने अपने जीवनकाल में किया था। इन नौ ग्रंथों के अतिरिक्त मेंशियस और उनके शिष्यों द्वारा रचित सात और ग्रंथ हैं, जिनमें कन्फ्यूशियसवाद की व्याख्या की गई है।

कन्फ्यूशियस के विचारों को व्यापक स्तर पर लोकप्रिय बनाने में मेंशियस का पर्याप्त योगदान रहा है। दोनों के जीवन-क्रम में पाँच पीढ़ियों का अंतर रहा है। मेंशियस के प्रयत्नों से ही कन्फ्यूशियसवाद को राजधर्म की मान्यता प्राप्त हुई थी। कन्फ्यूशियस जिन सिद्धांतों को अपने जीते-जी सफलीभूत होते हुए देखने के लिए तरस गए थे, उन्हें मेंशियस ने व्यावहारिक धरातल पर स्थापित करने का श्रेय अर्जित किया।

□

कन्फ्यूशियस की प्रमुख सूक्तियाँ

- हर एक चीज में खूबसूरती होती है, लेकिन हर कोई उसे देख नहीं पाता।
- एक शेर से ज्यादा एक दमनकारी सरकार से डरना चाहिए।
- मैं सुनता हूँ और भूल जाता हूँ। मैं देखता हूँ और याद रखता हूँ। मैं करता हूँ और समझ जाता हूँ।
- जो आप खुद पसंद नहीं करते, उसे दूसरों पर मत थोपिए।
- बुराई को देखना और सुनना ही बुराई की शुरुआत है।
- सफलता पहले से ही कई तैयारी पर निर्भर है और बिना ऐसी तैयारी के असफलता निश्चित है।
- महानता कभी न गिरने में नहीं है, बल्कि हर बार गिरकर उठ जाने में है।
- नफरत करना आसान है, प्रेम करना मुश्किल। चीजें इसी तरह काम करती हैं। सारी अच्छी चीजों को पाना मुश्किल होता है और बुरी चीजें बहुत आसानी से मिल जाती हैं।
- हम तीन तरीकों से ज्ञान अर्जित कर सकते हैं—पहला—चिंतन करके, जो कि सबसे सही तरीका है; दूसरा—अनुसरण करके, जो कि सबसे आसान है और तीसरा—अनुभव से, जो कि सबसे कष्टकारी है।
- यह बात मायने नहीं रखती कि आप कितने धीमे चल रहे हैं, जब तक कि आप रुकें नहीं।
- बुद्धि, करुणा और साहस व्यक्ति के लिए तीन सार्वभौमिक मान्यता प्राप्त नैतिक गुण हैं।
- किसी कमी के साथ एक हीरा बिना किसी कमी के पत्थर से बेहतर है।
- उस काम का चयन कीजिए, जिसे आप पसंद करते हों। फिर आप पूरी जिंदगी एक दिन भी काम नहीं छोड़ेंगे।
- गलतियों से डरना नहीं चाहिए।

- प्रतिशोध की यात्रा पर निकलने से पहले दो कब्रें खोद लेनी चाहिए।
- जख्मों को भूल जाओ, मगर अहसानों की कभी मत भूलो।
- जो संयम नहीं सीखता, उसे पछताना पड़ता है।
- अज्ञान मस्तिष्क के लिए रात्रि के समान होता है। ऐसी रात्रि, जिसमें चाँद और सितारे नहीं होते।
- मनुष्य का स्वभाव एक जैसा होता है, सिर्फ आदतें उन्हें अलग करती हैं।
- आप स्वयं का सम्मान करेंगे तो दूसरे भी आपका सम्मान करेंगे।
- अगर आप भविष्य को परिभाषित करना चाहते हैं तो अतीत का अध्ययन कीजिए।
- सही और गलत में फर्क करने के लिए साहस की जरूरत होती है।
- जब भी क्रोध आए तो उसके परिणाम के बारे में विचार करना चाहिए।
- जब भी हम किसी बुरे चरित्र के व्यक्ति को देखें तो हमें अपने चरित्र का विश्लेषण करना चाहिए।
- जो शालीनता के साथ वाणी का प्रयोग नहीं करता, उसके शब्द प्रभावशाली नहीं होते।
- वफादारी और ईमानदारी के सिद्धांत का पालन करना चाहिए।
- लोगों को भले ही किसी राह पर चलना सिखाया जा सकता है, मगर राह को समझना आसानी से नहीं सिखाया जा सकता।
- जो विद्वान् सुविधा का आदी होता है, वह विद्वान् कहलाने की योग्यता नहीं रखता।
- श्रेष्ठ व्यक्ति हमेशा संतुष्ट और संयमी रहता है। वहीं निकृष्ट व्यक्ति हमेशा असंतुष्ट बना रहता है।
- श्रेष्ठ व्यक्ति किसी चीज के पक्ष या विपक्ष में दिमाग नहीं खपाता। जो सही होता है, वह उसी का अनुसरण करता है।
- जो हो चुका है, उसकी चर्चा करना निरर्थक है। अतीत की बातों को लेकर शिकायत करना निरर्थक है।
- जब आप अपनी गलती की पहचान करते हैं तो उसे सुधारते हुए हिचकिचाना नहीं चाहिए।
- मैं इस बात की परवाह नहीं करता कि लोग मेरी बात नहीं समझते। मुझे तब चिंता होती है, जब मैं दूसरों को समझ नहीं पाता।
- अगर किसी व्यक्ति में मानवता नहीं है तो उसे सुख की प्राप्ति भी नहीं हो सकती।

□

कन्फ्यूशियस के जीवन की महत्त्वपूर्ण तिथियाँ एवं घटनाएँ

वर्ष	कन्फ्यूशियस की उम्र	घटना
ई.पू. 551		जन्म।
ई.पू. 536	15	जी के विद्यालय में प्रवेश।
ई.पू. 534	17	माता झेंगझाई की मृत्यु।
ई.पू. 531	20	विवाह संपन्न। अनाज के भंडार गृह के पर्यवेक्षक की नौकरी।
ई.पू. 529	22	पुत्र बो यू का जन्म।
ई.पू. 528	23	पशु संपत्ति के पर्यवेक्षक के पद पर नियुक्ति। पुत्री का जन्म।
ई.पू. 527	24	विवाह-विच्छेद।
ई.पू. 526-524		राजा जी के कर्मचारी के रूप में कार्य।
ई.पू. 523	28	नांगोंग जिंगसू के साथ झाऊ की यात्रा और लाओत्से से मुलाकात।
ई.पू. 522	29	अध्यापन प्रारंभ। राजा जिंग लू पहुँचे और कन्फ्यूशियस के शिष्य बन गए।
ई.पू. 521	30	मुक्त कक्षा की शुरुआत। जिलू उनका शिष्य बना।
ई.पू. 517	34	जी-मेंग विद्रोह। राजा झिऊ क्वी भाग गए। कन्फ्यूशियस का पहला निर्वासन।

ई.पू. 516	35	क्वी में निर्वासित जीवन। शाओ संगीत सुनते रहे।
ई.पू. 515	36	क्वी में निर्वासित जीवन। राजा जिंग के साथ राजनीतिक संवाद।
ई.पू. 511	40	क्वी में निर्वासित जीवन। राजा जिंग ने कन्फ्यूशियस को एक रियासत देने का प्रस्ताव रखा।
ई.पू. 510	41	क्वी में राजा झाओ का देहांत। डिंग नए शासक बने। कन्फ्यूशियस लू लौट आए।
ई.पू. 508	43	पुत्री का विवाह।
ई.पू. 506	45	जिगोंग ने कन्फ्यूशियस से पढ़ना शुरू किया।
ई.पू. 505	46	राजा जी का देहांत। यांग हुआ नए शासक बने।
ई.पू. 504	47	यांग हुआ ने लू में तानाशाही कायम की।
ई.पू. 503	48	यांग हुआ ने कन्फ्यूशियस को उच्च पद देना चाहा, जिसे उन्होंने स्वीकार नहीं किया।
ई.पू. 501	50	यांग हुआ भागकर क्वी चला गया। जी हुआन मंत्री बना। कन्फ्यूशियस को शुंग तू प्रदेश का प्रशासक नियुक्त किया गया।
ई.पू. 500	51	जिआगो सम्मेलन में कन्फ्यूशियस ने प्रमुख कूटनीतिक जीत हासिल की।
ई.पू. 499	52	कन्फ्यूशियस को न्याय मंत्री का पद मिला।
ई.पू. 498	53	कन्फ्यूशियस ने नि:शस्त्रीकरण को बढ़ावा दिया। दीवार तोड़ने का सिलसिला शुरू हुआ।
ई.पू. 597	54	राजा मेंग नि:शस्त्रीकरण से नाराज हुआ। नर्तकीवाली घटना हुई। कन्फ्यूशियस निर्वासित हुए। यान हुई उनके पास आकर अध्ययन करने लगे।
ई.पू. 466-485	55	भटकाव के वर्ष।

ई.पू. 496	55	वेई में निर्वासित जीवन।
ई.पू. 495	56	यांग हुआ होने के संदेह में कन्फ्यूशियस की गिरफ्तारी।
ई.पू. 494	57	राजा डिंग की मृत्यु। एई लू के शासक बने।
ई.पू. 493	58	शोंग प्रांत में कन्फ्यूशियस मरते-मरते बचे।
ई.पू. 492	59	चेन प्रांत में कन्फ्यूशियस।
ई.पू. 490	61	डायनासोर की हड्डियों की खोज के संबंध में कन्फ्यूशियस ने परामर्श दिया।
ई.पू. 489	62	क्वी के शासक जिंग की मौत। यू में मौजूद कन्फ्यूशियस ने रियासत लेने से मना किया।
ई.पू. 488	63	वेई के शासक को कन्फ्यूशियस ने परामर्श दिया।
		जिगोंग ने लू प्रांत में कूटनीतिक विवाद को हल किया।
ई.पू. 487	64	लू में पौत्र जिसी का जन्म।
ई.पू. 484	67	जी कांगजी के निमंत्रण पर कन्फ्यूशियस लू लौट आए।
ई.पू. 483	68	पुत्र बो यू का 46 साल की उम्र में देहांत। यान हुई का देहांत।
ई.पू. 481	70	क्वी के शासक जिआन की हत्या। कन्फ्यूशियस से हस्तक्षेप करने का अनुरोध किया गया।
ई.पू. 480	71	वेई में हुए विद्रोह के दौरान जिलू मारा गया।
ई.पू. 479	73	कन्फ्यूशियस का देहावसान।

□

कन्फ्यूशियस से जुड़े व्यक्तियों का विवरण

नाम	अन्य नाम/उपाधि	कन्फ्यूशियस से रिश्ता	तारीख/टिप्पणी
कोंग परिवार			**(ईसा पूर्व)**
कन्फ्यूशियस	कोंग क्यू, कोंगजी, कोंगफूजी, कुगनी,		551-479
गुरुदेव	कोंग शूलियांग	कन्फ्यूशियस के पिता	618-548
यान झेंगझाई	येन सेंगसाई	कन्फ्यूशियस की माता	566-538
क्वी गुआन		कन्फ्यूशियस की पत्नी में कन्फ्यूशियस	527 से अलग हुई
कोंग ली	बो यू	कन्फ्यूशियस का पुत्र	519-483
अज्ञात		कन्फ्यूशियस की पुत्री	527 में जन्म, 508 में विवाह
जिसी	कोंग जी	कन्फ्यूशियस का पौत्र	487-425 जिसी की पुस्तक का लेखक
लू के शासक			
झाओ	चाओ	541 से 510 तक शासन किया।	
डिंग	तिंग	509 से 495 तक शासन किया।	
एई		494 से 467 तक शासन किया।	
क्वी (ची) के शासक			
जिंग	चिंग	कन्फ्यूशियस को अपना परामर्शक बनाया	489 में देहांत

लू का जी परिवार

जी पिंगजी	सामंत जी, जी सन	कन्फ्यूशियस के प्रथम मददगार	505 में मृत्यु, 518 से 505 तक लू
	के प्रधानमंत्री रहे।		
जी हुआंगजी	ची हुआन के प्रधानमंत्री रहे।	491 में देहांत,	501 से 491 तक लू
जी कांगजी	जी कांग जू	कन्फ्यूशियस के मित्र	531 में जन्म
यांग हुओ	यांग हो	जी परिवार के प्रमुख कर्मचारी, 505 से 501 लू के तानाशाह	कन्फ्यूशियस के हमशक्ल के रूप में मशहूर

लू का मेंग परिवार

सामंत मेंग		मेंग परिवार के प्रमुख	502 में देहांत
मेंग यी		सामंत मेंग के ज्येष्ठ पुत्र	
नांगोंग जिंग्सू		सामंत मेंग के छोटे पुत्र कन्फ्यूशियस के अभिन्न मित्र	

□

कन्फ्यूशियस के प्रमुख शिष्य

नाम	अन्य नाम/उपाधि	तारीख/टिप्पणी
त्रिमूर्ति : यायावर विद्वान् (तीनों शिष्य कन्फ्यूशियस के साथ 497 से 487 तक निर्वासन में रहे)		
जिलू	यू, जू लू, पारिवारिक नाम झोंग यू	542–480 कन्फ्यूशियस का सबसे उम्रदराज और सबसे वफादार शिष्य। निर्धन परिवार में जनमे जिलू ने कन्फ्यूशियस की कक्षा में भाग लिया और जीवन भर के लिए उनका शिष्य बन गया। जी परिवार के कर्मचारी के रूप में काम किया, फिर कई प्रांतीय सरकारों के लिए प्रशासक के पद पर काम किया। कन्फ्यूशियस के निर्वासित जीवन में छाया की तरह उनके साथ रहा। वेई प्रांत में 480 में हुए विद्रोह के दौरान मारा गया।
यान हुई	यू, येन युआन	513–483 कन्फ्यूशियस का सर्वश्रेष्ठ और सर्वाधिक प्रिय शिष्य, जिसका जन्म एक निर्धन परिवार में हुआ था। सोलह वर्ष की उम्र में वह कन्फ्यूशियस का शिष्य बना था। वह कन्फ्यूशियस के साथ तेरह वर्षों तक निर्वासन की अवधि में रहा था और उनके जीवन के अंतिम वर्षों तक उनके

		साथ रहा था।
जिगोंग	सू, जी, यू कुंग, डुआनम	520–455 कन्फ्यूशियस का अत्यंत मेधावी शिष्य। उसका जन्म एक व्यवसायी के परिवार में हुआ था और वह स्वयं एक सफल व्यापारी था; मगर उसने स्वयं को कन्फ्यूशियस की सेवा के लिए समर्पित कर दिया था। वह कन्फ्यूशियस के समाधि-स्थल पर छह वर्षों तक रहा था। बाद में वह एक सफल कूटनीतिज्ञ बन गया था।

प्रथम पीढ़ी के शिष्य

सिया	जिसिया, जू सिया, बू शेंग	कन्फ्यूशियस का प्रमुख शिष्य।
मिन जिकियान	मिन त्से चिन	कन्फ्यूशियस का शिष्य, जो बाद में सरकारी प्रशासक बना।
रान यू	क्यू, जान यू, चिउ, येन क्यू	प्रथम श्रेणी का मेधावी शिष्य, जिसने पहले जी परिवार के कर्मचारी के रूप में काम किया। गरीबों से ज्यादा लगान वसूल कर सामंतों को लाभ पहुँचाने के आरोप में कन्फ्यूशियस ने उसे शिष्य मंडली से निष्कासित कर दिया। बाद में कन्फ्यूशियस ने उसे क्षमा कर दिया। सामंत जी के लिए सैन्य प्रमुख के पद पर काम किया।
जाई वो	साई वो	मूर्खतापूर्ण प्रश्न पूछने के कारण मशहूर हुआ। क्वी के शासक के कर्मचारी के रूप में काम किया।

दूसरी पीढ़ी के शिष्य

जेंगजी	सेंग जू, जेंग सेन	505–436 कन्फ्यूशियस के अंतिम वर्षों में उनका शिष्य बना। कन्फ्यूशियस का प्रमुख जीवनीकार और 'एनालेक्ट्स' का प्रमुख स्रोत। आचार्य के निधन के बाद उनके सिद्धांतों को प्रचारित करने के लिए

		प्रभावशाली लेखन किया। कन्फ्यूशियस के पोते जिसी को शिक्षा दी। दुनिया का प्रथम व्यक्ति, जिसने कहा था कि पृथ्वी गोल है।
झोंगोंग	चुंग कुंग, रान योंग	'एनालेक्ट्स' का दूसरा प्रमुख स्रोत और कन्फ्यूशियस का प्रभावशाली लेखक एवं प्रचारक। राजनीति और नियम संबंधी कन्फ्यूशियस के विचारों को संकलित किया। जी परिवार के कर्मचारी के रूप में काम किया।

□

संदर्भ ग्रंथ

1. कन्फ्यूशियस : ए बायोग्राफी—जीनाथन क्लिमेंट

2. कन्फ्यूशियस एंड कंफ्यूशियसिज्म—ली डायन रेनी

3. कन्फ्यूशियस : मेहर मेकार्थर

4. कन्फ्यूशियस : द गोल्डन रूल—रसेल फ्रीडमेन

5. कन्फ्यूशियस : हिज लाइफ एंड थॉट—शिगेकी कैजुका, जेफरी बोआनस

6. कन्फ्यूशियस : चाइनीज फिलॉसफर एंड टीचर—माइकल बर्गन

7. कन्फ्यूशियस : ए लाइफ ऑफ थॉट एंड पॉलिटिक्स—एनपिंग चीन

8. कन्फ्यूशियस : चाइनीज फिलॉसफर—वेंडी कोंकलीन

9. कन्फ्यूशियस : लाइफ ऑफ द ग्रेट ह्यूमनिस्ट—एसियापेक

10. द इवीक्स ऑफ कन्फ्यूशियस—कुंग फू त्सू

□□□